0〜5歳児 年齢別 実習 完全サポート

記入に役立つ　保育がわかる

改訂新版

実習の記録と指導案

部分実習指導案と連動した **遊び**つき

田中亨胤／監修
山本淳子／編著

ひかりのくに

はじめに

監修者のことば

　保育は、『保育所保育指針』や『幼稚園教育要領』、『幼保連携型認定こども園教育・保育要領』に基づいて進められ、思いつきや行き当たりばったりで行なわれるものではありません。保育は、意図的計画的な指導そのものです。それゆえに、「指導計画」があります。実習では、いきなり「指導」を体験することはありません。実習では、「見学」「観察」「部分指導」と段階を踏みながら、「保育」にふれて、そのさまざまを記録することになります。

　本書では、幼児期にふさわしい生活と育ちを基礎づける保育の「記録と計画」の具体的な書き方やまとめ方、あるいは考え方を例示しています。そして、経験豊かな山本淳子さんによって朱書きが示されています。朱書きの部分はいわばツボです。納得のいくポイントです。実習に臨む皆さんには、参考にしてほしいと思います。現職である保育者の皆さんにとっても、みずからの保育の確かめなり、実習生指導にも役だつところ大であると思います。

田中亨胤

編著者のことば

　本書は『保育所保育指針』や『幼稚園教育要領』、『幼保連携型認定こども園教育・保育要領』の基本的な理念をもとに添削しています。できるだけもとになった実習生の記録、指導案の意図を尊重しながら、書き方と実習の際に保育の基本となる心持ちをアドバイスしています。これはあくまでもひとつの例示ですが、手に取ってくださった方々のお役にたつことができれば、幸いです。

　指導案は“地図”に例えられることがあります。また“デザイン”と称されることもあります。それは子どもの望ましい育ちの方向性に向かっての道筋や設計ととらえられるでしょう。ここに添削例として示した記録・指導案にご自身の保育への思いを加味して、“地図の別ルート”の発見や“いろいろなデザイン”の工夫をしてください。あなたの想像力をおおいに働かせて記録・指導案を作成していきましょう。さらに新しい記録や指導案の展開へとつながっていくことを願っております。

山本淳子

※本書では、事例・朱書きにおいては「指導計画」を「指導案」としています。

本書の特長

実習が楽しみになる、うれしい三つの特長。

特長❶
年齢別に章だて
担当年齢から探せる!

特長❷
現場に出ても役だつ!
日誌と指導案への
朱書き・サポート解説

特長❸
発達・保育の基本が
わかるコーナー充実!

本書の見方

日誌・記録と指導案の例に、朱書きでサポート解説を入れています。それらを読み取って、実習に生かしましょう。

サポート解説の読み方
まずはここから見てみよう!
- ● ……気をつけたいこと
- ♥ ……よい視点・表現
- ※ ……注意事項など

罫線で囲んでいる朱書きは保育をするうえでのアドバイス、囲みなしは記入するうえでのアドバイス。

保育者はいろいろなことを考えながら、保育をしているのね。

朱書きを読むと、実習に臨むときの保育の視点がよくわかるわ。

部分実習や責任実習で、子どもといっしょにどのようにするか考えるのが、楽しくなるね。

部分指導案は、遊びとも連動しています。

園によってもさまざま。いろいろな保育を学べるね。

※本誌掲載の日誌・記録と指導案本文は、実習生の実例をもとに作成したものですが、これをお手本と考えず、参考にしてください。実際に作成する場合の様式や書き方は、園の方針に合わせましょう。

3

もくじ

0〜5歳児 年齢別 実習 完全サポート　記入に役立つ 保育がわかる　実習の記録と指導案

はじめに …………………………………………………………………………………… 2
本書の特長／本書の見方 ………………………………………………………………… 3

Ⅰ 日誌・記録と指導案　何が大切？　どう書くの？ …………… 7

1. 保育所・幼稚園・認定こども園の保育は、どのように行なわれているの？ ………… 8
2. 楽しくたてよう！　指導計画!!　4コマで見てみよう！　指導計画のキーワード …… 10
   ❶子どもの姿ってどのように見るの？／❷ねらいってなあに？／❸内容ってどう考えるの？
   実習指導案・考え方のツボ　その1 ………………………………………………… 11
   ❹環境の構成どうしよう？／❺予想される子どもの活動＆／❻保育者の援助・配慮／❼いざ実践！　そして反省・評価 ……………………………………………………… 12
   実習指導案・考え方のツボ　その2 ………………………………………………… 13
3. 実習での指導案(指導計画)どのように書くの？ ………………………………………… 14
4. 実習での日誌・記録どのように書くの？ ……………………………………………… 15
5. 日誌・指導案　忘れずにチェック!! …………………………………………………… 16

認定こども園へ実習に行かれる場合は、保育所・幼稚園の両方を参考にしてください。

Ⅱ 年齢別　日誌・指導案 ……………………………………… 17

1. **0歳児の実習**
   ①実習のポイント …………………………………………………………………… 18
   ②実習日誌・記録の例〈保育所〉11月 …………………………………………… 19
   ③遊び〈1〉カメさんに変身〈2〉手づくりのガラガラ ………………………… 22
   　　　〈3〉だるまさん〈4〉ボール遊び ……………………………………… 23
   ④部分実習指導案の例〈1〉10月　ふれあい遊び「カメさんに変身」など …… 24
   　　　　　　　　　〈2〉11月　手作りのガラガラ ………………………… 25
   　　　　　　　　　〈3〉2月　わらべうた遊び『だるまさん』 ………… 26
   　　　　　　　　　〈4〉2月　ボール遊び ………………………………… 27

2. **1歳児の実習**
   ①実習のポイント …………………………………………………………………… 28
   ②実習日誌・記録の例〈保育所〉6月 ……………………………………………… 29
   ③遊び〈1〉わたしはだあれ〈2〉新聞紙遊び ………………………………… 32
   　　　〈3〉洗濯バサミで見たて遊び〈4〉小麦粉粘土 ………………………… 33
   ④部分実習指導案の例〈1〉5月　ペープサート「わたしはだあれ」 ………… 34
   　　　　　　　　　〈2〉10月　新聞紙遊び ………………………………… 35
   　　　　　　　　　〈3〉11月　洗濯バサミで見たて遊び ………………… 36
   　　　　　　　　　〈4〉2月　小麦粉粘土 ………………………………… 37

3. **2歳児の実習**
   ①実習のポイント …………………………………………………………………… 38
   ②実習日誌・記録の例〈保育所〉11月 …………………………………………… 39
   ③遊び〈1〉魚釣りごっこ〈2〉すてきなTシャツ作り ……………………… 42
   　　　〈3〉むっくりくまさん〈4〉電車ごっこ ……………………………… 43
   ④部分実習指導案の例〈1〉6月　魚釣りごっこ ……………………………… 44
   　　　　　　　　　〈2〉9月　すてきなTシャツ作り ……………………… 45
   　　　　　　　　　〈3〉11月　歌遊び『むっくりくまさん』 ………… 46
   　　　　　　　　　〈4〉2月　電車ごっこ ………………………………… 47

4. 3歳児の実習

①実習のポイント………………………………………………… 48

②実習日誌・記録の例〈保育所〉11月…………………………… 49

　実習日誌・記録の例〈幼稚園〉6月…………………………… 52

③遊び〈1〉『ぞうさんのさんぽ』……………………………… 54

　　　〈2〉『あたまかたひざポン』……………………………… 55

　　　〈3〉色水遊び〈4〉洗濯ごっこ…………………………… 56

　　　〈5〉丸ドッジ〈6〉手作り楽器…………………………… 57

　　　〈7〉イス取りゲーム〈8〉フートウ鬼…………………… 58

④部分実習指導案の例〈1〉5月　仲よし遊び『ぞうさんのさんぽ』……… 59

　　　　　　　　　　〈2〉6月　手遊び『あたまかたひざポン』……… 60

　　　　　　　　　　〈3〉7月　色水遊び………………………… 61

　　　　　　　　　　〈4〉7月　洗濯ごっこ……………………… 62

　　　　　　　　　　〈5〉10月　丸ドッジ………………………… 63

　　　　　　　　　　〈6〉10月　手作り楽器……………………… 64

　　　　　　　　　　〈7〉2月　イス取りゲーム………………… 65

　　　　　　　　　　〈8〉2月　フートウ鬼……………………… 66

⑤責任実習指導案の例〈保育所〉6月…………………………… 67

　責任実習指導案の例〈幼稚園〉10月…………………………… 70

5. 4歳児の実習

①実習のポイント………………………………………………… 72

②実習日誌・記録の例〈保育所〉6月…………………………… 73

　実習日誌・記録の例〈幼稚園〉11月…………………………… 76

③遊び〈1〉アジサイのちぎり絵〈2〉ハンカチ落とし………… 79

　　　〈3〉ゴロゴロピカピカドン〈4〉水リレー……………… 80

　　　〈5〉ブンブンゴマ〈6〉転がし絵………………………… 81

　　　〈7〉島鬼……………………………………………………… 82

　　　〈8〉グーチョキパーでなにつくろう……………………… 83

④部分実習指導案の例〈1〉6月　アジサイのちぎり絵………… 84

　　　　　　　　　　〈2〉6月　ハンカチ落とし………………… 85

　　　　　　　　　　〈3〉7月　ゴロゴロピカピカドン………… 86

　　　　　　　　　　〈4〉7月　水リレー………………………… 87

　　　　　　　　　　〈5〉10月　ブンブンゴマ………………… 88

　　　　　　　　　　〈6〉11月　転がし絵……………………… 89

　　　　　　　　　　〈7〉2月　島鬼……………………………… 90

　　　　　　　　　　〈8〉2月　『グーチョキパーでなにつくろう』……… 91

⑤責任実習指導案の例〈保育所〉6月…………………………… 92

　責任実習指導案の例〈幼稚園〉11月…………………………… 94

6. 5歳児の実習

①実習のポイント………………………………………………… 96

②実習日誌・記録の例〈保育所〉11月…………………………… 97

　実習日誌・記録の例〈幼稚園〉6月…………………………… 101

もくじ

③遊び 〈1〉伝言ゲーム 〈2〉カエルの折り紙 …………………… 103
　　　〈3〉クルクル回転円盤投げ ……………………………………… 104
　　　〈4〉わらべうたジャンケン ……………………………………… 105
　　　〈5〉ホルディリアクック ………………………………………… 106
　　　〈6〉言葉遊び（カルタ作り） ……………………………………… 107
　　　〈7〉よーいどんジャンケンポン ………………………………… 108
　　　〈8〉ネコとネズミ ………………………………………………… 109
④部分実習指導案の例〈1〉6月　　伝言ゲーム …………………… 110
　　　　　　　　　〈2〉6月　　カエルの折り紙 ………………… 111
　　　　　　　　　〈3〉9月　　クルクル回転円盤投げ …………… 112
　　　　　　　　　〈4〉9月　　わらべうたジャンケン …………… 113
　　　　　　　　　〈5〉11月　ホルディリアクック ……………… 114
　　　　　　　　　〈6〉12月　言葉遊び ………………………… 115
　　　　　　　　　〈7〉2月　　よーいどんジャンケンポン ……… 116
　　　　　　　　　〈8〉2月　　ネコとネズミ ……………………… 117
⑤責任実習指導案の例〈保育所〉6月 ………………………………… 118
　　責任実習指導案の例〈幼稚園〉11月 ……………………………… 120

7. 異年齢児の実習

①実習のポイント ……………………………………………………… 122
②実習日誌・記録の例〈3～5歳児〉11月 …………………………… 123
③遊び 〈1〉『はないちもんめ』 ……………………………………… 126
　　　〈2〉紙飛行機 …………………………………………………… 127
④部分実習指導案の例〈1〉9月　　『はないちもんめ』 ……………… 128
　　　　　　　　　〈2〉10月　紙飛行機 ………………………… 129

8. 施設実習

①施設実習の主な実習先 ……………………………………………… 130
②実習のポイント ……………………………………………………… 130
③実習日誌・記録の例〈児童養護施設〉：3月 ………………………… 131
　　実習日誌・記録の例〈乳児院〉：3月 ……………………………… 132

必修付録　子どもの育ちの姿を知ろう …………………… 134

3～6か月ごろ …………………………………………………………… 134
6か月～1歳3か月ごろ ………………………………………………… 135
1～2歳ごろ ……………………………………………………………… 136
2歳児 ……………………………………………………………………… 137
3歳児 ……………………………………………………………………… 138
4歳児 ……………………………………………………………………… 139
5歳児 ……………………………………………………………………… 140
6歳ごろ …………………………………………………………………… 141
0～5歳児の発達 ………………………………………………………… 142

I

日誌・記録と指導案 何が大切？ どう書くの？

1. 保育所・幼稚園・認定こども園の保育は、どのように行なわれて
   いるの？ …………………………………………………………… 8

2. 楽しくたてよう！ 指導計画!! 4コマで見てみよう！ 指導計画の
   キーワード ……………………………………………………… 10
   ❶子どもの姿ってどのように見るの？／❷ねらいってなあに？
   ❸内容ってどう考えるの？ ………………………………… 10
   実習指導案・考え方のツボ　その1 ……………………… 11
   ❹環境の構成どうしよう?／❺予想される子どもの活動＆／❻保
   育者の援助・配慮／❼いざ実践！　そして反省・評価……… 12
   実習指導案・考え方のツボ　その2 ……………………… 13

3. 実習での指導案(指導計画)どのように書くの？ ……………… 14

4. 実習での日誌・記録どのように書くの？ ……………………… 15

5. 日誌・指導案　忘れずにチェック!! ………………………… 16

7

I-1 保育所・幼稚園・認定こども園の保育は、どのように行なわれているの？

もうすぐ実習、何歳児クラスに入るのだろう？園ではどのようなことをしているのだろう？いろいろな疑問や不安も出てきますね。まずは、保育全体のことを知っておきましょう。園では、きちんと意図を持って保育をしているのですよ。

保育所は厚生労働省の『保育所保育指針』、幼稚園は文部科学省の『幼稚園教育要領』、認定こども園は内閣府と文部科学省と厚生労働省による『幼保連携型認定こども園教育・保育要領』をもとに、保育が行なわれています。それぞれ管轄は異なりますが、修了（卒園）までに育てたい子どもたちの姿は、同じ15の「ねらい」に込められています（P.142・143参照）。

保育所・幼稚園・認定こども園では、修了（卒園）までに育てたい「15のねらい」に向かって、それぞれの園で全体的な計画をたてています。園や地域によっても異なりますが、ひとりひとりの子どもに応じた保育をしながらも、目ざすところは同じなのです。

全体的な計画
保育所：園の方針、発達過程を踏まえて保育所生活の全体を通して総合的に展開するための計画。保育所の養護と教育が一体となった保育の全体像を包括的に示す。

全体的な計画
認定こども園：園児の心身の発達、園や家庭地域の実態に即した教育・保育の内容と子育て支援等に関する計画。

教育課程
幼稚園：幼児の心身の発達、園や地域の実態に即した教育課程を編成する。教育課程を中心に、教育活動他の計画を関連させ、全体的な計画を作成する。

全体的な計画

それぞれの園でたてている全体的な計画・教育課程をもとに、指導計画をたて、日々の保育を行なっています。

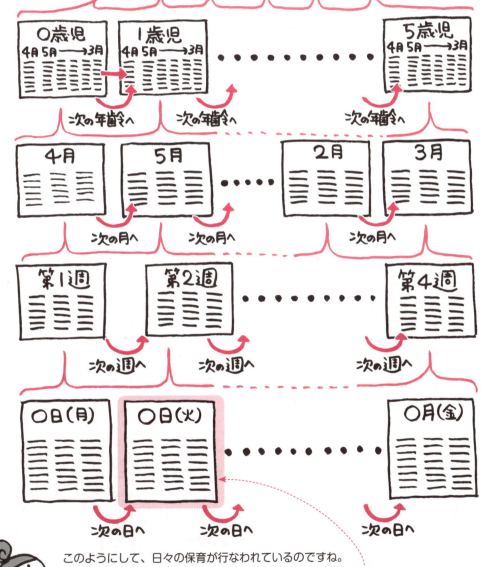

年の計画

全体的な計画・教育課程をもとに、現在(昨年度末)の子どもの姿を考えて、各年齢で一年間の指導計画をたてます。

月の計画（月案）

年の計画をもとに、月ごとの計画をたてます。月の指導計画をたてるときには、先月末の子どもの姿をとらえます。

週の計画（週案）

月の計画をもとに、週ごとの計画をたてます。週の指導計画をたてるときには、先週末の子どもの姿をとらえます（週案がない園もあります）。

日の計画（日案）

週案（月案）をもとにして、毎日の指導計画をたてます。日案をたてるときには、前日の子どもの姿をとらえます。

このようにして、日々の保育が行なわれているのですね。
実習では、この「日の計画」を実際にたててみながら、保育実践をします。
次ページから、保育の計画のたて方を詳しく見てみましょう！

I-2 楽しくたてよう！指導計画！！
4コマで見てみよう！指導計画のキーワード

前ページのように、指導計画は見通しを持って長期の計画をたて、それをもとにして短期の計画をたてていきます。指導計画をたてるのに重要なキーワードを押さえておきましょう。

※6月の保育とした場合、具体的にどのようなものになるかを、4コママンガの下に例示しています。

（例）カタツムリに興味を持っている。梅雨への興味の広がりも感じられる（P.84参照）。

（例）アジサイに興味を持ち、自分なりに作ることを楽しむ（P.84参照）。

（例）身近な素材に親しみ、道具を使ったり手でちぎったりして工夫しながらアジサイのはり絵をする（P.84参照）。

※P.10・12の4コママンガの項目が、指導計画ではどこの部分にあたるのかを、❶〜❼の番号で示しています。対照させながら見てください。

実習指導案・考え方のツボ その1

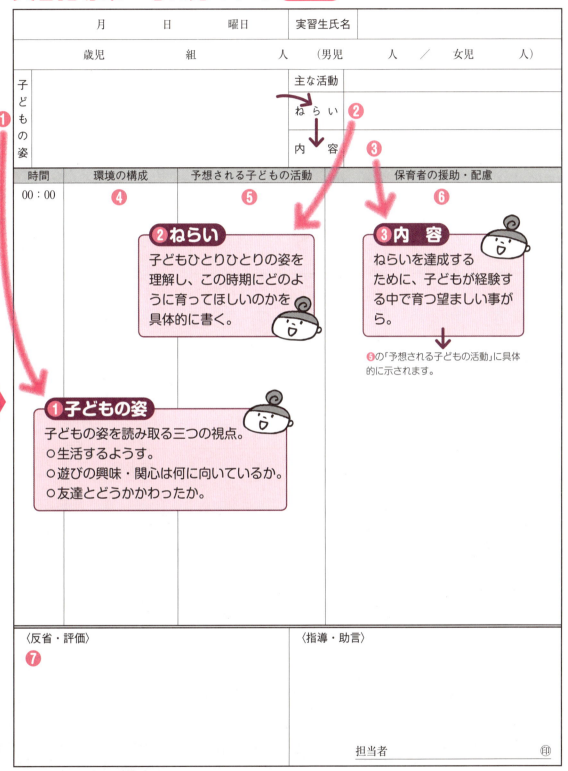

必ず次のページも読んでね！

次ページの、❹環境の構成 ❺予想される子どもの活動 ❻保育者の援助・配慮 ❼反省・評価　に続くよ！

実習指導案・考え方のツボ その2

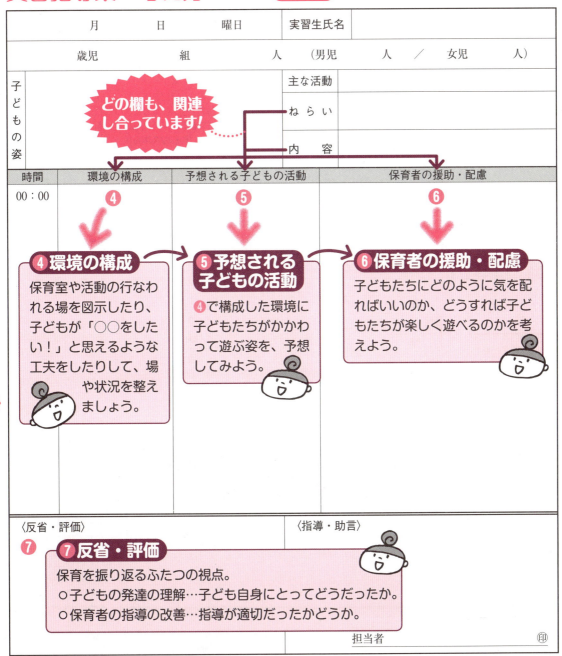

P.10〜13のまとめ図（指導計画作成の手順）

実際の書き方の解説……次ページへ

I-3 実習での指導案(指導計画)どのように書くの?

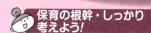

P.8～13で保育所(園)・幼稚園・認定こども園での指導計画のたて方、大切さを見てきました。実習でも、子どもの実態をとらえて実際に指導計画をたてます。想像力を働かせて、子どもとのやりとりを思い浮かべながら作成していきましょう。

保育の根幹・しっかり考えよう!

❶年齢・クラス・人数
担当したクラスの年齢と人数を書く。
各年齢の大まかな発達の特徴を学習しておきましょう。

❷子どもの姿
クラスの状態・遊び・子ども同士のかかわりなどを記入する。
日誌・記録や日々の保育実習で観察し、日ごろから子どもの姿を理解しておきましょう。今までの育ちについて、わからないときは担任保育者に質問しましょう。

❸主な活動
その日にする活動の主なものを書く。
主な活動を設定するために実習園の月案・週案を見せていただき、園の保育方針、この時期の保育のねらいを理解しておきましょう。成長に必要な経験はどのようなことかを考え、指導したい活動内容をいくつか用意します。保育者に相談しながらひとつに決め、主な活動にしましょう。
※園によっては、全体の指導計画の流れで、部分指導内容の指定がある場合もあります。
※本書では部分実習指導案のみ。

❹ねらい
子どもの姿に合わせ、この時期生活する中で育てたいことを書く。
ねらいは、さまざまな経験を積み重ね、身につくものです。保育の流れから、同じようなねらいが何日も続くこともあります。前日の具体的な子どもの姿から、発達や実情・興味・関心・子どもを取り巻く環境などを考慮に入れます。担任保育者と話し合い、前日までの日案や週のねらいと合わせて、その日のねらいを考えていきます。
責任実習では、一日の生活や活動のすべてを見通して、総合的に考えましょう。

❺内容
ねらいを達成するために、子どもが身につけていくことが望ましい姿や事がらを書く。
子どもの姿からねらいと関連して、特に必要な経験内容を、子どもを主語にして具体的に書きましょう。

❽予想される子どもの活動
子どもの個々のようすやその年齢の発達を参考に、子どもが主体的にかかわり、どのように展開していくかを予想する。
大項目を「◎」、小項目を「・」で表し、時系列に沿って書きます。活動については、始まりから終了までを"導入→展開→まとめ"として、意識して組み立てます。こまやかに具体的な姿を予想して記述していくことが、指導に役だちます。
責任実習では、毎日観察している子どものようすから、子どもの活動を予想して書きます。さらに発展することが予想される活動・子どもの興味・関心などから、活動の流れを組み立てていきます。子どもの生活の中では、健康に配慮して、一日の中で活動と休息、動と静のバランスも考慮に入れましょう。登園(登所)から降園(降所)するまでの流れと、子どもの動きは、保育の記録を参考にするとよいでしょう。

具体的にシミュレーション!

❻時間
活動の区切りごとに、時間配分の予定を記入する。
子どもの年齢や活動内容を考慮し、おおよその時間の流れを、綿密に予想しましょう。
責任実習では、初めに日々の保育で決まった、生活の大きな流れをとらえましょう。次に区切りごとの時間配分を予想して、子どもの活動を記入します。余裕を持った設定にしていきましょう。日々の実習記録を参考にしてみるとわかりやすいです。
※園によっては行事のつごうで持ち時間の指定がある場合もあります。

❼環境の構成
子どもが主体的に活動を経験していくために必要なことを、文字や図示などでわかりやすく書く。
準備物・座り方・立ち位置・手順のよい動線・空間の使い方・安全性の配慮など、子どもが自分からかかわりたくなるような環境になっているか、考えてから書きましょう。
責任実習では、前日の実習記録をヒントに、本日のねらいに沿って一日の環境をとらえ直し、再構成します。

部分実習指導案の例

	月 日 曜日	実習生氏名
❶	歳児 組 人	(男児 人 / 女児 人)
子どもの姿 ❷	主な活動	❸
	ねらい	❹
	内容	❺

時間	環境の構成	予想される子どもの活動	保育者の援助・配慮
00:00 ❻	❼	❽	❾

保育をシミュレーションしながら、相互に関連させて考えていきます。

〈反省・評価〉 ❿	〈指導・助言〉 ⓫
	担当者 ㊞

振り返ろう!

❿反省・評価
実習を振り返り、子どもの発達の理解と保育者の指導の、次につながる視点を書く。
ねらいの達成はできたか、対象児にとってねらいは妥当であったか、指導は予定どおり進んだか、今後の課題は何か、実習生は何を学び、今後どのように生かせるか、などの観点で、全体を振り返って記録しましょう。
責任実習では、一日を通じて指導計画がうまくいったかどうかということだけにとらわれず、子ども自身が楽しんで過ごせたか、保育者と子どもの関係、子ども同士の関係はどうだったかなどにも目を向け、保育をいろいろな視点から振り返りましょう。記録することで、クラスの課題や自分の実習課題が見つかります。課題は翌日の実習に生かしましょう。

❾保育者の援助・配慮
環境の構成や予想される子どもの活動と、時系列を合わせて記入する。
予想される活動の項目について、子どもがみずから活動を展開していけるような指導の進め方を書きます。子どもの発達の違い、行動の早さの違い、けんかなど、いろいろな場面も想定して考えておきましょう。保育者の行為だけではなく、ねらいに向かってどのような意図のもとに援助や配慮をしているかも含めて書きましょう。
責任実習では、一日の流れの中で、日々の生活に必要な、基本的な生活習慣の援助が必要です。子どもの年齢や個々の発達、保育者から学んだ援助のしかたなどを生かして書きましょう。

⓫指導・助言
実習後の反省会で、指導助言をいただき、次の課題とする。
記録(日誌)に書かれている指導・助言と合わせて、真摯に受け止めましょう。保育実習と実習後の反省、指導・助言を総合して、今回の実習指導を冷静にとらえ直し、今後の指導に生かしましょう。

14　Ⅰ 日誌・記録と指導案

I-4 実習での日誌・記録 どのように書くの？

実習日誌は、毎日の保育の全体像を記録します。文字に表して整理することで、本日の保育をとらえ直すことができます。子どもたちや担任保育者の保育のさまざまな場面を心に留めて、ていねいに記録していくことは、責任・部分実習の立案や実際の保育指導の際にとても参考になります。

実習の目標をたてよう！

①年齢・クラス・人数
担当したクラスの年齢と人数を書く。
何歳児に入り、何人の子どもがいるのか、把握しておくことが大切です。

保育者の保育から学び取ろう！

④ねらい
子どもがそれまで経験していることから、子どもの中に育ちつつあるものや育てたいことを書く。
担任保育者がどのようなねらいを持って保育をしているか、学びましょう。実習先によっては、実習生が推測して記入することがあります。その場合は、実習園の年・月の指導計画、週の計画などを参考にします。この時期の子どもの発達やねらいを把握し、実際の保育を観察してからねらいにつなげましょう。

保育者の保育から学び取ろう！

⑥時間
子どもが活動する区切りごとに書く。
時間を記録することで、子どもの活動時間がどのくらい必要かが学べます。場合によっては、メモを取ってよい園もあります。部分・責任指導のためにも、保育時間の流れをつかんでおきましょう。

⑦環境の構成
ねらいを達成するためにも、あらかじめどのような環境が必要か、子どもの活動の時系列に合わせて具体的に書く。
実習中は、活動ごとにどのような環境の構成がなされているか、観察します。子どもの発達に必要な遊具・用具・素材・場所・配置などを書きましょう。教育的意図や配慮のもとで構成されています。ていねいに記録することで、子どもの興味・関心や遊びの動線の手がかりになったり、実習指導の手順を考えるとき、参考になったりします。

②実習生の目標
その日の実習で何を意識して見るのかを書く。
目的意識を持つことで、学べることがたくさんあります。初日は保育の流れを知ることや、子どもの名前を覚えることから始まります。毎日課題を持って臨みましょう。

③今日の主な活動
本日のねらいに沿って行なわれた子どもの活動を書く。
実習園で主な活動の指定がある場合は、担任保育者にうかがい、書きましょう。

実習日誌・記録の例

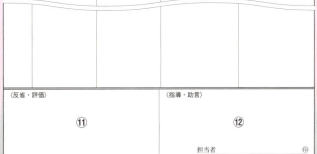

相互に関連し、保育を行なっています。
保育者の保育から、しっかり学びとりましょう。

振り返ろう！

⑪感想・評価
実習生の目標、子どもの本日のねらいを念頭に、反省や改善点をまとめる。
子どもの発達やプラス面にも目を向け、実習での気づきや今後の課題をまとめます。次回の保育のねらいにつなげられるように記入します。個人名の表記は、園の決まりを守りましょう（守秘義務）。

⑫指導・助言
日誌を提出し、指導保育者から指導・助言を受ける。
指導・助言は真摯に受け止めましょう。翌日の保育で助言事項を実施するよう努力をして、実習期間を前向きにかつ意欲的に過ごしましょう。

⑤内容
子どもがねらいを達成するために育てたい姿や経験させたいことを書く。
担任保育者にうかがいましょう。一日を通して経験させたいことを、簡潔に記録しましょう。

⑧子どもの活動
子どもの生活や活動を時系列でとらえて書く。
本書では、「◎」で主な項目「・」で活動内容や進行を詳しく表しています。遊びだけでなく、生活習慣に必要なことも記録しましょう。

⑨保育者の援助・配慮
保育者の行動やことばがけ、その意図するところを記録する。
初めは保育者の動きを把握し、次に意味を考えます。子どもの活動に対して、ねらいを達成するために、保育者はどういう意図を持って行動していたのか、場面によってどのような援助や指導をしているか、「環境の構成」「子どもの活動」の欄と時系列を合わせて記入しましょう。

⑩実習生の動き・気づき
実習生が参加した遊びや子どもに対してのかかわり方を書く。
子どもを見守ることもありますが、なぜ見守るのかを考え、どのような心持ちで見守ったのかなどを記録しましょう。さらに自分なりの気づきがあれば記録し、実習指導に生かしましょう。

実習中には…

実習では毎日、日誌・記録を書きます。そして、実習期間中の後半には、部分実習や責任実習を任され、そのための指導案を書きます。このふたつは、実習においてとても重要な学びになっています。子どもの姿や担任保育者の保育について学べるこの大きな機会に、たくさんのことを吸収したいですね。

● 実習期間（園によって異なります）

観察実習・参加実習	部分実習 責任実習
日誌・記録をつけながら、たくさんのことを学びます。	振り返り

15

I-5 日誌・指導案 忘れずにチェック!!

毎日書く日誌、実際の保育を経験するための指導案、どちらも大切なものです。よりよい保育にするために、基本を忘れずにチェックしておきましょう。

日誌・記録　忘れずにチェック!

- ☐ 提出日を確認
- ☐ 記録に誤字脱字や絵文字はないか
- ☐ ていねいな文字で
- ☐ 話し言葉ではなく、書き言葉で記述
- ☐ 鉛筆書きではなく、ペン書きで清書
- ☐ 修正はできるだけ少なく

指導案　忘れずにチェック!

- ☐ 実習指導日はいつか
- ☐ 指導案提出日はいつか
- ☐ 予備の保育案（雨天の場合）
- ☐ ほかのクラスと活動場所や備品使用の確認をしているか（園庭の使い方、備品使用の時間）
- ☐ 保育の流れと時間配分を覚えたか
- ☐ 誤字脱字や絵文字はないか
- ☐ 活動に使う準備物を全部そろえたか
- ☐ 園の備品を使う許可を得たか
- ☐ 援助事項のポイントを覚えたか
- ☐ 子どもの個性を把握しているか
- ☐ 一日を通してのことばがけを想定して、声に出してみよう（責任実習）

どんな子どもたちに出会えるかな、実習が楽しみだね!

次ページから、日誌と指導案への朱書きで保育の大切なポイントがわかるよ！

Ⅱ
年齢別
日誌・指導案

1. 0歳児の実習 ……………………………………………… 18
2. 1歳児の実習 ……………………………………………… 28
3. 2歳児の実習 ……………………………………………… 38
4. 3歳児の実習 ……………………………………………… 48
5. 4歳児の実習 ……………………………………………… 72
6. 5歳児の実習 ……………………………………………… 96
7. 異年齢児保育の実習 …………………………………… 122
8. 施設の実習 ……………………………………………… 130

※認定こども園に実習に行かれる場合は、保育所・幼稚園の両方を参考にして
　ください。

Ⅱ-1 0歳児の実習

0歳児は、一日の中で授乳やオムツ交換などの世話を何回も繰り返します。子どもによって、おしっこ・うんちの回数やミルクを飲む量も違います。また、寝ている子ども、ハイハイする子ども、歩く子どもなど、月齢によってできることが変わってきます。ひとりひとりの成長に合わせた、保育者のきめ細かなかかわり方を学んでいきましょう。

①実習のポイント

発達　だっこのしかた
横抱き 首がすわるまで（約3か月）は、片手で後頭部を支えながら横抱きにします。
縦抱き 首がすわっている（約4か月以降）なら縦抱きもできますが、初めのうちはまだ後頭部を支えながら抱きましょう。

基本　身だしなみに気をつける
子どもは、なんでもつかんで口に入れます。アクセサリーなどは外し、髪の毛が長い場合はまとめましょう。

生活習慣　オムツ交換のときにもスキンシップを
言葉をかけてあやしながら、足を屈伸させたりおなかをさすったりしましょう。

生活習慣　離乳食も楽しく
子どもと向かい合って座り、「おいしいね、モグモグ」と、ことばがけをしながら進めましょう。

生活習慣　眠っているときにも配慮を忘れずに
吐いていないか、布団がずれていないか、汗をかいていないかなど、こまめにようすを見ましょう。

横抱き

縦抱き

発達　ハイハイ・つたい歩き、安全面に気をつけて
保育者の行動を参考にしましょう。

次ページからの読み方
まずはここから見てみよう！
● ……気をつけたいこと
♥ ……よい視点・表現
※ ……注意事項など

罫線で囲っている朱書きは保育をするうえでのアドバイス、囲みなしは記入するうえでのアドバイス。

0歳児 ②実習日誌・記録の例〈保育所〉

実習生氏名

11月	○日	○曜日	天候　晴れ	担任	○○○○　先生　／　○○○○　先生

0歳児	ひよこ組　6人（男児3人〔9か月・10か月・12か月〕女児3人〔9か月・11か月・13か月〕）欠席0人

実習生の目標	ひとりひとりの発達を知る。	今日の主な活動	好きな遊び

ねらい	ひとりひとりが ~~好きな遊び~~ 思い思いに遊ぶことを楽しむ。

内容	~~好きな物で~~ ・保育者とのふれあいや、やりとりをして遊ぶ。 ・身近な玩具や遊具で遊ぶ。

時間	環境の構成	子どもの活動	保育者の援助・配慮	実習生の動き・気づき
～9：00		◎順次登所する。	・元気に子どもとあいさつをし、保護者に健康状態や家でのようすを聞き、健康観察をする。 ・子どもを抱き上げ、元気に来たことを褒める。	・子どもと明るくあいさつをして、遊びに誘う。
	●保育者の動きから学ぼう 保育者の立ち位置と子どもの関係はどうだったのでしょう？　環境の構成に図示しつつ、配慮の欄にも記入しましょう。	◎登所してきた子どもから好きな遊びをする。 ・積み木、ボール、音の鳴るおもちゃなど。 ◎『ロックンロール体操』をする。 ・保育者の"トントン前"を見る。 ・体操を見たり体を動かしたりする。	・子どもたち同士で物の取り合いや髪の毛の引っ張り合いをしていないか見守る。 ・子どもたちのようすを見ながら、手と口を動かして知らせていく。 ・体を動かしたことをしっかり褒め、楽しかったことを共感する。	・ボール遊びに興味を持つよう、上に投げたり子どもに向かって転がしたりする。 ・子どもたちのようすを見ながら、楽しく手拍子をして手を伸ばす。 ・体を元気よく動かし、体操の楽しさを伝える。
9：30	●だれが読んでもわかるように リンゴ・プリンなど、具体的に表記するとわかりやすいでしょう。保育者の援助や実習生の動きにもつながります。	◎おやつを食べる。 ・手をふいてもらう。 ・イスに座りエプロンを着けてもらう。 ・食べる。 ・あいさつをする。 ◎オムツ交換をする。	・自分でイスに座るようにことばがけをする。 ・食べる前にはきれいな手にするため、ひとりひとりの手をふく。 ・自分で持って食べる習慣がつくようにする。 ・おいしく食べられたことに感謝して、あいさつをする。 ・話をしたり足をさすったりして、スキンシップをしながら交換する。	・きれいな手で食べられるようにふく。 ・子どもといっしょに感謝のあいさつをする。 ・「オムツ交換するね」とことばがけをして、終わったら「すっきりしたね」と、きれいになったことを喜ぶ。
		◎好きな遊びをする。 ・風船、ボール、車など。	・風船のフワフワ感が楽しめるようにする。	・風船を飛ばし~~て~~たり子どもの頭に載せたりして、いっしょに遊ぶ。

○…子ども　㋲…保育者　㋳…実習生

※「ねらい」「内容」「環境の構成」については、P.10～15の該当するところを必読！各欄はつながっています。

●0歳児の発達を学ぼう
月齢にもよりますが、「好きな遊び」というよりは、身近な玩具を手に取って遊ぶようなので、「思い思いに」ととらえられるかもしれませんね。「内容」は一日を通してイメージしましょう。

●子ども中心に考えよう
実習生に慣れていない子どももいると思われます。子どもの表情にも留意し、無理に誘うのではなく、子どもの心を受け止めていきましょう。

まずはココ！

●いつも発達を考えた援助を
「子どもの目線や動きに合わせて」など、0歳児の発達に配慮した点を書くと、気づきに深みが増します。

●援助や配慮の書き方を学ぼう
この表現では、保育者の活動のみと考えられます。「保育者も楽しそうに体操をしながら、動きを伝えていく。」と書くと、体操時の雰囲気も伝わります。

♥保育者の援助や心情をよく観察して、行動に移せていることが読み取れます。

●記述方法について
「たり」は、～たり～たりと、並列して使います。

0歳児 ②実習日誌・記録の例〈保育所〉(前ページの続き)

時間	環境の構成	子どもの活動	保育者の援助・配慮	実習生の動き・気づき
		●自分がどう動くか考えよう ここでの実習生の活動はなかったのでしょうか？書き忘れがないか、チェックしましょう。	・泣いている子どもは抱き上げて、落ち着くようにする。 ・子どもたちが安全に遊べるように、周りに気をつける。	・おもちゃのピアノを弾いたり歌ったりしながら、リズム感を楽しめるようにする。
10：15		◎午睡をする。	・眠たくなった子どもから順番にベッドに連れて行き、安心して眠れるようにそばで見守る。	
11：00		◎給食を食べる。 ・エプロンを着け、イスに座る。 ・個人用タオルで手をふいてもらう。	・自分でイスに座るよう促す。 ・きれいな手で食べられるように、ふく。 ※実習生の援助として考えられることは、ほかにもありませんか？ 配膳などは手伝いませんでしたか？ ・子どもの名前を呼びながら食事を置いていく。 ・子どもに合わせて、おかずを小さく切る。	・自分からイスに座るようにことばがけをする。 ・子どもの手をふき、「きれいなったね」と言葉をかける。 ・楽しく食事ができるようにことばがけをする。
	●保育者の言葉から学ぼう 「カミカミ ゴックン」などと、言葉や表情で伝えることも効果があるでしょう。子どもとコミュニケーションを取るように、いろいろな工夫をしてかかわりましょう。	・あいさつをして食べる。	・咀しゃくを促すようなことばがけをする。 ・おいしく食べられたことに感謝して、あいさつをする。	・「おいしいね」と、共感する。
		◎オムツ交換をする。	・食後はオムツと服を着替えさせて、気持ちよく過ごせるようにする。	・着替えを手伝う。
		◎好きな遊びをする。	・ふれあい遊びを取り入れて、スキンシップをする。	・いろいろなおもちゃで遊び方を見せて、楽しく遊べるようにする。
12：35	※環境の構成を記入しましょう。	◎順次授乳をし、午睡する。 ●一斉の活動なので分けて書く ◎順次授乳をする。 ◎午睡をする。 ◎着替えをする。	・授乳をした後、安心して眠れるように、ひとりひとりに合わせてトントンとたたいたり、だっこしたりする。 ・途中で起きた子どもは、再び眠れるように添い寝して安心感を与える。	・授乳後、安心して眠れるように、頭をなでたりトントンしたりする。 ・着替えを手伝う。 ※左に「◎着替えをする。」と入るので、追加します。
15：00		◎順次起床する。	・気持ちよく起きられるように、「おはよう、よく寝たね」と言葉をかける。 ・眠たい子どもには「まだ眠たいね」と共感し、ゆっくり起こしていく。	
		◎オムツ交換をする。	・着替えとオムツ交換をして、きれいになったことを喜び合う。	・着替えとオムツ交換を手伝う。

●環境の構成の意味を考えよう
活動の場が変わったので、環境の構成を図示しましょう。準備物があればいっしょに書きます。

※配置図を記入します。保育者・子ども・実習生の位置を記入し、人的な環境の構成を学びましょう。

●0歳児の発達を学ぼう
「好きな遊び」というよりは、
◎保育者とかかわって遊ぶ。
◎身近な玩具で遊ぶ。
◎手に取って遊ぶ。
◎保育者を見ていっしょに体を動かして遊ぶ。
◎思い思いに遊ぶ。
などでしょうか。

まずはココ！

●考えて行動しよう
これらの援助は、子どもの体調を観察したりスキンシップをしたりする機会ととらえましょう。

●ひとりひとりを大切に
ひとりひとりの興味や発達に応じて玩具を選び、楽しく遊べるようにということを、心に留めましょう。

●0歳児にこそことばがけを
どんなことを思いながら手をふいてあげたのでしょうか？「おやつ食べようね、などと優しく声をかけながら」や、「ひとりひとりとスキンシップを取りながら」など。

●保育者の援助から
保育者は具体的にどのようにされたのでしょうか。援助のしかたを学びましょう。例えば、「持ちやすい形にカットしたリンゴを、ひとりひとりに配り」と書くと、ようすが目に浮びます。または、「子どもの月齢に合わせて配慮した大きさのリンゴを配り」ということも考えられます。

II-1 0歳児の実習

時間	環境の構成	子どもの活動	保育者の援助・配慮	実習生の動き・気づき
15：20	[実・保・保の配置図] ・個人用手ふきタオル、個人用エプロンなどを用意する。	◎おやつを食べる。 ・ぬれたふきんで手をふいてもらう。 ●文字でも示そう 準備物として考えられる物を記しましょう。 ・あいさつをして食べる。 ・かたづけをする。 ◎好きな遊びをする。 ・ブロック、積み木、車など。	・おやつのメニューを知らせ、おいしく食べられるようにする。 ・かんで食べるように、子どもの前でことばがけをする。 ・感謝を込めて、いっしょにあいさつをする。 ●こまやかな感性を持とう 保育者の援助や気づきは、何かありませんでしたか？ 保育を振り返りましょう。	・食べやすいように小さく割って食べさせる。 ・意欲的に食べられるように、ことばがけをする。 ・いっしょにあいさつをして、かたづけをする。
16：00		◎順次降所する。 ◎延長保育	・迎えに来られた保護者に、今日のようすを知らせる。 ・ほかのクラスの子どもたちが合流するため、人数を確認する。	・子どもたちが興味を持った遊びをいっしょに楽しむ。

〈反省・評価〉
今日はひとりひとりの成長を感じることができました。実習に入って三日たちますが、スプーンを持って口に運べるようになった子、オムツ交換をいやがり始めた子、物をつかむようになった子など、小さい子どもの成長は早いと思いました。乳児が何かを伝えたいときは、泣いて訴えることを学びました。眠たくて泣いていると思っていた子が、実はおなかの調子が悪く、下痢便が出て泣いていました。どんな理由で泣いているのかを判断するのは難しいと感じました。保育者は、子どものようすを聞いたり伝えたり、体調が崩れるとすぐ対処をしたり、いろいろなことができるようにならなければと思いました。

〈指導・助言〉
実習お疲れさまでした。子どもたちの成長は、日々感じることができ、最近は保育者の言うこともわかってきています。毎日を大切にし、子どもたちがすくすく成長できるように、保育していきたいと思っています。○○先生もがんばってください。

※感じたことだけでなく、観察したことを客観的に書いたり、実習生のかかわり方を振り返って考察したりして、次に生かしましょう。

担当者　㊞

●保育者の工夫に注目しよう
玩具類はどこに置かれたのでしょう？ 図で記入するとわかりやすいですね。保育者は玩具類を種類別に収納したり、扱いやすい場所や高さに置いたりする工夫をしていると思われます。この点も観察して記しましょう。

●「させる」という意識を持たないように
保育者は、自分で持つ習慣をつけようとしているので、「食べやすいように、小さく割って手に持たせる」と援助したほうがよいでしょう。

●具体的に書いて学ぼう
「カミカミと、言葉や表情で伝えたり、おいしそうに食べて見せたりしながら」など、具体的に記入していくと、0歳児の対応のしかたがよくわかります。

♥保育者の気持ちをよく察することができました。調理をした方などを思いながら、保育者自身が感謝を込めてあいさつをする姿は、子どもたちの「食」に対する感謝の気持ちを育てることにつながるでしょう。実習生も見習っていきましょう。

0歳児 ③遊び P.24〜27と連動しています！ 指導案にしたときの記述のしかたがわかります。

＊P.24の部分実習指導案の例で行なっています。

〈1〉カメさんに変身

用意する物
マット、ソフト積み木、フープなど

遊び方
四つんばいになって、保育室の中を歩きます。

● 平面を歩く。

● 坂を歩く。

● トンネルをくぐる。

＊0歳児（7〜10か月くらいから）は、ハイハイの運動が大切です。さまざまにふれあいながら、運動遊びをしましょう。

＊P.25の部分実習指導案の例で行なっています。

〈2〉手作りのガラガラ

用意する物
ペットボトルのふた、ガチャポンのカプセル、乳酸菌飲料の容器など、布、フェルト、中に入れるビーズ、ビニールテープ、針、糸

作り方（ペットボトルのふた）

①ペットボトルのふたの中にビーズを入れて、2個を合わせた物をいくつか重ねる。

②上からビニールテープで巻いて留め、周りを布やフェルトで包む。

③布やフェルトを糸で縫い合わせる。

 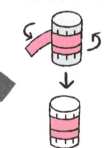 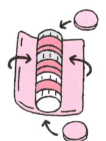 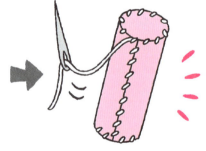

作り方（ガチャポンのカプセル）

①カプセル中にビーズを入れる。

②カプセルを閉じ、上からビニールテープで巻いて留める。

遊び方
手に持ち、振って遊びます。

＊保育者が振って見せたり転がしたりしながら、音の鳴ることに興味が持てるようにしましょう。

＊P.26の部分実習指導案の例で行なっています。　　　　＊スキンシップを楽しみましょう。　　♪だるまさん
わらべうた

〈3〉だるまさん

だるまさん　だるまさん　に　らめっこし　ましょ　わらう　と　まけよ　あっ　ぷっ　ぷ

遊び方
子どもをひざの上に乗せて、向かい合ってわらべうたあそびをします。繰り返し歌いながら、いろいろな動きを楽しみましょう。

顔くっつけバージョン
❶だるまさん〜まけよ…手拍子をする。

❷あっぷっぷ…ほっぺたを膨らませ、子どもの体を支えて顔を近づける。

ほっぺたツンツンバージョン
❶だるまさん〜まけよ…子どもの体を左右に揺らす。

❷あっぷっぷ…子どものほっぺたを指で軽くつつく。

ほっぺたタッチバージョン
❶だるまさん〜まけよ…子どもの両手を持って、上下に動かす。

❷あっぷっぷ…子どもの両手を保育者の膨らませたほっぺたに当てる。

＊P.27の部分実習指導案の例で行なっています。

〈4〉ボール遊び

用意する物・準備
ボール入れ、大小の柔らかいボール、ソフト積み木（三角）、布
※ボール入れに布を掛け、中のボールを隠しておく。
＊すべてに保育者がかかわって遊びましょう。

遊び方
❶布を少しめくって、ボールを見せては隠すことを繰り返す。

❷「1・2の3」で布を取り、中を見せる。

❸ボール入れからボールを出し、子どもに向けて転がす。

❹子どもも転がす。

❺三角のソフト積み木を使い、ボールを転がす。

❻ボールをかたづける。

0歳児 ④部分実習指導案の例 〈1〉ふれあい遊び「カメさんに変身」など (遊びはP.22参照)

※「子どもの姿」「ねらい」「内容」「環境の構成」については、P.10～15の該当するところを必読！各欄はつながっています。

● **ひとりひとりに配慮しよう**
クラス4人で月齢が違うときの配慮を忘れずに。

● **内容について学ぼう**
内容は、ねらいを達成するために子どもが経験する事がらで、それを具体化したのが「予想される子どもの活動」です。ここでは、さまざまな動作で遊ぶことにしています。

♥ハイハイなどで体を十分に動かすことは、この時期の子どもたちの発達上とても大切です。楽しく遊ぶ中で、しぜんに体を動かすことができるようになりますね。

※保育者の面ですか？わかるように表記しましょう。また、子どもがいやがることもあります。その場合は外しましょう。

● **計画したことは書こう**
初めから計画していた遊びであれば、予想される子どもの活動に書いておきましょう。

● **さまざまにシミュレーションを**
ほかにもどのような活動が予想されるでしょうか？
・保育者の背中におぶわれる（乗る）。
・保育者に抱かれる。

※進行予想時間を記入します。

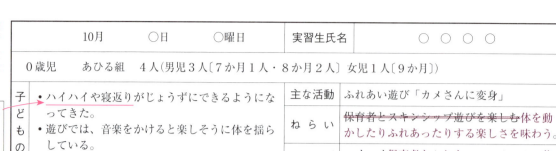

10月 ○日 ○曜日	実習生氏名 ○ ○ ○ ○

0歳児　あひる組　4人(男児3人〔7か月1人・8か月2人〕女児1人〔9か月〕)

子どもの姿	・ハイハイや寝返りがじょうずにできるようになってきた。 ・遊びでは、音楽をかけると楽しそうに体を揺らしている。	主な活動	ふれあい遊び「カメさんに変身」
		ねらい	保育者とスキンシップ遊びを楽しみ体を動かしたりふれあったりする楽しさを味わう。
		内容	~~ハイハイ~~保育者とふれあい、いろいろに体を動かして遊ぶ。

時間	環境の構成	予想される子どもの活動	保育者の援助・配慮
00:00	・カメのお面、絵本 ・保育室内を動くので、周りに障害物がないか確認し、あれば取り除いておく。	◎ふれあい遊びをする。 ◎カメさんに変身 ・ハイハイでゆっくり移動する。 ・ソフト積み木の上に載せたマットの山を、ハイハイで登る。 ・フープをくぐる。 ◎ペンギン親子 ・保育者の足の上に乗ってペンギンになる。 ◎ピョンピョンウサギ ・保育者のひざに乗る。 ・ひざの上で保育者に支えられてピョンピョンウサギになる。 ・ユラユラ揺れる。 ・バスごっこをする。	・遊びに興味を持つことができるように、ことばがけをする。 ・子どもに見えるように、保育者がカメのお面を着ける。 ・ハイハイをしながら進むとき、ぶつからないように見守る。 ● **具体的に書こう** 具体的にどのようなことを言うのか、考えて書いておきましょう。 ※保育者は、歌を口ずさんだり「ピョンピョン」など動作を引き出すような言葉をかけたりしましょう。コミュニケーションを取りながら楽しむことが大切です。 ・いろいろな言葉を覚えられるように、遊びながらもたくさんことばがけをする。 ※激しく揺すらないように、0歳児に適したふれあい方を考えましょう。
00:10	絵本コーナー 机 マット ソフト積み木 棚 ・机を出して絵本を並べる。 ・絵本を準備する。	◎絵本を見る。 ※なぜここで絵本を見るのでしょうか？休息の意味でしょうか？保育者とのふれあいの意味でしょうか？援助に保育の意図を記しましょう。また、月齢や興味に合った絵本を選び、絵本名も記入しましょう。 ・保育者のひざに乗って絵本を見る。	・「カメさんおうちに帰ろうね」と言って、絵本コーナーに誘いかける。 ・ひざの上に座らせて、いっしょに絵本を楽しめるようにする。
00:15			

〈反省・評価〉
今日のふれあい遊びは、みんなカメになりきって、ハイハイをして動いていました。動いているときに何を言えばいいのか迷ってしまいました。そのとき、先生のさりげない言葉を聞いて、子どもたちはうれしそうに遊び始めました。その後のバスごっこは、ユラユラと揺れることが心地よく、気持ちよさそうな顔をしていました。この時期のふれあい遊びは、とても大切だということを学びました。

〈指導・助言〉
今日の保育、子どもたちは楽しそうにしていました。ふれあい遊びで飛行機やバスをしたり、カメのお面に興味を持ったり、子どもたちもたくさん遊べましたね。内容がたくさん用意してあったので、満足していました。たくさん経験をして、学んでください。

担当者　㊞

0歳児 ④部分実習指導案の例 〈2〉手作りのガラガラ (遊びはP.22参照)

※「子どもの姿」「ねらい」「内容」「環境の構成」については、P.10〜15の該当するところを必読！ 各欄はつながっています。

11月	○日	○曜日	実習生氏名	○ ○ ○ ○

0歳児　たんぽぽ組　5人(男児3人〔7か月・10か月・11か月〕女児2人〔12か月・13か月〕)

子どもの姿	・握ったりつまんだり、指先を使う遊びを楽しんでいる。 ・音が鳴ると、とても喜んで手をたたく。 ●指先を動かしたくなる手遊び？ どんな手遊びか、具体的に書きましょう。	主な活動	ガラガラで遊ぶ。
		ねらい	~~ガラガラを握り、振ったり転がしたりして楽しく遊ぶ。~~
		内容	いろいろなガラガラを持ち、振ったり転がしたり、体を揺するなどして遊ぶ。

時間	環境の構成	予想される子どもの活動	保育者の援助・配慮
00:00	・ペットボトルのふたとガチャポンのカプセルであらかじめガラガラを人数分作り、袋に入れておく。 ●環境の構成をイメージ 保育室をどんなふうにしているか、図に描いてみましょう。クマのパペットやポリ袋はどこに置いておき、どう使うのかなど、イメージしておきます。 保育者 [図] 子ども ○○○○○	◎手遊びをする。 ・保育者といっしょにふれあいながら、リズムに合わせて手や体を動かす。 ◎絵本を見る。	・楽しく手遊びをして、次の絵本に期待を持てるようにする。 ・抑揚をつけて読んだり、ひとりひとりに触りながら「気持ちいいね」とことばがけをしたりして、楽しく見られるようにする。 ・動物の鳴き声や動きを入れ、興味が持てるようにする。
00:10		◎ガラガラで遊ぶ。 ・クマのパペットを見る。 ●具体的にどうやって促す？ 「保育者といっしょに」などと、気持ちを寄り添えていきましょう。 ・プレゼントをもらう。 ・ガラガラで遊ぶ。 ※ガラガラを使った遊びを、いろいろ考えておきます。 ・ガラガラを振る。 ・ガラガラを転がす。 ・ガラガラの音を聞く。など。	・クマのパペットを使い、「プレゼントは何かな？」と言いながら、大きな袋に入っているプレゼントに興味が持てるようにする。 ・怖くて泣いている子どもがいたら安心させて、「クマさんが心配しているよ」などとパペットを見せながら、ことばがけをする。 ・プレゼントをもらったら、頭を下げてお礼をするように促す。 ・ガラガラを持ち、振ったり転がしたりして、いっしょに楽しむ。 ・好きな歌を口ずさみながらガラガラを振って、遊びに変化が出るようにする。 ・頭やおしりなどいろいろなところで隠してガラガラを振り、探して遊べるようにする。
00:20	保育者 [図] 子ども ○○○○○	・クマのパペットとお別れをする。	・遊びに飽きてきたらクマを出して、「おうちに帰るから、バイバイ」と、お別れをして終わる。

〈反省・評価〉	〈指導・助言〉
0歳児で初めて部分実習を経験しました。子どもの集中時間の短さを考え、もっと子どもたちが興味を持つ話し方をしなければいけないと反省しました。練習不足や緊張もありましたが、クマが話しをしている声に変化がなく、子どもたちはあまり興味を持ってくれませんでした。ガラガラには興味を示してくれ、振ると音が出ることを喜んでいました。全体の流れや子どもが飽きてきたらどうするのかなど、反省するところがたくさんありました。次に機会があれば、子どものようすをもっと観察して、ことばがけや流れを考えて進めていきたいと思います。	準備するものがたくさんあり、大変だったと思いますが、子どもたちはうれしそうに遊んでいましたね。子どもたちが大喜びしているときは、遊びが楽しく、もっと遊んでいたいときですね。遊びを変えるタイミングやことばがけは難しいです。無理に変えるのではなく、子どもの気持ちを受け止めながら、次に始まることに期待を持たせられるようにできたらいいですね。 担当者　　　　　　㊞

●子どもの姿からねらいをたてよう
これは「内容」にあたる書き方です。「ねらい」なら、「音が出る物に興味を持ち、握ったり体を動かしたりして楽しむ。」としてはどうでしょう。

●発達を考えよう
期待を持たせるのは難しいです。2歳児以上くらいから用いたいですね。手遊びそのものを楽しむような配慮をしましょう。「むすんでひらいて」などはいかがでしょうか？

まずはココ！

●いつもなんのためにするのか考えよう
年齢や発達に合った絵本を選びましょう。また、絵本を見ることの目的は考えましたか？

●どのような歌が好き？
今、子どもが好きな歌を具体的に把握しておきましょう。さらに、ピアノ伴奏やCDなどで、好きな曲を流すなども考えられます。

●計画は最後までしっかりと
この後、ガラガラはどうしますか？　考えておきましょう(クマのパペットも)。
・家に持ち帰る。
・回収する。
・保育者がカバンにしまう。
・かたづける。
など。

※「短さ」という言葉はないほうがよいでしょう。マイナスイメージの書き方なので、実習先に対して失礼な場合があります。

0歳児 ④部分実習指導案の例〈3〉わらべうた遊び『だるまさん』(遊びはP.23参照)

※「子どもの姿」「ねらい」「内容」「環境の構成」については、P.10〜15の該当するところを必読！ 各欄はつながっています。

2月	○日	○曜日	実習生氏名	○ ○ ○ ○

0歳児　　あか組　　3人（男児2人〔14か月・19か月〕 女児1人〔15か月〕）

子どもの姿	・月齢によってできることに差がある。 ・歩ける子どもからハイハイの子どもまでいる。	主な活動	わらべうたあそびをする。
		ねらい	保育者とゆったりふれあい、コミュニケーションを楽しむ。
		内容	手を動かし、口に手を当てて音を楽しんだり、リズムに合わせて体を動かしたりする。

時間	環境の構成	予想される子どもの活動	保育者の援助・配慮
00:00		◎わらべうた『だるまさん』で遊ぶ。	・ひざの上でいろいろな動きを楽しみながら、スキンシップを取るようにする。
	・初めは安心できるように、子どもが向かい合ってひざの上に座る。	・ひざの上に座る。	・ひざを伸ばし、向かい合って座らせる。
		・いっしょに遊ぶ。	・歌をゆったりとうたいながら楽しく遊ぶ。
		・ほっぺたを軽くつついてもらう。	・子どものほっぺたを軽くつつき、スキンシップを楽しめるようにする。
		・保育者のほっぺたを触る。	・子どもの両手を保育者の膨らませたほっぺたに当てる。
			・子どもの表情から、して欲しいことや甘えたい思いを受け止めていく。
		・歩ける子どもは、もっともっとと寄ってくる。	・保育者は、しゃがんで歩けるふたりと手をつなぎ、ほっぺつんつんなどをする。
00:10	・子どもに合わせて、絵本の高さや距離などを配慮する。	◎絵本を見る『あっぷっぷ』。 ・保育者のひざに乗ったり寄り添ったりして絵本を見る。	・ひざに子どもを座らせたまま絵本を読み、スキンシップの続きを楽しめるようにする。 ・繰り返しのある簡単な内容で、興味を持って見ることができるようにする。

〈反省・評価〉
何回も歌を練習して覚えたつもりでしたが、子どもを前にすると緊張しました。
ふだん子どもをひざに乗せて何かをするということがないので、少しぎこちなくなりました。
遊びはとても喜んでくれ、『だるまさん』は気に入ってくれたので、とてもうれしかったです。人数が少ないこともあり、じっくりかかわった遊びができました。
ありがとうございました。

〈指導・助言〉
事前に練習したにもかかわらずということでしたが、何事も経験を重ねていくことで、身についていくものです。○○先生も今日の保育を経験されて、ひとつ成長したことと思います。
実習中にたくさん勉強していってください。

担当者　　　　　　　㊞

まずはココ！

● **ひとりひとりの月齢を意識して**
この時期、4月に10か月で入園してきた子どもは、2歳近くになっています。ひとりひとりにどのような違いがあるのか、それぞれの子どもの発達に大切なことは何か、つかんでおきましょう。

● **ゆったりと楽しもう**
いきなり主な活動に入ろうとしないで、保育者のひざの上にさりげなく乗せ、揺らしたり上下にピョンピョンしたりする動きで、保育者との遊びが楽しいと思えるようなかかわりをしてから、主題に入っていくといいでしょう。

● **子どものかわいらしさを十分に感じよう**
計画どおりにと、つい夢中になってしまいます。子どもが落ち着いて楽しめるよう、「ゆったりと」という雰囲気を大切にしましょう。

● **子どもの欲求にこたえる**
遊びに興味を持ったほかの子どもにはどのように対応するのか、考えておきましょう。

● **反省・振り返りが大切**
子どもの発達や個々の興味と選んだ活動は合っていたのか、この活動は今後日々の保育でどのようにつなげていくことができるのか、などの視点で、考察を広げることを忘れないようにし、ねらいがこれでよかったのか、援助のあり方はどうだったかを考えて、次のねらいに生かします。その繰り返しを楽しむのが保育です。

● **あいまいで情緒的な表現は避ける**
何を学んだか、どのようにかかわったかを、具体的に書くようにしましょう。

● **保育者は応答する環境の一部**
子どもを受け止め、応答していく気持ちを持ちましょう。

0歳児 ④部分実習指導案の例〈4〉ボール遊び（遊びはP.23参照）

※「子どもの姿」「ねらい」「内容」「環境の構成」については、P.10〜15の該当するところを必読！ 各欄はつながっています。

II-1 0歳児の実習

2月 ○日 ○曜日	実習生氏名	○ ○ ○ ○

0歳児 あか組	人（男児 人〔 〕 女児 人〔 〕）

子どもの姿	・安定してお座りできる子どもが多い。 ・物に興味を持ち始め、手を出して触る姿がよく見られる。

主な活動	ボールで遊ぶ。
ねらい	・ボールをいろいろなところで転がす。 ・ボールの動きを楽しむ。
内　容	[A]ボールを転がしたり追いかけたりして遊ぶ。

●対象人数を記入する
クラスの人数や月齢を記入しないと、ボールの数や広さといった環境の構成が決められないだけでなく、どんな保育をするのか考えられません。

●「ねらい」と「内容」をしっかり…なんのため？
「ねらい」としては、子どもの姿から、
・保育者といっしょにボールで遊び、体を動かす心地よさを味わう。
としてはどうでしょうか。「ねらい」のひとつ目は具体的な活動なので、「内容」としてAにまとめるとよいでしょう。

時間	環境の構成	予想される子どもの活動	保育者の援助・配慮
00：00	・大小のボール、ソフト積み木、布 ・布を掛けておく ・子どもの目線を考えて、間隔を空ける。 ・子どもの動きに合った大きさのソフト積み木を選ぶ。 ※ボールを転がす広さや場所を確保します。子どもが乗ることも想定して、安全性に配慮しましょう。 ・箱を用意する。 ※かたづけのときに、準備する物があれば書きましょう。	◎ボール遊びをする。 **●素材や種類にも注目して** 転がすと中の鈴が鳴るボールや、押すと音が出る柔らかい物も考えておくとよいでしょう。 ・布で隠してある物を見る。 **●楽しく発達を促す予想** ここは、0歳児の発達に応じた活動を、もう少し予想しておいてもいいのではないでしょうか。 ・ボールを転がしてもらう。 ・ハイハイで追いかける。 ・ボールに乗る。 ・坂から転がしてもらう。 ・ボールを落とす。 ・ボールを保育者に渡す。 ・スキンシップを取る。	**●どのように転がすとよい？** 保育者が転がすときの配慮事項を、具体的に考えましょう。「ゆっくり」「ことばがけとともに」などが考えられますね。 ・ボールを入れた箱を出し、ボールを見せたり隠したりして、興味が持てるようにする。 ・「これはなあに」などと言葉をかける。 ※子どもに対して、いつでも何かしらのことばがけをしましょう。 ・子どもに向かってボールを転がし、手に持てるようにする。 ・「コロコロするよー」などと言葉をかける。 ・転がるようすを言葉に表したり、できたことをいっしょに喜んだりして、場の雰囲気が楽しくなるようにする。 ・三角のソフト積み木を出し、坂からボールが転がるスピードを楽しめるようにする。 ・言葉をかけながら坂を転がす。 ・坂から転がすように誘いかける。 ・保育者のところに持ってくるようにことばがけをして、いっしょにかたづけができるようにする。 ・かたづけたら、がんばってできたことを褒め、だっこしたり飛行機遊びをしたりして、スキンシップを楽しむ。
00：15			

●ゆったり笑顔で
子どもなりの喜びに共感していきましょう。

●保育者といっしょに
誘うだけでは、0歳児は行動に移しにくい場合があります。保育者が行なう→いっしょに行なう→保育者をまねるなどを想定しましょう。

●いろいろな工夫で楽しく
ここでも、保育者が子どもといっしょに行なうことを想定しましょう。ことばがけだけでなく、ボールを入れる箱を見せたり、かたづけの歌を口ずさんだりすると、楽しくかたづけられます。

〈反省・評価〉	〈指導・助言〉
子どもが大好きなボール遊びだったので、すぐに遊び始めていました。箱をたたいたり中を少し見せたりすると、うれしそうに箱に寄って、興味を持ってくれました。ボールを持つと、同じように転がす子や口に持っていく子など、いろいろな反応が見られました。思っていた以上に子どもたちが動いていたので、とまどうこともたくさんありました。自分で動いてみて、保育の難しさを実感しました。	部分実習、お疲れさまでした。手や目を使ったり、ボールを使って距離を測ったりして、今の子どもたちの成長に合った活動でしたね。 子どもたちの姿を見ながら、予想外のことが起きても落ち着いていて、よかったです。 これからもがんばって実習を続けてください。 担当者　　　　　　　　㊞

●飾らず具体例をそのまま書こう
いろいろな反応を観察したことを、もう少し具体的に例示したほうが、子どもの姿をとらえていてわかりやすいです。

●具体的に振り返る
どのようにとまどったのか、どの点を難しく感じたのか、考えてみましょう。もう少し具体的に記述し、考察しましょう。そうすることで、反省点を次回に生かすことができます。

27

Ⅱ-2　1歳児の実習

何も持たずに歩けるようになります。自我が芽生え、自分でしたいと主張したり、好奇心が膨らみ、行動範囲も広がったりします。食事面では離乳食が完了し、幼児食へ移行します。さまざまな面で、保育者の子どもに対する接し方から、しっかり学んでいきましょう。

①実習のポイント

生活習慣
食事の時間も楽しみながら
手づかみで食べてもよいので、楽しく食事ができるようにしましょう。しっかりかむことを伝えます。

生活習慣
歯みがきについて
歯みがきに慣れることを優先します。いっしょにみがいたり、保育者がしあげみがきをしたりしましょう。

生活習慣
排せつの自立
失敗しても怒らずに、「気持ち悪いからはき替えようね」と、ことばがけをしながら着替えられるようにしましょう。

発達
自分で……の気持ちを大切に
どのようなことでも自分でやりたいと主張し始めます。担任保育者に確認しながら、危険でないようなら、子どもがしたいようにすることを見守りましょう。

発達
いつでも手を差し伸べられる姿勢で
まだ全身のバランスがとれていませんが、ヨチヨチ歩きであちこちに行きたがります。なるべく子どもの自由にして見守りますが、危険を感じたら、保育者が手を差し伸べられるようにしておきましょう。

次ページからの読み方
まずはここから見てみよう!
● ……気をつけたいこと
♥ ……よい視点・表現
※ ……注意事項など
罫線で囲っている朱書きは保育をするうえでのアドバイス、囲みなしは記入するうえでのアドバイス。

1歳児 ②実習日誌・記録の例〈保育所〉

実習生氏名

※「ねらい」「内容」「環境の構成」については、P.10～15の該当するところを必読！各欄はつながっています。

6月	○日	○曜日	天候 くもり	担任	○ ○ ○ ○ 先生

1歳児ちゅーりっぷ組	12人	男児8人（1歳3か月3人・1歳5か月1人／1歳8か月3人・1歳11か月1人） 女児4人（1歳4か月1人・1歳7か月2人／1歳10か月1人）	欠席 0人

実習生の目標	一日の流れを理解する。	今日の主な活動	思い思いの遊び

ねらい	保育者といっしょに楽しく遊ぶ。
内容	・保育者に見守られながら、安心して過ごす。 ・思い思いの子どもが興味を持っている遊びをいっしょに楽しむ。

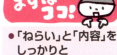
まずはココ！

● 「ねらい」と「内容」をしっかりと
実習生の立場で書かれているようです。子どもが主語になるように、保育の「ねらい」と「内容」を記しましょう。または、担任保育者に本日の「ねらい」を確認して記入しましょう。

時間	環境の構成	子どもの活動	保育者の援助・配慮	実習生の動き・気づき
8：30	・遊びやすいよう積み木を出しておく。 （図：イス／入口／用具／ロッカー／絵本棚／押入／トイレ／水道） ●『保育所保育指針』を確認しよう 「1歳以上、3歳未満児の保育に関わるねらい及び内容」にある、受容的・応答的なかかわりや言葉のやりとり、玩具への興味、などの大切な経験の機会です。 ♥個人名を呼んでいる保育者の配慮やその意味に、よく気づくことができました。実習生の動き・気づきでも、同じようにまねてみましょう。 ・手洗い場の近くにタオル掛けを置く。 ※せっけんも準備しましょう。 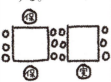 ・イスを順番に用意する。	●環境の構成が大切 積み木を出しておく場所を示しましょう。 ◎登所する。 ・検温をする。 ※検温も含めた健康観察と考えましょう。 ◎思い思いの遊びをする。 ・積み木、ブロック、新聞紙ボールなど。 ◎かたづけをする。 ◎排せつをする。 ◎手洗いをする。 ◎おやつを食べる。 ・イスに座り、「いただきます」のあいさつをする。 ・おやつを食べる。 ・牛乳を飲む。 ・口と手をふく。 ※ふくための準備物はありませんか？	・ひとりひとりの顔を見ながらあいさつを交わし、健康観察をする。 ・会話をしたりおもちゃを持たせたりして、落ち着いて検温ができるようにする。 ・思い思いの遊びができるように、いろいろなおもちゃを出して、いっしょに遊びを楽しむ。 ・室内いっぱいを使って、全身を動かしながら、新聞紙ボールをいっしょに楽しむ。 ・安全面に気をつける。 ・個人名を出して褒めることで、意欲が持てるようにする。 ・「いっぱい出て、気持ちよかったね」と言葉をかけて、喜びを共感する。 ・いっしょに手洗いをして、習慣づくようにする。 ・子どもたちを見ながら、「おいしいね」と言葉をかけ、楽しい雰囲気で食べられるようにする。 ・口や手についた汚れを自分できれいにふくようにことばがけをする。	・子どもの顔を見て、元気にあいさつをする。 ・子どもが検温できるように会話を楽しむ。 ・不安な子どもは抱き締める。 ・子どもといっしょに見たて遊びをする。 ・ブロックでおうちを作ったり積み木を並べたりして遊ぶ。 ・遊具や玩具でつまずいたり滑ったりしないよう、安全に気をつける。 ・子どもたちといっしょにかたづけを行ない、かたづけをしない子どもには手渡していく。 ・ズボンを自分からはいている子どもを見守る。 ・オマルをかたづける。 ・手にせっけんをつけてあげ、「ゴシゴシしようね」と、ことばがけする。 ・「モグモグ」と声を出しながら、しっかりかむように促す。 ・食べ終わったら牛乳を渡す。 ・コップを洗い、机や床を掃除する。 ・きれいにふけるように援助をする。
9：20				

●登所時のかかわりは？
登所してきた子どもに、ていねいにかかわるようにしたいですね。元気なあいさつも大切なことですが、1歳児には、子どもが安心してほっとするような明るい表情や、子どもの気持ちがほぐせるようなことばがけが、より大切だと思います。

●安全への配慮を
保育者の配慮として大切なことです。実習生の気づきにも生かしましょう。

※何をどのように手渡したのでしょうか？ 実習生が手渡すことで、子どもがいっしょにかたづける一体感や安心感を感じていることを心に留めましょう。
・「○○に入れてね」などと優しく声をかけながら、玩具を手渡していく。
と、具体的に書きましょう。

●ひとりひとりに応じた援助を
見守るだけでなく、励ましの言葉をかけたり援助をしたりすることも想定しましょう。

●具体的に書こう
どのように援助したのでしょうか？
・さりげなく手伝ったり、きれいにふけたことを褒めたりする。
など、子どもの姿を思い出しつつ、自分でどうしたのかを、具体的に書きましょう。

○…子ども ㋥…保育者 ㊎…実習生

②実習日誌・記録の例〈保育所〉(前ページの続き)

●**どのような体操ですか**
体操名や具体的な動き方を記しましょう。

まずはココ!
●**子どもの中へ入ってみよう**
いっしょに遊びながら、実習生が作って見せたり、作った物をきっかけに言葉のやりとりを楽しんだりしましょう。さらに、ブロックの遊びが安全に行なえるように、場を整えるといった参加のしかたをしていきましょう。

時間	環境の構成	子どもの活動	保育者の援助・配慮	実習生の動き・気づき
		◎排せつをして手洗いをする。 ・下靴を履く。 ◎所庭(園庭)に出る。	・がんばっていることをしっかり褒め、自信が持てるようにする。 ・自分で靴を履けたことを褒め、喜べるようにする。	・ズボンの前後がわかるように置く。 ●**ひとりひとりに合わせて** 歩き始めの子どももいます。ひとりひとりの歩くペースに合わせて配慮しましょう。
10:00	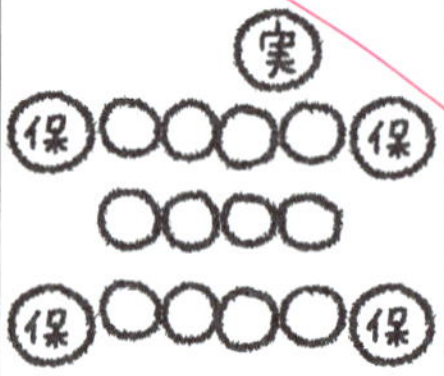	◎朝の体操をする。 ・お休み調べをする。 ・体操をする。 ・保育室に戻る。	・音楽に合わせて体を動かす楽しさが感じられるように、いっしょに体操をする。 ・安全に気をつけて歩くようにことばがけをする。	・子どものようすを見ながら、いっしょに体操をする。 ・子どもと手をつないで保育室に戻る。
	・取り出しやすいように、ブロックを中心に置く。 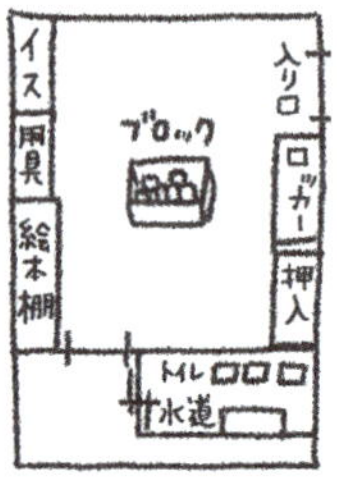	◎好きな遊びをする。 ・ブロック ♥よい気づきです。次の活動を知らせることで、子どもが意欲を持ってかたづけることにつながります。	・楽しく遊ぶようすを見守る。 ・トラブルが起きたら子どもたちの中に入り、話しを聞いて仲よく遊べるようにする。	・作った物を褒める。 ●**保育者から学んでかかわろう** 保育者のように、子どもがみずからかたづけられるような取り組みを何かしましたか?あれば書きましょう。
10:35		◎かたづけをする。 ※曲名や動きも書きましょう。	・次の活動を知らせ、みずからかたづけられるようにする。	・いっしょにかたづけをする。
10:40		◎紙芝居を見る。 ・手遊びをする。 ・紙芝居『おおきなかぶ』を見る。	・みんなが楽しめるように手遊びをする。 ・紙芝居が見える場所に誘導する。	・子どもたちのようすを見ながら、いっしょに手遊びをする。 ・子どもたちが楽しんでいるようすを見ながら、いっしょに紙芝居を見る。
11:30	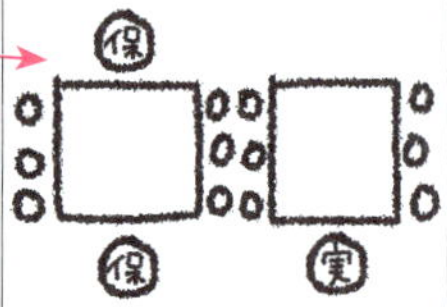 ・ひとりひとりの食事のようすを見守ったり援助したりできるように、保育者は各テーブルに分かれて座る。	◎給食を食べる。 ・エプロンを着け、あいさつをする。 ・食事をする。 ・口と手をふく。 ◎排せつをする。 ◎パジャマに着替える。	・茶わんに入っているおかずの名前を知らせ、食べることに興味を持てるようにする。 ・全部食べた子どもはしっかり褒め、満足感が持てるようにする。 ・自分で顔や手をきれいにふくように励ます。 ・着替えをしやすいように、パジャマを出しておく。	※保育者の援助を参考にして、実習生も子どもの援助をしていきましょう。 ・食器に残っているおかずを集め、全部食べられるようにする。 ・じょうずにふけたことを褒め、ゴミ箱にティッシュペーパーを捨てるように伝える。 ・手と足がきちんと入っているか見たりことばがけをしたりして、パジャマに着替えられるようにする。

※保育者や実習生がなぜこの位置に座っているのか、環境の構成の意味も考えて記入しましょう。

※環境の構成に反映させましょう。ほかに必要な環境(準備物など)はなかったでしょうか?

●**どのような言葉と態度で?**
保育者の具体的な援助や配慮も観察して書きましょう。

○…子ども　保…保育者　実…実習生

時間	環境の構成	子どもの活動	保育者の援助・配慮	実習生の動き・気づき
12：20	・眠りやすいように カーテンを閉め、 電気を消す。	◎午睡をする。 ・布団に入って寝る。	・眠りやすいように、優 しくトントンとたたく。	・落ち着いて眠れるよう に、優しく話しかける。
15：00		◎起床する。 ・排せつをして着替 える。 ・手洗い・消毒をす る。	・「おはよう」と声をかけ、 目覚めがよくなるよう にする。 ・消毒をするので、そで をまくるように伝える。	・起きた子どもに排せつ を促す。 ・だれの服かがわかるよ うに置いておく。 ・「ゴシゴシ」と、子ども にわかりやすいよう声 に出しながら手を洗う。
15：20	・机を出す。	◎おやつを食べる。 ・あいさつをして食 べる。 ・牛乳を飲む。 ・口と手をふく。 ・タオルとコップを カバンに入れる。	・おやつが食べやすいよ うに、小さく切る。 ・苦手な子どもには、少 しでも食べやすくなる ようにする。 ・口ふきを渡し、きれい にする気持ちが持てる ようにする。	・食べ物に興味が持てる ように、会話をしなが ら楽しくおやつを食べ る。 ・食べ終わった子どもの 食器をかたづける。
15：45	・ピアノを出す。	◎降所準備をする。 ・カバンに連絡帳を 入れる。 ◎『さようなら』の歌 をうたう。 ◎あいさつをする。	・名前を呼ばれたら返事 をするように、ことば がけをする。 ・毎日の繰り返しの中で、 持ち物をかたづける習 慣が身につくようにす る。 ・明日への期待が持てる ような話をする。	・大きな声であいさつを する。
16：00		◎降所する。		

〈反省・評価〉
一日の流れがだいたい把握でき、次に何をすればよ いのかがわかるようになってきました。
今日はかたづけない子どもがいたので、どうすれば よいのか、わたしなりに考えて行動してみました。 しばらくは声もかけずにようすを見ていると、自分 から使っていたおもちゃをわたしに持ってきました。 「かたづけできたね、かしこかったね」と褒めると、 とてもうれしそうな表情をしていました。
好きな遊びの時間は、ブロックで作った食べ物を友 達に渡していました。少しずつ、子どもたちがかか わりを持とうとする姿が見られるようになってきて いると思いました。
実習期間は短いですが、子どもたちの成長が見られ たことが、とてもうれしかったです。

〈指導・助言〉
実習にも慣れてきたようですね。子どもの行動に対 してどのように対応すればよいか、先生なりに考え、 実際にことばがけや行動を起こせるようになったこ とは、先生の努力が感じられます。また、1歳児で も月齢の低い子どもへの生活面の配慮や援助がさら に必要だということにも気づいていってくださいね。 来週からはクラスが変わってしまいますが、積極的 に子どもにかかわり、言葉をかけて、たくさん学ん でください。

♥子どもとかかわりながら、具体的な姿を冷静に観察してい ますね。子どもがみずから働きかける姿を見守り、大切にと らえていることがうかがえます。どう考えたのかを明確に書 くと、次につながりますね。

担当者　　　　　　　　　　　　㊞

Ⅱ-2 ❶ 歳児の実習

●午睡の環境の構成は？
寝具の配置など環境の構成 はどうだったでしょうか？ 観察したことを忘れずに記 しましょう。また、気温や 湿度などに対する空調の配 慮はなかったでしょうか？ 特にこの時期は、健康管理 上のいろいろな配慮がされ ていると思われます。

※なんのおやつでしょう？ リンゴ・バナナなど、記録 しましょう。

●具体的に書こう
具体的にどのように援助さ れたのでしょうか？ 詳し く記録することで、実習生 の保育時の参考になります。

※口ふき＝タオル？ 口ふ き用タオル？ お手ふき？ 紙タオル？ ペーパー類？ 詳しく書きましょう。

まずは ココ！

●保育者のすることを 繰り返してみては？
実習生の動きはありません か？ 保育者のすることば がけを取り入れて、実習生 もしてみましょう。保育者 の行なうことから何を感じ たのか、その辺りを具体的 に記入しましょう。

※◎順次降所する。ではあ りませんか？ また、延長 保育で残っている子どもは いませんでしたか？ 延長 保育を行なう場合は、どの ようなことをどう引き継ぐ のかも聞いておきましょう。

31

1歳児 ③遊び　P.34〜37と連動しています！　指導案にしたときの記述のしかたがわかります。

＊P.34の部分実習指導案の例で行なっています。

〈1〉わたしはだあれ

用意する物（ペープサート）
画用紙、割りばし、ハサミ、のり、フェルトペン
＊ペープサートの変化にしっかり気づけるかな？
保育者の表情やことばがけも大切ですね。

作り方（ペープサート）

①画用紙2枚それぞれに、ウサギの耳だけ（表側）とウサギの顔（裏側）の絵を描く。

②表・裏になるように重ね合わせて、絵の周囲に余白を残しながら円く切る。

③2枚の間に割りばしを挟んで全面にのりを付け、はり合わせておもしをしておく。

※ほかにも、ゾウ（表は鼻）・パンダ（表は目）・ブタ（表は鼻）などを作る。

遊び方

①ペープサートの表を見せながら、「だれの耳でしょうか？」「だれの鼻でしょうか？」「だれの目でしょうか？」などと、子どもたちに聞く。

②子どもたちの反応を見ながら、「ウサギさんでした」「パンダさんでした」と、裏を向けて正解を知らせる。

＊P.35の部分実習指導案の例で行なっています。

〈2〉新聞紙遊び

用意する物
新聞紙、チラシ、段ボール箱（大・中）、段ボール板、画用紙、ポリ袋（45ℓ）、フェルトペン、ハサミ、カッターナイフ、のり、両面テープ、クラフトテープ

作り方

①画用紙に動物の絵を描いて段ボール板にはり、口のところを切り抜く。

下は段ボール箱にクラフトテープではってからのり付け。

②裏側に段ボール箱（中）をはり、立つようにする。

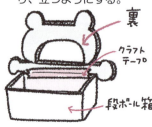

遊び方

●びりびり破る。

●丸めて投げる。

●段ボール箱（大）のおふろに入る。

●ポリ袋の中に詰めて口を縛り、ボールを作って遊ぶ。

●段ボール板で作った動物の口に、ごはんをあげる。

＊新聞紙やチラシを丸める遊びは、腕や手指をしっかりと動かすので、この時期の子どもたちの発達を助長することにつながります。

*P.36の部分実習指導案の例で行なっています。

〈3〉洗濯バサミで見たて遊び

用意する物
円形に切った厚紙、洗濯バサミ、ハサミ、フェルトペン

作り方
厚紙に動物の目・鼻・口や花の中心部分の絵を描き、丸く切り抜く。

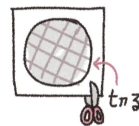

遊び方
丸く切った厚紙に洗濯バサミを挟んで、いろいろな形を作っていく。

- 周りにたくさん挟んで、りっぱなたてがみのライオン。
- ひげや耳にして、ネコやイヌ。

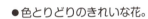

- 洗濯バサミ同士を挟んで伸ばし、ウサギの長い耳。
- 色とりどりのきれいな花。

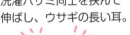

*保育者が洗濯バサミを使うのを見て、子どもたちもやりたくなります。まだ少し難しいかもしれませんが、いっしょにチャレンジしてみましょう。手指の発達につながります。

---

*P.37の部分実習指導案の例で行なっています。

〈4〉小麦粉粘土

用意する物・準備
小麦粉、塩、サラダ油、食紅（各色）、水、ボウル、プリンやゼリーのカップなどのいろいろな容器、ビニールシート
※床の上にビニールシートを広げ、机にシートや粘土板を敷いておく。

作り方
小麦粉・塩・サラダ油・水をボールに入れて混ぜる。色を着ける場合は食紅も入れる。

遊び方
- 塊を手で触り、感触を楽しむ。
- 伸ばしたりちぎったりする。
- プリンやゼリーのカップなどのいろいろな容器に入れて遊ぶ。

*いろいろな感触を楽しみ、味わうことが大切な時期です。
*アレルギーの子どもへの注意や配慮を十分にしておきましょう。

1歳児 ④部分実習指導案の例〈1〉わたしはだあれ（遊びはP.32参照）

※「子どもの姿」「ねらい」「内容」「環境の構成」については、P.10〜15の該当するところを必読！ 各欄はつながっています。

まずはココ！

● 『保育所保育指針』を確認しよう
「1歳以上、3歳未満児の保育に関わるねらい及び内容」に、発達や保育者の関わりの留意事項が示されています。指導計画をたてる際の参考にしましょう。

5月　　○日　　○曜日	実習生氏名	○　○　○　○

1歳児　くじら組　14人（男児6人〔1歳2か月2人・1歳6か月1人／1歳9か月2人・1歳11か月1人〕　女児8人〔1歳2か月1人・1歳4か月3人／1歳7か月2人・1歳10か月2人〕）

子どもの姿	絵本やお話が大好きで、〜の繰り返しの内容を楽し〜見そんでいる。 ●子どもの姿をしっかり見よう ほかにはどのような姿がありますか。また、文章を整理しましょう。	主な活動	ペープサートを見る「わたしはだあれ」。
		ねらい	・保育者とやりとりして、言葉の繰り返しを楽しむ。 ・午睡前に気持ちを落ち着かせる。
		内容	みんなといっしょに手遊びやペープサートを見る楽しむ中で、保育者と言葉のやりとりをする。

時間	環境の構成	予想される子どもの活動	保育者の援助・配慮
	・ペープサート（画用紙、割りばし）を作って演じる場を考える。		●「ねらい」としては？ 主な活動からは、直接の「ねらい」とはとらえにくいので、活動と援助に生かしましょう。
13：10	（保育室の配置図：調乳室、トイレ、イス、布団、保、ロッカー、担、ピアノ、たたみ）	◎手遊び『パンダうさぎコアラ』をする。	・子どもたちが興味を持って集まれるように、大きな動きで手遊びをする。 ・『パンダうさぎコアラ』の歌詞の部分に子どもの名前を当てはめ、遊びに興味が持てるようにする。
	・イスと布団に子どもを座らせる。		※これ以外にも、保育者がイヌやネコの鳴きまねをしたり、ペープサートの演じ方・動かし方を工夫したりして、子どもが興味を持つようにすることが大切です。
13：20	表 → 裏（うさぎのペープサートの絵） 布を掛ける（布をかけたペープサートの絵）	◎ペープサート「わたしはだあれ」で遊ぶ。 ・保育者の問いに答える。 ・ウサギ・クマ・ブタ・ゾウ・パンダのペープサートの当てっこ遊びをする。	・子どもたちがわかりやすいよう、大きな声でリズミカルに話をする。 ・絵を指さしながら興味が持てるようにする。 ・いろいろな動物で、繰り返し楽しめるようにする。 ※環境構成のペープサートを、どのように動かして子どもに見せるのか、わかるように書いてください。
13：30		◎午睡をするペープサートを見終える。	・午睡につながるように、「おやすみ、ばいばい」「みんなもお昼寝だね」などと言いながら、いろいろな動物を退場させていく。

● どうすれば子どもが楽しめるかを考えよう
子どもの目線や高さを考慮して、保育者が演じる場を設定しましょう。

※午睡は、責任実習では必要ですが、部分実習指導案には含みません。

〈反省・評価〉	〈指導・助言〉
子どもによって反応が違い、月齢の低い子どもはあまり楽しんでいるように見えませんでした。 子どもたちを引き付けることばがけや遊びができず、時間ばかり気にしてしまいました。	子どもたちを集めた後、遊びにつなげていくためにどのように集中を高めていくのか、どんなことばがけをすればよいのか、援助の難しさなど、たくさん気がついたことがあると思います。 今日自分で思ったことは次回に生かせるはずです。がんばってください。 担当者　　　印

● 発達に合わせて
見せるだけのペープサートではなく、保育者（動物）の語りかけに、子どもが言葉や身ぶりで応答しながら楽しめるような、参加型のペープサートを想定すると楽しいでしょう。

○…子ども　㋵…実習生　㋰…担任保育者

● 目の前の子どもの姿を理解してねらいと内容を考えよう
今後をどのように改善するべきか、具体的なことばがけをできるだけたくさん想定し、自分なりに考察してみましょう。次の立案へつながります。

34　Ⅱ 年齢別　日誌・指導案

1歳児 ④部分実習指導案の例〈2〉新聞紙遊び（遊びはP.32参照）

※「子どもの姿」「ねらい」「内容」「環境の構成」については、P.10〜15の該当するところを必読！　各欄はつながっています。

10月　　　○日　　　○曜日	実習生氏名	○　○　○　○

1歳児　　ぱんだ組　　10人〔男児6人〔1歳7か月3人・1歳10か月1人 / 1歳11か月1人〕　女児4人〔1歳7か月1人・1歳9か月1人 / 1歳11か月2人〕〕

子どもの姿	~~・月齢は低いが、元気な子どもたちが多い。~~ ・お気に入りの玩具で遊んでいる。 ・跳んだり走ったりすることを喜んでいる。 ・感触遊びをとても楽しんでいる。	主な活動	新聞紙遊び
		ねらい	新聞紙の音や感触などを楽しむ。
		内容	~~新聞紙をちぎったり丸めたり、する。~~ ~~段ボール箱に入れ~~見たてるなどして遊ぶ。

● **子どもを理解しようとするところから**
「元気」は子どもの状態ですね。興味・関心のある遊びや発達がわかる活動の姿などを、具体的に記しましょう。

● **環境の構成を文章でも書こう**
※環境の構成に、いろいろな子どもの思いに対応できるよう、そのままの大きさの新聞紙・扱いやすい半分位の大きさの新聞紙・破りかけの新聞紙を用意しておくことを書きましょう。

時間	環境の構成	予想される子どもの活動	保育者の援助・配慮
9：40	・新聞紙、チラシ、段ボール箱、ポリ袋、動物のボードを準備する。 ・のびのび安全に遊べるよう、広いスペースを確保する。	**まずはココ！** ●楽しく遊ぶためにどうするのかイメージしよう 子どもたちのためにどのような準備をするのかを考えるのが「環境の構成」です。思わずかかわりたくなるような環境を考えることで、ほんとうの意味での楽しい遊びにつながります。 ◎保育者の話を聞く。 ・新聞紙を見て、保育者と話をする。 ・遊び方を見る。	 ・新聞紙を見せて、「これは何かな？」「見たことがある？」などと会話をしながら、新聞紙に興味が持てるようにする。 ・破る、指をさして穴をあける、穴からのぞく、丸める、投げるなど、いろいろな遊び方を見~~せる~~、新聞紙に興味が持てるようにする。
		◎新聞紙で遊ぶ。 ・新聞紙を使って自由に遊ぶ。 ・細かくなった新聞紙を段ボール箱に入れ、おふろにして遊ぶ。 ・新聞紙をポリ袋に入れて、大きいボールを作り遊ぶ。	・新聞紙を自由に使ってもいいことを伝える。 ・けんかにならないように、順番におふろに入るよう、ことばがけをする。 ・子どものようすを見て、飽きてきたら次の遊びに誘う。
10：10	・後ろに段ボール箱を置き、その中にボールが入るようにする。	◎かたづけをする。 ・動物の口の中に新聞紙を入れて、ごはんを食べさせる。 ♥準備の工夫が見られます。新聞紙を使っての遊びの広がりが期待できます。	・「おなかがすいた動物さんに、ごはんをあげようね」と、口の中にごはんを入れるように伝え、~~る。~~ ~~楽しくかたづけができるようにする。~~ ・「みんながたくさん入れてくれたから、おなかいっぱいになったね」と言って、段ボール箱や動物・新聞をかたづける。

● **1歳児はどうしたら興味を持つか考えよう**
このことばがけで、1歳児が関心を持てるか疑問です。あとひと工夫ほしいですね。むしろ、次の援助事項を導入として、新聞紙に興味を持つようにするほうがよいでしょう。

●|いっしょに楽しもう|
伝えるだけではなく、引っ張る・破る・丸めるなど、保育者もいっしょに遊びながら、子どもがいろいろな活動を楽しめるようにしましょう。

※まだルールを理解できる年齢ではありません。それよりも、皆が入りたくなることは予想できますし、友達といっしょに入るから楽しいということを考慮して、箱の数を増やす、大きな段ボール箱を用意する、大型ソフト積み木で囲んだ大きなおふろを準備するなどしては？

● **子ども中心に考えよう**
「伝え、楽しく〜」として、次の文章とつなげると、楽しくかたづけるために援助しているということがわかります。

〈反省・評価〉
子どもたちを前にして、初めて部分実習（指導）を経験しました。緊張して思うように話ができませんでしたが、子どもたちは新聞紙遊びに興味を持ってくれて、よかったです。破ったり丸めたり、上に向けて投げたり、いろいろな活動をいっしょに楽しむことができて、よかったと思います。

〈指導・助言〉
お疲れさまでした。落ち着いていたと思います。ゆっくり話をして、とてもわかりやすかったです。子どもたちの反応もよく、新聞紙の音を聞いて興味を持ち、その後の活動へとつながっていきました。楽しそうに遊んでいましたね。
実習に経験したことを、保育者として生かせるようにしてください。

担当者　　　　　　㊞

○…子ども　㊙…実習生　㉑…担任保育者

35

1歳児 ④部分実習指導案の例 〈3〉洗濯バサミで見たて遊び（遊びはP.33参照）

※「子どもの姿」「ねらい」「内容」「環境の構成」については、P.10〜15の該当するところを必読！ 各欄はつながっています。

11月	○日	○曜日	実習生氏名	○ ○ ○ ○

1歳児　もも組　9人（男児6人 [1歳8か月1人・1歳11か月2人／2歳1か月2人・2歳3か月1人]　女児3人 [1歳8か月1人・1歳9か月1人／1歳11か月1人]）

●子どもの姿をしっかり見よう

「話をしたり」と「指先を使って〜」の文章がつながりにくい表現です。指先を使っているようすを書いたほうが、子どもの姿としてはよくわかります。

子どもの姿	物をつまんだりめくったり、積み重ねることを ~~話をしたり~~ して、指先を使って遊ぶ姿がよく見られるようになった。●壁側に座る意図は？「保育者が全員から見えるように」「遊ぶスペースが広がるように」などと、配慮のポイントを書き加えましょう。	主な活動	洗濯バサミで遊ぶ。
		ねらい	洗濯バサミを使って、挟んだり見たてたりして遊ぶことを楽しむ。
		内容	・~~洗濯バサミをつまんだり留めたりする。~~ ・~~長くつなげたり紙に留めたりする。~~

時間	環境の構成	予想される子どもの活動	保育者の援助・配慮
00:00 00:20	・洗濯バサミ、動物や花の絵を描いた厚紙（○○枚ずつ） ・子どもたちは壁側に座る。 	●「ねらい」の考え方を身につけよう このクラスでは、『保育所保育指針』第2章「保育の内容」の2「1歳以上、3歳未満児の保育に関わるねらい及び内容」を参考にしましょう。「ねらい」は、その子どもたちに合わせて考えるべきでしょう。また、見たてることと、洗濯バサミそのものを使って遊ぶ（挟む・つまむ・外すなど）楽しさ、両方を感じられるような書き方を考えましょう。「楽しむ」と付け加えることで、"心情"の育ちを期待したいと思います。 ◎洗濯バサミで遊ぶ。 ・話を聞く。 ・遊ぶ。 ・動物や花に見たてる。 ※必要な準備物はありませんか？ ・かたづけをする。	・洗濯バサミを見せながら、指でつまんで遊ぶようすを知らせる。 ・ひとりひとりに洗濯バサミを渡し、自由に遊べるようにする。 ・扱いにくい子どもには、手を添えたり励ましたりしていっしょに遊ぶ。 ・顔や花の描いてある厚紙に洗濯バサミを挟んで、遊びが楽しくなるようにする。 ・「そろそろ動物さんは帰る時間です。みんなバイバーイ」と言って、しぜんにかたづけを促していく。

※子どもが思う存分遊んだり見たてたりできるように、いろいろな色・数を十分にそろえておきましょう。準備する数や、子どもが手に取りやすい場所に置くことなども記入しておきたいですね。

まずはココ！

●子どもが興味を持つための工夫を
保育者の話を聞くだけでなく、洗濯バサミを見て触ってみたり、容器の中で鳴らしたりしながら、しぜんに遊びに入っていくようにしましょう。あとひと工夫して、子どもが遊びに興味を持つようなきっかけをつくりましょう。

〈反省・評価〉
導入部分が簡単すぎて、子どもたちもどうすればよいのかとまどっていました。月齢によってことばがけを変えなければと思っていたのですが、実際にやり始めると、同じように話をしていました。つたない保育でも、子どもたちは一生懸命に洗濯バサミを使って遊んでいました。
もっと子どもたちが楽しくなるようなことばがけをしたいと思います。

※具体的にどのようなことばがけをするのか、実際に考えて書きましょう。

〈指導・助言〉
お疲れさまでした。この年齢は、遊びの話をするだけでは理解できません。保育者がもっとわかりやすく目や耳に訴えるようなことをやってみましょう。集中力もあまりないので、飽きてきたら次の活動へ移ります。今回の反省を、次回の設定保育につなげていってください。

担当者　㊞

♥自由な活動で、子どもは個性を発揮できますね。月齢の違いもあるので、いろいろな遊びを想定しましょう。「自由に遊べるように」としているので、挟む以外にも、集める・缶に入れる・並べる・自分の服に留めるなど、いろいろな遊びに発展しそうです。予想される子どもの活動と、それに応じた準備物を記しましょう。動物や花に見たてることもその遊びの続きにありますが、子どもの活動としては、「いろいろな形の厚紙に留める」となるのではないでしょうか。子どものいろいろなイメージを取り上げ、受け止めていく保育者の姿勢が必要です。また、自由に遊べるようにするという配慮は、ひとりひとりの興味や自発性・方法などが尊重され、子どもの思い思いの活動が楽しめるときとなりそうです。ゆったりと時間を取り、保育者も楽しんでかかわりながら子どもの思いに寄り添って、遊びを楽しめるようにしましょう。保育者の援助の方向性として、自由に遊ぶことで育てたいことや配慮を、具体的に書いておきましょう。

●「内容」について
「ねらい」と「内容」で重なっている部分があるので、整理してみましょう。
・洗濯バサミを並べたりつなげたり、留めるなどして遊ぶ。
・できた物を動物などに見たてて遊ぶ。

1歳児 ④部分実習指導案の例 〈4〉小麦粉粘土 （遊びはP.33参照）

※「子どもの姿」「ねらい」「内容」「環境の構成」については、P.10～15の該当するところを必読！ 各欄はつながっています。

2月	○日	○曜日	実習生氏名	○ ○ ○ ○
1歳児	いちご組	12人	男児5人（2歳2人・2歳3か月2人 / 2歳9か月1人）	女児7人（2歳1人・2歳4か月2人 / 2歳7か月3人・2歳9か月1人）

※小麦粉アレルギーの子どもがいないか、あらかじめ担任に確認しておきましょう。

子どもの姿	・指先でいろいろな物を触ったり確かめたりして遊んでいる。 ・発達の早い子どもが多い 日常的にごっこ遊びを楽しんでいる。	主な活動	小麦粉粘土で遊ぶ。
		ねらい	~~・小麦粉粘土の感触を楽しむ。~~ ~~・指先や手全体を使って粘土遊びを楽しむ。~~
		内容	・~~丸めたり伸ばしたりする。~~ ・~~容器に入れて遊ぶ。~~

●「ねらい」について
「ねらい」は育てたい心情・意欲・態度の方向性を表します。重複する言葉があるので、「小麦粉粘土の感触を味わいながら、粘土遊びを楽しむ。」としてまとめましょう。

時間	環境の構成	予想される子どもの活動	保育者の援助・配慮
	・小麦粉粘土（小麦粉、水、油、食紅）、容器、ウェットティッシュ、机を準備する。 ※色や数も書いておきましょう。		●内容について 具体的な活動を表す表現は、経験することとして、内容にまとめるとよいでしょう。 ・指先や手全体を使い、粘土を丸めたり伸ばしたりして遊ぶ。 ・作った物を見たてて遊ぶ。
00：00	（保育室の図：ピアノ、担、ロッカー、机）	◎『おもちつき』の歌に合わせて手をたたく。 ・保育者の周りに集まる。	・子どもが興味を持てるように、元気よく「ぺったんこそれぺったんこ」と歌いながら手をたたき、遊びが楽しくなるようにする。 ・子どもの名前を入れながら手遊びをして、みんなが集まりやすくする。
		・小麦粉粘土を見る。	・子どもの前で粘土を伸ばしたりちぎったりして、興味を持つようにする。
00：10	（保育室の図：担、保）	◎小麦粉粘土で遊ぶ。 ・机に移動する。 ・~~自由に遊ぶ。~~ ・粘土を触る。 ・握る。 ・ちぎる。 ・丸める。 ・つまむ。 ・転がす。 ・容器に入れる。	・粘土のある机に移動したら、イスにきちんと座るように促す。 ・誤飲がないように、ひとりひとりを見ながらいっしょに粘土遊びを楽しむ。 ・粘土が手につくことをいやがる場合は、ウェットティッシュで手をふく。 ・伸ばしたり丸めたりするとき、少し大げさな動きをして、遊びに関心が持てるようにする。 ・容器に入れたり出したりして、繰り返しの遊びを楽しめるようにする。
00：25	※ままごとの皿や茶わんなども準備すると、簡単な見たて遊びができ、「おだんご」「モグモグ」など、言葉のやりとりも楽しめます。	◎かたづけをする。 ・カエルの粘土ケースに食べさせる。	・箱で作ったカエルの粘土ケースを出し、「カエルに食べさせようね」とことばがけをしながら、楽しくかたづけられるようにする。 ・床や机についてた粘土をきれいに掃除して、気持ちよく次の活動ができるようにする。
	※子どもの衣服の汚れも確認し、必要に応じて着替えましょう。		

〈反省・評価〉
小麦粉粘土の感触を楽しんでくれてよかったです。遊びの中でもっと的確にことばがけができたら、子どもたちの遊びも盛り上がったのではないかと思います。時間が足りず、かたづけが大変なことになったので、計画はもう少し細かくたてなければと反省しました。
とてもよい勉強ができました。ありがとうございました。

〈指導・助言〉
部分実習お疲れさまでした。子どもたちの大好きな小麦粉粘土遊びだったので、大喜びしていましたね。遊びを盛り上げるときのことばがけは、経験を重ねると身についていきます。失敗を怖がらずに、どんどん挑戦していってください。

担当者　　　　　　㊞

○…子ども　㊮…実習生　㊔…担任保育者

●子どもの姿を具体的に見よう
子どもの姿として、漠然とした書き方です。どのような姿をとらえているのでしょうか？ 具体的に見ましょう。

●配慮も大切
促すだけでなく、粘土を扱いやすい位置に座れているか、安全に座れているか、確認しましょう。

♥安全への配慮によく気がつきました。大切なことですね。

●興味が持てるように
無理強いせず、保育者が丸めて見せたり、カップに入れて近くに置いたりして、子どもが興味を持つようにします。

●いろいろな遊びを考えておこう
自由に遊ぶ内容が以下に書かれているので、この項目はいらないでしょう。ただし、粘土を使ってできるいろいろな遊びを想定しましょう。
最後に「など」と書いて、活動が限定されないようにしましょう。

※具体的にどのようなことばがけが必要だったのか、しっかり振り返りましょう。次の保育時に役だちます。

Ⅱ-3 2歳児の実習

生活リズムが整いだし、自分でできることも増えてきます。歩行もしっかりして、ぎこちないながらも走ることができます。言葉もかなり増え、自分の気持ちを伝えようとします。気持ちに寄り沿ったことばがけや援助のしかたを学びましょう。

①実習のポイント

生活習慣 排せつの自立
トイレやオマルで成功したら、たくさん褒めるようにしましょう。

生活習慣 睡眠の前に
寝る前には興奮する遊びをしないようにして、静かに過ごしましょう。

生活習慣 食事の工夫
好き嫌いが出てきます。無理矢理食べさせるのではなく、量を加減して、食べられたら褒めてあげましょう。

生活習慣 手洗い・うがいのお手本に
手洗い・うがいのしかたを身につける時期です。子どもといっしょに行ないましょう。

発達 自分で……の気持ちを受け止める
子どものようすを見守り、困っているときは、ことばがけをしたり手を貸したりして、最後までできるように援助しましょう。

先生や友達と 友達とおもちゃを取り合うことも
「自分の物」という気持ちが強くなる時期です。お互いの気持ちをくみ取り、仲立ちをしましょう。

次ページからの読み方
まずはここから見てみよう!
● ……… 気をつけたいこと
♥ ……… よい視点・表現
※ ……… 注意事項など

罫線で囲っている朱書きは保育をするうえでのアドバイス、囲みなしは記入するうえでのアドバイス。

2歳児 ②実習日誌・記録の例〈保育所〉

実習生氏名

※「ねらい」「内容」「環境の構成」については、P.10～15の該当するところを必読！各欄はつながっています。

11月	○日	○曜日	天候 晴れ	担任	○○○○ 先生

2歳児　あか組　15人（男児7人〔2歳8か月～3歳3か月〕女児7人〔2歳9か月～3歳4か月〕）欠席1人

実習生の目標	2歳児の発達段階を知り、ことばがけや援助のしかたを学ぶ。	今日の主な活動	保育所近くの公園まで散歩に行く。

ねらい	・散歩に行き、いろいろな物を見たり触ったりして楽しむ。 ・生活の簡単な決まりがわかり、守ろうとする。
内容	・~~手をつないで歩く~~秋の身近な自然や町のようすにふれる。 ・~~葉っぱや花などを見る~~生活に必要な習慣や決まりを知り、保育者や友達と楽しく過ごす。

●『保育所保育指針』を確認しよう
「1歳以上、3歳未満児の保育に関わるねらい及び内容」に、発達の特徴が示されています。

※一日を通したねらいもたてましょう。

時間	環境の構成	子どもの活動	保育者の援助・配慮	実習生の動き・気づき
7:30～	机／ピアノ／水道／おもちゃを出しておく／ロッカー／トイレ／おもちゃ	◎順次登所する。 ・あいさつをする。 ・持ち物のかたづけをする。 ◎好きな遊びをする。 ・ブロック、絵本、ままごとなど。	・朝のあいさつをして、健康観察をする。 ・保護者から子どものようすを聞き、健康状態を把握する。 ・持ち物を自分でかたづけられるように見守る。 ・かたづけ終えたら、好きな遊びに誘いかける。	 ・あいさつをして、子どもたちのかたづけるようすを見守る。 ・子どもたちとブロックを組み合わせたり絵本を読んだりして、いっしょに楽しく遊ぶ。
8:30	●保育者から学ぼう 「（保育者は）かたづけができたか確認し、好きな遊びに誘いかける。」となるでしょう。また、好きな遊びに誘いかける際や遊んでいるときの保育者の配慮事項も観察しましょう。記録に生かせたらよいですね。	◎かたづけをする。 ◎排せつ、手洗い・うがいをする。	・楽しくかたづけられるように音楽を流す。 ・トイレの使い方や手をていねいに洗うことなどを見たりいっしょにしたりして、身につくようにする。	・自分からかたづけをするように励ます。 ・「きれいにしようね」と言葉をかけながら、いっしょに手洗いをする。
9:15	（保）イス配置図	◎朝の集いに参加する。 ・歌や手遊びをする『野菜の行進』『キラキラ星』ほか。 ・お休み調べをする。	・子どもたちの好きな歌や手遊びをして、楽しい雰囲気にする。 ・順番に名前を呼び、元気に返事ができたら褒め、子どもが自信をつけられるようにする。	・子どもたちにイスを渡し、並んで座るようにことばがけをする。 ・子どもたちといっしょに楽しく歌う。
9:45	テーブル配置図（保）（実）	◎おやつを食べる。 ・手洗い・消毒をする。 ・食べる。 ・かたづけをする。 ・排せつをする。	・手が洗えたらアルコール消毒をして、待つように伝える。 ・おやつのメニューを紹介して、楽しく食べられるようにする。 ・散歩に行くことを伝え、全員が排せつを済ませたか確認する。	・机を出してふき、おやつの準備をする。 ・しっかりかむようにことばがけをする。 ・机とイスをかたづけ、子どもたちといっしょに散歩の準備をする。

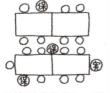

※どのようなメニューでしょうか？ 実習生の活動との関連で記録しておくと、ようすが伝わります。

○…子ども　（保）…保育者　（実）…実習生

●笑顔で「おはよう！○○ちゃん」
朝一番の、子どもとの出会いです。大切なときととらえましょう。どのような雰囲気で迎えたらよいでしょうか？

●どのような言葉をかける？
"自分で"しようとする時期であることを踏まえて、できたことを共に喜び、よい習慣がつくようにしましょう。

♥言葉をかけながら"いっしょに"と、子どもにていねいに寄り添っている姿が具体的に伝わります。

※この準備物は何があったでしょうか？ 環境の構成に書きましょう。

●何をどのように食べた？
これ以外にも、食べる所要時間の差などが考えられます。この点の援助が必要でしょう。

※散歩の準備は、安全への配慮など大切なことが含まれるので、項目を分けて具体的に書きましょう。

39

2歳児 ②実習日誌・記録の例〈保育所〉(前ページの続き)

時間	環境の構成	子どもの活動	保育者の援助・配慮	実習生の動き・気づき
10:15	・救急セット、着替え、携帯電話を用意する。 （図：実・保・保・保の配置）	◎公園へ散歩に出かける。 ・ふたり組になる。 ・歩く。 ♥保育者の援助に学び、具体的に言葉をかけることができています。いっしょに見たり触ったりすることで、子どもの興味が広がるでしょう。 ※具体的にどのような遊びがありましたか。 ・公園で遊ぶ。 ・保育所に戻る。	・靴の左右や帽子の確認をして、個々に正すようにことばがけをする。 ・ふたり組になって手をつなぎ、歩行者や自転車に気をつけ、道路の端を歩くように話をする。 ・散歩中、列の途中に間が空いたら、がんばって詰めるようにことばがけをする。 ・周りの自然や建物にも興味を持てるように話をする。 ・遊具の正しい使い方や順番を守って、安全に遊べるようにする。 ・ふたり組になり、人数確認をする。 ・最後までがんばって歩くように励ます。	 ・道の端を歩くようにことばがけをする。 ※安全のために見守りながら、どのような配慮が必要でしょうか。具体的にイメージしましょう。 ・前の友達と距離が空いたら、「前が空いているよ」と声をかける。 ・子どもたちがけがをしないか見守る。 ・きれいな葉っぱや花を見かけたら、「きれいだね」といっしょに見たり触ったりする。 ・手をつないで保育所まで歩けるように、歌をうたいながら帰る。
	・子どもがズボンを着脱する場所に、ゴザとイスを用意する。 （図：ロッカー／トイレ／イス／ゴザ）	◎排せつをする。 ◎手洗い・うがいをする。	・自分でズボンとパンツを脱いでいるか見守る。 ・ばい菌が手やのどに付いているので、しっかりうがいと手洗いをするようにことばがけをする。	・トイレの使い方を見守る。
11:15		◎給食の準備をする。 ・イスに座る。	・自分からおしぼりやエプロンを出して準備をするように、ことばがけをする。	・おしぼりとエプロンを出しているか確認する。 ・エプロンを留める。
11:30	（図：テーブルと保・実の配置）	◎給食を食べる。 ・あいさつをする。 ・給食を食べる。 ●具体的に書こう どうしたのか具体的に記すことで、責任実習の参考になります。 ・手・顔をふく。 ・かたづけをする。 ・歯みがきをする。	・給食が全員分そろっているか確認する。 ・偏った食べ方にならないように、ことばがけをする。 ・体調に合わせて、食べる量を調節する。 ・食べ終わったら「全部食べてすごいね」と褒め、満足感を持てるようにする。 ・自分でみがいた後は、しあげみがきをして、きれいになったことを喜ぶ。	・手を合わせて、あいさつをするように促す。 ・おかずに入っている野菜の名前を知らせて、おいしく食べられるようにする。 ・きれいにふけたか、子どもたちの手や顔を見てことばがけをする。

○…子ども ㊝…保育者 ㊞…実習生

左側コメント：

●実習生のかかわりは？
保育者の援助に対して、実習生の動きはありませんでしたか？

●道路を歩くときの安全への配慮を
右側通行をする際、保育者は子どもの前後と左（車道）側を歩き、交通安全に配慮します。

●迷ったら保育者に聞こう
大切な確認事項なので、実習生も、共に目視しながら確認していきましょう。

まずはココ！

●みんな同じことばがけ？
ひとりひとりに合わせた励まし方をしていることが予想されます。その点を見落とさないようにしましょう。

●保育者をお手本に！
所外から戻ったこと、給食前であることを踏まえて、特にていねいに保育者が声をかけているようです。実習生もしっかり対応しましょう。

※給食の準備物や保育者の位置に関する配慮などで、図として表現しきれない部分は、わかりやすく文章で表すことも必要です。

●保育者から学んだことを書こう
実習生の動きはなかったのでしょうか？ 保育者の援助に学び、子どもとかかわっていきましょう。

♥共に喜ぶことで何が育つでしょう。保育者が喜ぶことで子どももうれしくなり、歯みがきの習慣を身につけることへの意欲につながります。また、一対一でふれあう機会にもなります。

時間	環境の構成	子どもの活動	保育者の援助・配慮	実習生の動き・気づき
		◎午睡の準備をする。	・ズボンの前後やボタンの掛け方など、子どもたちといっしょに確認する。	・布団を敷いて、午睡の準備をする。
		・パジャマに着替える。		
		・排せつをする。	・必ず排せつをするように促す。	・全員が排せつを終えるまで、ようすを見る。
13：00	●書名も書こう　静かな雰囲気で読める絵本はなんですか？　書名も書きましょう。 ・カーテンを閉める。 ・BGMをかける。	◎午睡の準備をする。 ・絵本を見る。	・静かな雰囲気で絵本を読み、午睡前の準備をする。	
	布団 机 (保) 水道 (保) 実 ロッカー トイレ (保) ロッカーおもちゃ	◎午睡をする。 ・静かな音楽を聞きながら寝る。	・静かな音楽CDをかけ、布団に入るように促す。 ・背中やおなかをトントン優しくたたき、眠りを誘う。	・布団に入って眠りやすいように、トントンたたく。
15：00		◎起床する。 ・排せつをする。	・起きた子どもから、排せつに行くように促す。	・保育者といっしょに布団をかたづける。
		・着替えをする。	♥遅いことを注意するのではなく、次の活動を知らせることは、子どもがみずから行なう意欲につながることばがけです。	・着替えが遅い子どもには、「おやつが楽しみだね」と言葉をかけ、意欲が持てるようにする。
	(保) 実 (保) (保)	◎おやつを食べる。 ・手洗い・消毒をする。 ・おやつを食べる。	・おやつの準備をする。 ・子どもたちと話をしながら、楽しい雰囲気で食べられるようにする。	・おかわりが欲しい子どもには、自分から言うように促す。
		・かたづける。	・食べ終えたら、自分で食器をかたづけるようにことばがけをする。	・食器は自分でかたづけているか見守る。 ・机をふき、掃除をする。
15：40		◎降所準備をする。 ・歯ブラシ・コップやタオルをカバンに入れる。 ・返事をしたら出席ノートをもらう。	・カバンに歯ブラシ・コップやタオルを入れるようことばがけをする。 ・大きな声で返事ができるように、ひとりひとり元気よく名前を呼ぶ。	・忘れ物がないように、ひとりひとりの荷物を確認していく。
16：00		◎順次降所する。	・保護者に一日のようすを伝える。	

〈反省・評価〉
初めての2歳児クラスでした。一日の流れや先生方の動きを見るのに必死で、何をすればよいのかがわからず、言われるままに動いていました。身の回りのことができる子とできない子の差があったり、月齢の違いが感じられたり、いろいろ知ることができました。

〈指導・助言〉
子どもたちは、一日の大半を保育所で過ごしています。ひとりひとりのペースも違います。おうちの方と連携を取り、子どもたちに合わせて、楽しく生活できるようにと考えています。子ども自身が学んで、いろいろなことを身につけられるようにと思っています。

担当者　　　　　　　㊞

●見守ることの意味を考えよう
ようすを見るだけでなく、援助事項も考えられます。
・衣服がぬれないようにする。
・トイレットペーパーをちぎる。
・ことばがけをする。
など、必要があれば援助するつもりで見守りましょう。

●積極的にかかわろう
ゆったりと休息を取って、子どもの心を落ち着けていくために、子どもとどのようにかかわりましたか？実習生は何をしていましたか？　記入してください。

II-3 ❷ 2歳児の実習

●子どもが育つ環境の構成とは？
子どもが自分でかたづけられるようにするための、環境の構成を書き記すことで、子どもの動線への配慮を学びましょう。

まずはココ！

●自分が保育するとしたら…と考えて
子どもが自分でしようとする意欲を大切にしながら、確認していきましょう。どのように確認したのかがわかりにくい記述です。ロッカーの中の荷物の忘れ物を確認したのか、あるいはカバンの中を確認したのか、状況が伝わるような表現を考えましょう。

●何を学んだか具体的に反省すると次の実践につながる
主な具体例を書くことで、クラスの子どものようすを把握していきましょう。また、観察したこと、感じたことから、クラスの子どものようすや2歳児の発達について、自分なりの考察を加えることで、記録内容の質が高まるのではないでしょうか。

41

2歳児 ③遊び　P.44〜47と連動しています！ 指導案にしたときの記述のしかたがわかります。

＊P.44の部分実習指導案の例で行なっています。

##〈1〉魚釣りごっこ

用意する物
牛乳パック、お菓子の空き箱、画用紙、輪ゴム、割りばし、S字フック、青いポリ袋、新聞紙、フェルトペン、ハサミ、セロハンテープ、ビニールテープ、クラフトテープ

作り方

①割りばしの先に、スズランテープやひもでS字フックを結び付ける。

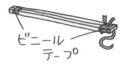

②口を留めた牛乳パックやお菓子の空き箱に、画用紙で作った目・ひれやうろこをはり、引っ掛けやすいところに輪にしたひもをクラフトテープで付ける。

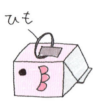

遊び方

❶青いポリ袋を広げて、周りに新聞紙を丸めて作った石を置いて池を作り、池の中に魚を並べる。

❷子どもたちが割りばしのさおを持ち、魚の輪ゴムにS字フックを引っ掛けて魚を釣る。

＊手や指先の機能が発達するこの時期に合った遊びです。実物に見たてることもできるころですね。

＊P.45の部分実習指導案の例で行なっています。

〈2〉すてきなTシャツ作り

用意する物
布切れ(15cm×15cm)、綿、輪ゴム、牛乳パック、画用紙、絵の具、ハサミ、ぞうきん、新聞紙

作り方（たんぽ）
固く丸めた綿を、15cm×15cmの布切れで包み、輪ゴムで留める。

（絵の具の容器）
牛乳パックを、底から4cmの高さで切る。

遊び方
たんぽに絵の具を付け、Tシャツに見たてた画用紙に押して遊ぶ。

（Tシャツ）
色画用紙を、Tシャツの形に切る。

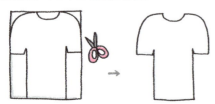

＊P.46の部分実習指導案の例で行なっています。

〈3〉むっくりくまさん

♪むっくりくまさん
作詞：志摩 桂
スウェーデン曲

遊び方 ＊動物などになって遊びの中で言葉を交わすことが大切です（『保育所保育指針解説書』を読んでみましょう）。

❶クマの役を決める。
❷手をつないで輪になり、クマ役は顔を隠して中央に座る。

❸歌いながら回り、歌い終わったらみんなで「くまさんおきてー」と言いながら、優しく触って起こす。

❹クマ役は立ち上がり、周りの友達を追いかけ、捕まえる。捕まえられた子どもが次のクマ役をする。

＊P.47の部分実習指導案の例で行なっています。

〈4〉電車ごっこ

＊ごっこ遊びをたっぷり楽しんで、イメージを膨らませるのが大切な時期です。

♪ロンドン橋
作詞：高田三九三
イギリス民謡

遊び方

❶保育者を先頭にして一列に並び、前の友達の肩や服のすそを持つ。「出発」の掛け声で、子どもたちが好きな歌をうたいながら保育室を歩き回る。

❷慣れてきたら、止まる・小さくなる・大きくなる・つま先歩き・ジグザグに進む・トンネルをくぐるなど、変化をつける。

❸最後に橋（手伝ってもらえる保育者がいなければ、先頭の保育者と子どもが担当する）をくぐりながら、『ロンドン橋』の歌に合わせて遊ぶ。

2歳児 ④部分実習指導案の例 〈1〉魚釣りごっこ (遊びはP.42参照)

※「子どもの姿」「ねらい」「内容」「環境の構成」については、P.10～15の該当するところを必読！ 各欄はつながっています。

● 子どもの姿を読み取る視点を持とう

どんな遊びなのか、イメージがわきにくい表現です。子どもの姿は、
○ 子どもの興味・関心
○ 子どもや保育者とのかかわり
○ 生活のようす
の三つの視点で、具体的に記しましょう。また、子どもの姿はねらいの元になります。今の子どもの姿をとらえ、部分実習指導案の作成につなげていきましょう。

● やってみてから保育へ

どのような状況になるのか、環境の構成のシミュレーションが必要です。実際に釣って試してみましょう。輪の大きさは適当ですか？ 魚の重さに耐えられるか、2歳児にとって安全かなど、確認しておきましょう。

※どのような見本でしょうか。具体的に書いてください。
・いろいろな魚を見る。
・製作物を見る。
・魚や釣りざおを見る。
でしょうか。
※空間を確保し、ゆったりと遊べるようにするためにふたつのグループに分かれているのだと思いますが、待っている子どもへの配慮として、
・釣れた魚をバケツに入れて、持ってあげるようにする。
などを考えておいたほうがよいでしょう。

| 6月 | ○日 | ○曜日 | 実習生氏名 | ○ ○ ○ ○ |

2歳児　ひまわり組　20人(男児12人〔2歳3か月～2歳10か月〕女児8人〔2歳3か月～2歳10か月〕)

子どもの姿	簡単な遊びを好み、いろいろなことに興味を持ち始めている。	主な活動	魚釣りごっこ
		ねらい	魚に興味を持ち、魚釣りごっこを楽しむ。
	※環境の構成として、子どもが積極的にかかわれる工夫を考えましょう。	内容	・魚や道具に興味を持ち、見たてて遊ぶ~~の名前を知る~~。 ・~~釣って~~保育者や友達と魚釣りごっこで遊ぶ。

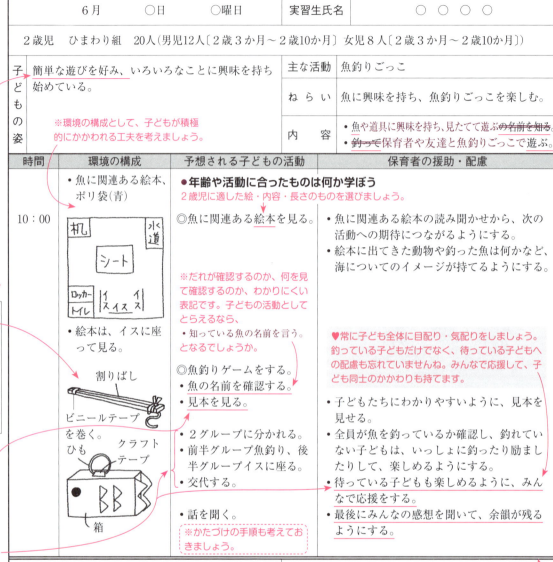

時間	環境の構成	予想される子どもの活動	保育者の援助・配慮
10:00	・魚に関連ある絵本、ポリ袋(青)	●年齢や活動に合ったものは何か学ぼう 2歳児に適した絵・内容・長さのものを選びましょう。 ◎魚に関連ある絵本を見る。	・魚に関連ある絵本の読み聞かせから、次の活動への期待につながるようにする。 ・絵本に出てきた動物や釣った魚は何かなど、海についてのイメージが持てるようにする。
	・絵本は、イスに座って見る。	※だれが確認するのか、何を見て確認するのか、わかりにくい表記です。子どもの活動としてとらえるなら、 ・知っている魚の名前を言う。 となるでしょうか。 ◎魚釣りゲームをする。 ・魚の名前を確認する。 ・見本を見る。	♥常に子ども全体に目配り・気配りをしましょう。釣っている子どもだけでなく、待っている子どもへの配慮も忘れていませんね。みんなで応援して、子ども同士のかかわりも持てます。 ・子どもたちにわかりやすいように、見本を見せる。
		・2グループに分かれる。 ・前半グループ魚釣り、後半グループイスに座る。 ・交代する。 ・話を聞く。 ※かたづけの手順も考えておきましょう。	・全員が魚を釣っているか確認し、釣れていない子どもは、いっしょに釣ったり励ましたりして、楽しめるようにする。 ・待っている子どもも楽しめるように、みんなで応援をする。 ・最後にみんなの感想を聞いて、余韻が残るようにする。

〈反省・評価〉	〈指導・助言〉
魚の名前を知らせるために、絵本・図鑑やペープサートなどを用意すれば、もっとわかりやすかったのではないかと思いました。魚釣りは、2歳児でもできるようにと考えたので、楽しんでくれてよかったです。しかし、集中時間が短く、あっという間にやめてしまう子どももいました。いろいろな子どもの反応を考えて、内容を工夫しなければと反省しました。	部分実習お疲れさまでした。短い実習期間に子どもたちのようすや発達を把握するのは、大変だと思います。何事も経験が必要です。子どもたちが興味を持ちそうなもの、楽しんでくれそうな遊びを考え、計画をたて、実行した結果が、次へとつながっていきます。がんばってください。 担当者　　　　　　　　　㊞

● 子どもの興味はどこに？

2歳児は魚の名前を知るというよりも、釣り遊びそのものに興味を持つようです。ポイントは、魚に見たてて釣り遊びを楽しむととらえたほうがよいでしょう。また、魚に興味を持つ機会ともとらえられます。部分実習時のみでなく、保育室に写真・図鑑や絵本などを環境として準備しておくのもよいでしょう。

● 年齢に合った配慮は？

2歳児の発達を考えると、"感想""余韻が残る"というのは難しいですね。遊んだことを話しかけ、子どもの思いを受け止めていきましょう。

2歳児 ④部分実習指導案の例〈(2)すてきなTシャツ作り〉(遊びはP.42参照)

※「子どもの姿」「ねらい」「内容」「環境の構成」については、P.10～15の該当するところを必読！ 各欄はつながっています。

9月　　　○日　　　○曜日	実習生氏名	○　○　○　○

2歳児　　つき組　12人(男児8人〔2歳5か月～3歳4か月〕女児4人〔2歳5か月～3歳4か月〕)

子どもの姿	・色に興味を持ち、クレヨンで塗りたくる感覚遊びを楽しんでいる。 ・衣服の着脱も自分でできるようになってきており、衣服への興味もある。 ※2歳児がわしづかみで持ちやすい大きさになるようにしましょう。	主な活動	すてきなTシャツ作りをする。
	※あらかじめ、裏に子どもの名前をメモしておきましょう。	ねらい	たんぽを思い思いに押し、色の違いや感触を楽しむ。
		内容	・Tシャツをイメージして、思い思いにたんぽを押して遊ぶ。 ・絵の具の色に興味を持つ。

時間	環境の構成	予想される子どもの活動	保育者の援助・配慮
00：00	・たんぽ(布切れ、綿、輪ゴム)、八つ切り画用紙をTシャツの形に切った物、絵の具、高さ4cmに切った牛乳パックのパレット ・事前に見本を作っておく。 たんぽでもようをつけておく ・牛乳パックのパレットに絵の具を入れ、たんぽをふたつずつ入れる。 ・床に新聞紙を敷く。 新聞紙 ・4人で三つ(赤・青・黄)のパレットを使う。 ※使いにくいうえにトラブルの元です。パレット・たんぽは、必ず人数分以上の数を用意しましょう。	◎保育者の話を聞く。 ・自分の着ている服に興味を持てるような話を聞く。 ※どのように座って話を聞くのでしょうか？ 環境の構成に図で示しましょう。 ◎画用紙のTシャツを見る。 ※牛乳パックをひっくり返すことも予想されます。予備のパレット・絵の具やぞうきんの枚数などとともに、気持ちにも余裕を持って臨みましょう。 ◎すてきなTシャツ作りをする。 ・ひとりひとり、Tシャツ形の画用紙をもらう。 ・たんぽと絵の具をもらう。 ・Tシャツ形の画用紙に、たんぽを押して楽しむ。 ※色が混ざっていくことも想定して、保育者が気づいたことを言葉で伝えていきましょう。 ・できあがったTシャツを見せ合う。 ※顔や足も汚れているはずです。ぬれぞうきんも用意しましょう。	・保育者の着ているTシャツを見せながら、色や模様に興味を持てるようにする。 ・「みんなは今、どのような服を着ているかな」と、自分や友達の着ている服に興味を向けるようにする。 ・事前に作っておいた見本を見せ、Tシャツ作りへの興味を引き出す。 ・たんぽを見せながら、「これは魔法のスタンプだよ」「みんなも作ってみようか」と、ことばがけをして、作ることへの興味や意欲を引き出す。 ・ひとりひとりにTシャツ形の画用紙を渡す。 ・「4人で使おうね」と言いながら、たんぽと絵の具を配る。 ・ちゅうちょしている子どもには、保育者が手を添えていっしょに押す。 ・同じ色を使う子どもには、「違う色も使ってみるときれいだよ」とことばがけをして、ほかの色にも興味を広げられるようにする。 ・「赤いTシャツができたね」「円い模様がいっぱいだね」など、具体的な言葉をかける。じょうずに押せていたら十分に褒め、自信が持てるようにする。
00：05			
00：30		◎かたづけをする。 ・汚れた手を洗う。 ・Tシャツを窓辺で乾かす。	・かたづけが終わったら手を洗うように促す。 ・Tシャツの裏に保育者が名前を書く。

〈反省・評価〉

たんぽに絵の具をたくさん付けて、うれしそうにポンポン押して遊んでいました。どんどん色が付くことに楽しさを感じていたようです。ほかの色を勧めたときに、「まだ同じ色を使っていたい」という思いの子どもがいれば、「もっと違う色も使ってみたい」という思いの子どももいて、ひとりひとりへの対応に手間取りました。今の子どもたちの発達を考え、次回に取り組みたいと思います。

〈指導・助言〉

指導計画をたて、実際に部分実習を行なってみていかがでしたか。指導計画をたてるときには、子どもの動きを予想して保育をシミュレーションしてみると、どのような環境を用意しておくのか、子どもたちにはどんな配慮が必要なのか、いろいろと考えることがたくさんありますね。楽しく遊ぶことによって、子どもの育ちも広がります。保育者として、そういった場を子どもたちに提供していきたいですね。

担当者　　　　　　　　　　印

●子どもが興味を持てるように

キャラクターの描かれた物ではなく、わかりやすい色やおもしろい柄のTシャツを選ぶとよいでしょう。また、子どもたちが自分の服に対して興味を持つところまで配慮し、そのためにどんな内容のことばがけをするのか、具体的に書いておきましょう。

※見本を何種類か用意して、ペープサートのキャラクターで服を着替えていくと、さらに盛り上がるでしょう。また、活動の締めくくりとして、子どもたちが作った作品で着せ替えをすると、遊びが発展します。

♥とてもよい配慮ですね。ひとりひとりへの対応が大切です。

●子どもの気持ちを受け止めよう

違う色を勧めても、同じ色を使いたがる子どもには、無理強いしないようにしましょう。同じ色を使う楽しさも味わえるようにするとよいですね。

●じょうずの基準は？

じょうずのポイントはなんでしょう？ きれいに押せたことでしょうか？ リズミカルにスタンプ押しを楽しんだことでしょうか？ 2歳児なりの、「できた」「楽しい」などの思いに共感して褒める姿勢が、何よりも大切です。

まずはココ！

●目の前の子どもの発達をとらえよう

大事なポイントです。絵の具に触れることに慣れていない子どもたちにとっては、棒なしたんぽでよかったのかどうかというところから、子どもの発達を考えていきましょう。

II-3 ②2歳児の実習

45

2歳児 ④部分実習指導案の例 〈3〉むっくりくまさん（遊びはP.43参照）

※「子どもの姿」「ねらい」「内容」「環境の構成」については、P.10〜15の該当するところを必読！ 各欄はつながっています。

11月	○日	○曜日	実習生氏名	○　○　○　○

2歳児　さくら組　13人（男児7人〔2歳7か月〜3歳6か月〕女児6人〔2歳8か月〜3歳4か月〕）

子どもの姿	繰り返しや簡単な動きを楽しむようになってきた。 ●ねらいについて 2歳児は、"知る"ことよりも"簡単なルールのある遊びに親しむ"ということを大切にして、活動そのものを楽しめるようにしましょう。	主な活動	『むっくりくまさん』で遊ぶ。
		ねらい	・体を動かしながら楽しく遊ぶ。 ・簡単なルールを知る。
		内容	・友達と手をつなぎ、歌に合わせて動く。 ・追いかけっこを楽しむ。

●どのようなことの繰り返し？
どういった場面で簡単な動きを楽しんでいるのでしょうか？ 伝わるように書きましょう。具体的に書いて次回の保育に生かします。

●環境の構成として
戸外や遊戯室のような広い場所が望ましいですが、保育室で行なうのであれば、室内を整理して、できるだけ広いスペースを確保して安全に配慮しましょう。

♥歌詞を体で表現して楽しむために、わかりやすいことばがけです。保育者といっしょに遊びながら、ルールを言葉で伝えるとともに、保育者も実際に表現して見せることが大切です。言葉と動きによって、子どもにも理解しやすくなるでしょう。

時間	環境の構成	予想される子どもの活動	保育者の援助・配慮
10:00	・クマのかぶり物 （図） （保育室配置図：トイレ・ピアノ・担・保） （円になる図：保、担） 追いかける（図：保） 逃げる	◎保育者の周りに集まる。 ◎『むっくりくまさん』をする。 ・遊び方を聞く。 ・『むっくりくまさん』を歌う。 ・保育者がクマになり、子どもたちは輪になって手をつなぐ。 ・クマは目を閉じ、周りの子どもたちは歌をうたいながら時計回りに歩く。 ・クマに近づき、歌の終わりにクマを触って起こす。 ・「クマさん　起きて」で起こされたクマは、逃げた子どもたちを捕まえに行く。 ・ゲームを繰り返す。 ・保育者の周りに集まる。	・周りに集まりやすいように、ことばがけをする。 ●子どもと楽しみながら 動作を付けてうたう歌が、興味を引く導入になります。 ・わかりやすくするため、話をするだけではなく、ゲームを進めながら伝えていく。 ・歌が覚えられる歌いながら動作が楽しめるように、みんなで何回か歌ってみる。 ・「クマさんを起こさないように、静かに回ろうね」とことばがけをする。 ※"覚えられる"という観点ではなく、子どもにとって楽しいと思えるような活動と援助にしたいものです。 ・「優しくクマさんを起こそうね」と伝える。 ●具体的にわかりやすく書く努力をしよう。 どのようにするのか、わかりにくい文章です。「○○ちゃん捕まえた」と知らせることでしょうか？ さらに「捕まったらクマになることを知らせ、保育者といっしょに円の真ん中に座るように促す。」という一文を入れて、遊びの中でさりげなくルールを伝えていきましょう。 ・捕まったことがわかるように、大きな声で知らせる。 ・クマ役をいやがるときは、「先生といっしょにクマさんになろう」と誘ってみる。 ・捕まえるときは引っ張るのではなく、優しくタッチしたり捕まえたりするようにことばがけをする。 ・みんなで楽しく遊ぶことができたと感じられるように、話をする。

まずはココ！

●ひとりひとりを大切に
参加したくない子ども、ルールがわかりにくい子どもには、どのような配慮や援助が必要でしょうか。
・保育者がさりげなく手をつないで誘い、いっしょにゲームを楽しめるようにする。
など、考えておきましょう。

※どのタイミングでゲームを終了するのかを想定しておきましょう。

●振り返って子どもの理解を深めていこう
どのような点で楽しむことができなかったのか、状況と原因を、もう少し深く考察しましょう。

〈反省・評価〉	〈指導・助言〉
今回の部分実習を経験して、子どもひとりひとりが楽しむことができるように計画をたてるべきだったと思いました。 捕まるのをいやがる子どもが多いと予想していましたが、クマになりたがる子どもが多くて驚いてしまいました。かぶり物も脱いだりかぶったりと時間がかかりすぎて、なくてもよかったと思いました。 自信を持って保育ができるように、たくさん勉強しなければと実感しました。	なんでも挑戦してみてください。マイナス面ばかりを考えるのではなく、今日の設定保育を通してどんなことが発見できたのか、子どもたちの喜んでいる姿はどうだったのかなど、先生が何を伝えようとし、子どもたちはどう反応したのかなど、いろいろ考えてみてください。 ※子どもにとって、活動的な動きの妨げにならなかったかも検討しましょう。 担当者　　　　　　　　㊞

○…子ども　㊅…実習生　担…担任保育者

46　Ⅱ 年齢別 日誌・指導案

2歳児 ④部分実習指導案の例 〈4〉電車ごっこ（遊びはP.43参照）

※「子どもの姿」「ねらい」「内容」「環境の構成」については、P.10〜15の該当するところを熟読！　各欄はつながっています。

2月	○日	○曜日	実習生氏名	○　○　○　○

2歳児　こあら組　17人（男児10人〔2歳11か月〜3歳7か月〕女児7人〔2歳11か月〜3歳8か月〕）

子どもの姿	友達や保育者といっしょに遊びたいという気持ちが出てきている。	主な活動	電車ごっこをする。
		ねらい	友達や保育者と ~~つながって~~ いっしょに、いろいろな動きを楽しむ。
		内容	~~優しく肩や腰に手を置いて進む~~ リズムに合わせて歌ったり体を動かしたりして遊ぶ。

●「ねらい」について
「つながって」は、電車ごっこだけの「ねらい」です。手遊びと電車ごっこの両方を経験する際の育ちの方向性を「ねらい」にしましょう。

※部分指導案の全体をとらえた「内容」にしましょう。

時間	環境の構成	予想される子どもの活動	保育者の援助・配慮
10：10	・積み木 （図：保・ピアノ・イス○○○・担・担） ・積み木を置き、コースに変化をつけておく。 （図：担○○○・ピアノ・積み木・回る・ロッカー） （図：○○○○保・担・担・トンネル）	◎手遊びをする『むすんでひらいて』。 ・上…手をキラキラする。 ・横…飛行機のように手を揺らす。 ・前…車のハンドルにたとえ、運転する。 ・腰…電車の車輪にたとえ、手を動かす。 ◎電車ごっこをする。 ・~~話を聞く。~~ ・電車のようにつながる。 ・いろいろなコースを楽しむ。 ・歌に合わせて進む。 ※準備する曲名を記入します。 ・トンネルをくぐる。 ・『ロンドン橋』で遊ぶ。 ・集まる。	・楽しく手遊びをして、全員が集まってくるのを待つようにする。 ・歌の最後にいろいろな動きを取り入れ、楽しく遊べるようにする。 ・電車の動きの後立ち上がり、ガタンゴトンと言いながら動いて見せることで、次の遊びにつながるようにする。 ・~~楽しいことが始まると伝える。~~ ・実習生が先頭になり、友達の肩や腰を持って、電車に変身するように促していく。 ・「曲がります」「ジャンプします」など、いろいろな動きやコースを楽しめるようにする。 ・子どもたちの好きな歌や電車の歌などに合わせて、リズミカルな動きを楽しめるようにする。 ・担任保育者にトンネルを作ってもらい、くぐって遊べるようにする。 ・『ロンドン橋』の歌に合わせて橋を下げ、子どもたちを捕まえたりくすぐったりして、楽しく遊べるようにする。 ・電車ごっこについて話し、楽しかった気持ちが持てるようにする。
10：30			

●援助・配慮のポイント
この文章は保育者の活動のみですね。援助を書きましょう。ただし、前の手遊びからの流れを考えると、実習生がそのまま電車になって子どもたちのところに誘いに行ったほうが、活動として途切れないでしょう。
「・話を聞く。」と、それに対する援助の項目は、省いてもいいでしょう。

♥「電車に変身」は、子どもの心をとらえる伝え方ですね。見たててまねたり、まねで遊ぶことを楽しんだりする2歳児は、喜んで電車になりきるでしょう。

●指導案は楽しく遊ぶための計画と考えよう
遊びを豊富にしましょう。コースやジャンプなど、予想される活動を書きましょう。
・カーブを曲がる。
・ジャンプする。
・ジグザグに歩く。など。

〈反省・評価〉
2歳児クラスで初めて設定保育をさせていただき、ありがとうございました。子どもたちが電車になって動くと、こちらのことばがけがなかなか伝わらず、思うように指示ができませんでした。
人数や電車の長さに合わせて動きを考えておけば、もっと楽しくできたのではないかと反省しています。次回は、もっと細かい動きや遊びを考えて計画をたてていこうと思います。

〈指導・助言〉
今日はお疲れさまでした。初めての保育をして、たくさん反省するところがあったと思います。自分で感じたこと、反省会で教えてもらったことをもう一度考え、次回に生かせるようにがんばってください。

担当者　　　　　㊞

○…子ども　㊥…実習生　㊏…担任保育者

●指示どおりに子どもを動かすのが保育ではない
指示をするという意識ではなく、いっしょに遊びながら言葉や身ぶりなどで伝え、子どもがやってみたいと思えるようにしましょう。子ども自身の電車の表現も認める余裕を持ちましょう。

●もっと楽しくしよう
・保育者の周りに集まる。
でもよいですが、電車ごっこの続きととらえて、
・駅に到着する。
と計画しても楽しいですね。子どもの笑顔を思い浮かべながら書くのが指導案です。ワクワク・ドキドキする遊びを楽しんでこそ、成長・発達につながります。

II-4 3歳児の実習

幼稚園の3歳児と保育所の3歳児とでは、集団での生活経験の違いがあり、特に秋口までは、身についた生活習慣の内容にも違いがあります。子どもへの接し方やことばがけなどの配慮について、保育者の姿から勉強しましょう。

保育者の姿をよく見て、援助しすぎないようにしましょう。3歳児でもできることはじっくりと見守って、待つことも大切です。

①実習のポイント

発達
集団生活の中でも保育者のつながりが必要

集団生活が楽しくなりますが、「ぼくをみて！」「わたしをみて！」といった保育者とのつながりで安心感を持ちます。子どもひとりひとりの気持ちに寄り添いながら、かかわっていきましょう。

先生や友達と
伝えようとする気持ちをくみ取る

伝えたいという気持ちはあるのに、話の内容を順序だてて伝えられないことも多いです。根気よく話を聞くようにしましょう。

生活習慣
ひとりひとりの差があることを理解する

初めての集団生活になる幼稚園の3歳児には、まだ自立途上のことも多くあるでしょう。排せつ・食事・衣服の着脱など、個人差が大きいです。できるだけ自分でやれるように促していきましょう。

遊び
簡単なルールのある遊びを楽しむ

子どもたちといっしょに遊ぶことで、集団で遊ぶことやゲームの楽しさを伝えることができるでしょう。

次ページからの読み方
まずはここから見てみよう！
● ………気をつけたいこと
♥ ………よい視点・表現
※ ………注意事項など

罫線で囲っている朱書きは保育をするうえでのアドバイス、囲みなしは記入するうえでのアドバイス。

3歳児 ②実習日誌・記録の例〈保育所〉

※「ねらい」「内容」「環境の構成」については、P.10〜15の該当するところを必読！各欄はつながっています。

実習生氏名 _____

11月	○日	○曜日	天候 くもり	担任	○○○○ 先生

3歳児	コスモス組	25人（男児 15人 / 女児 10人）	欠席 0人

実習生の目標	子どもたちが意欲的に動けるように、ことばがけをする。	今日の主な活動	展覧会ごっこをする。

ねらい	各クラスのコーナーを見て、展覧会ごっこを楽しむ。
内容	いろいろなクラスの作品に親しみ、感じたことを言葉で表現する。

※3歳児からは、低年齢児ほどには、個々の発達に差がなくなってきます。『保育所保育指針』では「3歳以上児の保育に関するねらい及び内容」に発達の特徴が示されています。参考にしましょう。しかし、目の前のクラスの3歳児をまず理解しようとすることを忘れないでください。

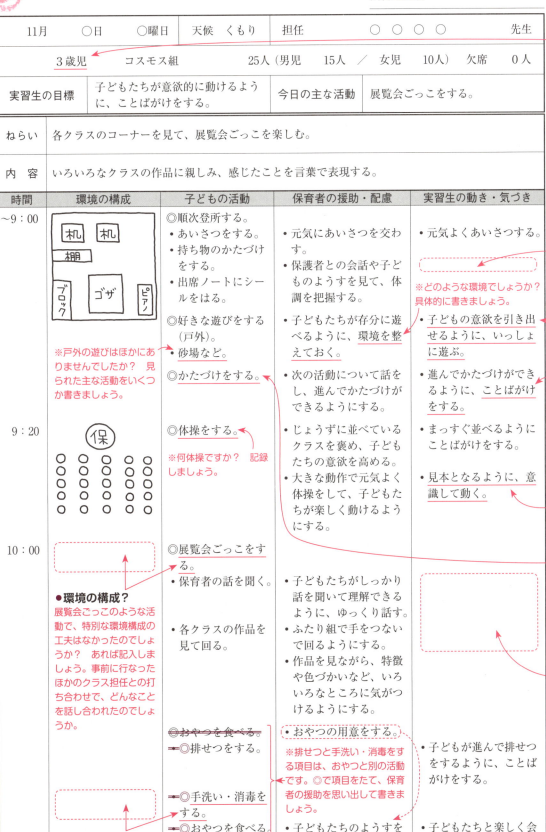

時間	環境の構成	子どもの活動	保育者の援助・配慮	実習生の動き・気づき
〜9:00	（図：机・机・棚・ブロック・ゴザ・ピアノ）※戸外の遊びはほかにありませんでしたか？ 見られた主な活動をいくつか書きましょう。	◎順次登所する。・あいさつをする。・持ち物のかたづけをする。・出席ノートにシールをはる。◎好きな遊びをする（戸外）。・砂場など。◎かたづけをする。	・元気にあいさつを交わす。・保護者との会話や子どものようすを見て、体調を把握する。・子どもたちが存分に遊べるように、環境を整えておく。・次の活動について話をし、進んでかたづけができるようにする。	・元気よくあいさつする。※どのような環境でしょうか？ 具体的に書きましょう。・子どもの意欲を引き出せるように、いっしょに遊ぶ。・進んでかたづけができるように、ことばがけをする。
9:20	(保) ○○○ ○○○ ○○○ ○○○ ○○○	◎体操をする。※何体操ですか？ 記録しましょう。	・じょうずに並べているクラスを褒め、子どもたちの意欲を高める。・大きな動作で元気よく体操をして、子どもたちが楽しく動けるようにする。	・まっすぐ並べるようにことばがけをする。・見本となるように、意識して動く。
10:00	●環境の構成？ 展覧会ごっこのような活動で、特別な環境構成の工夫はなかったのでしょうか？ あれば記入しましょう。事前に行なったほかのクラス担任との打ち合わせで、どんなことを話し合われたのでしょうか。 ※準備物はありませんか？	◎展覧会ごっこをする。・保育者の話を聞く。・各クラスの作品を見て回る。~~◎おやつを食べる。~~ =◎排せつをする。 =◎手洗い・消毒をする。 =◎おやつを食べる。・かたづけをする。	・子どもたちがしっかり話を聞いて理解できるように、ゆっくり話す。・ふたり組で手をつないで回るようにする。・作品を見ながら、特徴や色づかいなど、いろいろなところに気がつけるようにする。・おやつの用意をする。※排せつと手洗い・消毒をする項目は、おやつと別の活動です。◎で項目をたて、保育者の援助を思い出して書きましょう。・子どもたちのようすを見守る。	・子どもが進んで排せつをするように、ことばがけをする。・子どもたちと楽しく会話をする。

○…子ども ㊥…保育者 ㊥…実習生

●動きや気づきをまず書いてみよう
子どもの活動に対して、どのような動きをしたのでしょうか？ 保育者の対応から学び、いっしょに援助してみましょう。

♥この気持ちでがんばりましょう。

※「励ます」「褒める」「誘う」など、どのようなことばがけをしましたか？ 具体的に書くとわかりやすいです。

●できるだけ具体的に
自分が実習するときに役だつので、「元気よく体操をする」「大きな動作をする」など、具体的に書きましょう。

●見られた活動を具体的に記録しよう
砂場の遊具を種類ごとに分類してワゴンに入れる。
→環境の構成「分類のカゴは扱いやすい高さに並べておく。」など。

●記録して振り返ろう
どのような参加のしかたをしたのですか？ 記入しましょう。何かを感じたことと思います。まずは、そのままを書けばよいのです。

Ⅱ-4 ③3歳児の実習

3歳児 ②実習日誌・記録の例〈保育所〉(前ページの続き)

時間	環境の構成	子どもの活動	保育者の援助・配慮	実習生の動き・気づき
11:00	※ほかに観察した遊びはないでしょうか。	◎好きな遊びをする(戸外)。 ・砂場、フープなど。	・周りに気をつけながら遊ぶようにことばがけをする。 ・子どもたちといっしょに体を動かして遊ぶ。	・子どもたちといっしょに遊びながら、遊びが発展していくようにことばがけをする。
		◎かたづけをする。 ・使った物をかたづける。	・進んでかたづけができるように、ことばがけをする。	・最後までかたづけられるように励ます。
11:40		◎手洗い・うがい、排せつをする。	・食事前なので、ていねいに行なうよう伝える。	・子どもたちのようすを見守る。
11:50	(机の配置図) �保 �実	◎ホールで給食を食べる。 ・机をふく。 ・準備をする。 ・給食を食べる。	・準備ができた子どもから、席を見つけて座るように促す。 ・子どもたちと会話をしながら、楽しい雰囲気で食事ができるようにする。	・好き嫌いなく全部食べられるように、ことばがけをする。
		・かたづけをする。 ・保育室に戻る。	・机とイスをかたづけ、みんなできれいに掃除をするように促す。 ・保育室は作品が飾ってあるので、気をつけて動くように話をする。	・掃除をする。
12:40	・音楽をかける。	◎午睡の準備をする。 ・着替えをする。	・着替えのようすを見守ったり手伝ったりして、全員が着替えられるようにする。	・着替えの補助をする。
13:00		◎午睡をする。	・子どもが安心して眠れるように、顔をなでたり優しくトントンとたたいたりする。	・子どもが眠りにつくまで、トントンとたたく。
15:00		◎起床する。	・音楽をかけて、子どもたちが目覚めやすいようにする。	・優しく声をかけて起こし、布団をかたづける。
15:20	(机の配置図) �保 机 ㊺実 ㊺保	・排せつをする。 ・着替えをする。 ◎おやつを食べる。 ・手洗い・消毒をする。 ・食べる。 ・かたづけをする。	・起きた子どもから、排せつに行くよう促す。 ・手洗いを済ませた子どもたちに、消毒液を吹き掛ける。 ・準備物としてあげる。	・机を出し、消毒をする。 ・会話をしながら楽しく食べる。

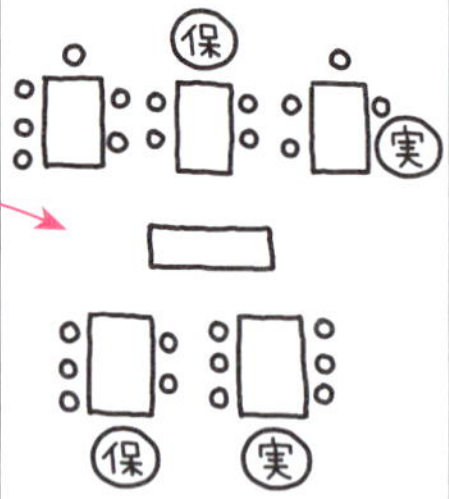

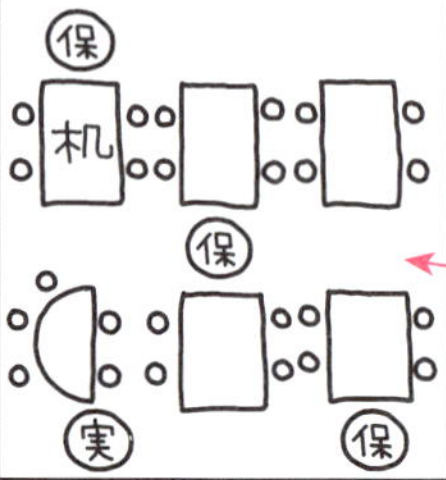

○…子ども ㊺…保育者 ㊺…実習生

注釈

※子どもの発達を促すように、"いっしょに体を動かして遊ぶ"援助を取り入れて、実習生の動きとして記入しましょう。子どもと親しくなるために、この場面では大切な動きです。

● **自分ががんばったことを書こう**
給食の準備に関することなどの動きはありませんでしたか?

※どのようにするために置かれた机なのかがわかるように、文字を添えましょう。また、配置から、保育者や子どもの位置や動線を学びましょう。

※ふきんやそのほかの準備物はありませんか?

● **具体的に書こう**
具体的に書くと、実際の指導に役だちます。「○○ちゃん強くなるね」と励ますなど。

● **保育者のまねでもいい**
子どもとどのようなかかわり方をしたのでしょうか。

● **保育は環境に子どもがかかわることで生み出される**
この時点の環境を記すとわかりやすい。

● **環境づくりの意図を知ろう**
どのような意図でこのような環境構成をしているのか、記録しましょう。
・心が落ち着くような、静かな音楽をかける。

※「援助」という言葉のほうが適切でしょう。また、「必要な子どもには、着替えの援助をしたり励ましたりしながら見守る。」などと、どのように援助をしたのか具体的に書きましょう。

♥寝起きの子どもへの気づかいが感じられてよいですね。

まずはココ!

● **保育者に聞いてみよう**
3歳児には具体的にどのような援助をしたのでしょうか? それを記録することで、クラスの子どもの発達を把握することができ、次の指導につながります。もし、何をどうすればよいか迷ったら、保育者に聞いてみることです。

まずはココ!

時間	環境の構成	子どもの活動	保育者の援助・配慮	実習生の動き・気づき
	（保）○○○○○○○○○○○○○○○○○	◎降園準備をする。 ・持ち物をカバンに入れる。 ・話をする。	[　　　　　]	[　　　　　]
	[　　　　] [　　　　] ※展覧会カードについて、環境の構成または子どもの活動に記すべき事項があれば記入しましょう。	◎あいさつをする。	・子どもたちが静かに集中して聞けるように、小さな声で話し始める。 ・展覧会カードを持って帰ることを伝える。 ・元気にあいさつをして、明日への期待につなげる。	・保育者を見るように促す。 ・元気にあいさつをする。
16：00		◎順次降所する。 ◎延長保育。 ・保育室を移動する。	・人数を把握し、移動する。	・子どもたちが興味を持った遊びをいっしょに楽しむ。 ・子どもたちの反応を見ながら絵本を読む。

〈反省・評価〉

今日の保育は、展覧会ごっこに参加させていただき、子どもたちがとても楽しみにしていることが伝わってきました。
どのクラスも絵や作品の表現力に驚きました。短期間にしあげたのではなく、4月から積み重ねてきた物ばかりだと聞き、保育の計画の大切さを知りました。
子どもたちに、してもいいことといけないことのけじめを伝えるのが大変でした。一度言っただけでは伝わらず、繰り返し言う必要があることも学びました。
先生の言われていることをよく聞き、わたし自身の言葉にして言えるようにしていきたいと思います。
子どもたちと積極的にかかわり、少しでも気持ちが通じ合えるよう、努力していきたいと思います。

〈指導・助言〉

展覧会ごっこを見て、いろいろなことを感じられたようですね。
製作をする中で、子どもたちの思いや発想力を大切に受け止めながら、本番に向けて進めていきたいと思っています。過程を大事にして取り組んでいきます。
今日目標にしたことを忘れずに、今後さらに努力してみましょう。

担当者　　　　　㊞

まずはココ!

●**保育者の援助を見逃さないで**
子どもの活動に対して、保育者はどのようにかかわったのでしょうか。観察したことを思い出して、記録を忘れずに。

♥せっかくこのようにかかわれたのですから、もっと感じたことがあったと思います。記録してみましょう。

♥保育者の指導方法から学ぼうとする姿勢が感じられます。担任保育者をまねて、ぜひ実践に移しましょう。

●**感想に偏らないよう具体的に整理する**
この欄は感想に偏らないように書きましょう。実習生の目標に向かって、子どもとのかかわり方など、新しい気づきがありましたか。どのような改善点が考えられるでしょうか。いろいろな場面で、具体的に考察していきましょう。

II-4 ❸ 歳児の実習

●**記録はなぜ大切か?**
記録を取ることは、次の保育の「ねらい」につながります。子どもの姿を見るということになるからです。まず、何事も具体的に書いておこうとするところから入ってはどうでしょうか。クラスの人数が多くても、一日に何人分かずつ個別に記録をし、整理しておくということを、多くの保育者が実践しています。実習期間からその練習のつもりで取り組みましょう。

3歳児 ②実習日誌・記録の例〈幼稚園〉

※「ねらい」「内容」「環境の構成」については、P.10〜15の該当するところを必読！ 各欄はつながっています。

実習生氏名 _____

まずはココ！

●幼稚園の3歳児は？
まだ集団生活に慣れていない子どもも多い状況でしょう。そのような中で保育者はどんな工夫をしているのか、よく見て学びたいところです。

6月 ○日 ○曜日	天候 晴れ	担任 ○ ○ ○ ○ 先生

3歳児	もも組	15人（男児 7人 ／ 女児 8人） 欠席 0人

実習生の目標	子どもたちの名前を覚え、いっしょに遊ぶ。	今日の主な活動	・絵本を返却する。 ・戸外で遊ぶ。

ねらい	友達や保育者といっしょに、体を動かして遊ぶことを楽しむ。

●この時期に育てたいことは？
園生活に慣れつつある時期です。友達や保育者と遊ぶことが"楽しい"と感じてほしいと思います。

内　容	乗り物に乗ったり友達と駆けっこをしたりして遊ぶ。

♥まずはひとりひとりの顔と名前を覚えましょう。基本ですが、たいへん大事なことです。ここがスタートです。実習生のほうから「○○ちゃん」と、子どもの名前を呼びかけられるように努力しましょう。

●その子どものとまどいに寄り添おう
幼稚園に入園して、まだ十分に慣れていない子どももいると思われます。実習生も困っている子どもに対応する必要があります。子どもの姿に接しつつ、考えながら行動してみるよい機会です。

●具体的に記録して学ぼう
これは「環境の構成」に書くべき内容です。ただし、どのように環境を整えていたのか、具体的に記録しましょう。

●「環境」は室内だけではない
戸外の環境の構成はどのようでしょうか？

※かたづけるための準備物や環境の構成を観察して記録しましょう。

時間	環境の構成	子どもの活動	保育者の援助・配慮	実習生の動き・気づき
9：00	棚／手洗い／棚／トイレ／ピアノ／棚／絵本／イス／ロッカー／ままごとコーナー／机／シールはり／出入り口	◎登園する。 ・あいさつをする ・持ち物のかたづけをする。 ・出席ノートにシールをはる。	・笑顔であいさつを交わしながら、健康状態を把握する。 ・持ち物をかたづけるようすを見守り、困っている子どもにはことばがけをする。	・元気にあいさつをして、持ち物を自分でかたづけるようにことばがけをする。
9：10	（空欄）	◎好きな遊びをする。 ・ままごと、絵を描く、車に乗る、折り紙、ブロックなど。 ◎かたづけをする。	・好きな遊びができるように、環境を整える。 ・いっしょにかたづけをしながら、きれいにする気持ちよさを伝える。	※具体的に書きましょう。 ・子どもたちといっしょに遊び、楽しくなるようにする。 ・がんばってかたづけるようにことばがけをしたり、いっしょにかたづけたりする。
9：50	実・・・保／本棚／入り口／イス／机	◎絵本を返す。 ・手遊びをする『グーチョキパー』。 ・話を聞く。 ・一列に並び、電車になって図書室に行く。 ・絵本を返す。	・手遊びや歌をうたって、気持ちが集中できるようにする。 ・絵本を返却するときは、元の場所に立てて入れるときれいになることを伝える。 ・並べない子どもにことばがけをして、電車になるようにする。	・前を見ていっしょに手遊びをするように話をする。 ※どのようにしたのか、工夫したことを具体的に書きましょう。 ・並ぶ場所を伝える。 ・前の子どもの肩に手を置き、並ぶようにする。 などでしょうか。 ・どこに返すのか見守ったり、いっしょに探したりする。
10：15	（空欄）	◎戸外で遊ぶ。 ・砂場、三輪車、コマ付き自転車、総合遊具、駆けっこなど。	♥常に気を配りましょう。 ・安全面に気をつけて遊べるようにする。 ・子どもたちといっしょに楽しく遊ぶ。	・危険がないか見回る。 ・いっしょに遊んで場を盛り上げる。
11：15	（空欄）	◎かたづけをする。 ・使った物をかたづける。	・元の場所に並べてかたづけるように促す。	・いっしょにかたづけをして、次の活動に移る。

○…子ども ㋑…保育者 ㋲…実習生

52　Ⅱ 年齢別　日誌・指導案

● **食育についての配慮も**
食事を作ってくれた人への感謝、食材への興味を持つような会話などはありませんでしたか？　食育の観点から観察してみましょう。『保育所保育指針』『幼保連携型認定こども園教育・保育要領』に、食育の推進について記されています。また、『幼稚園教育要領』では健康の領域に記されています。参考にしましょう。

時間	環境の構成	子どもの活動	保育者の援助・配慮	実習生の動き・気づき
		◎手洗い・うがい、排せつをする。	・きちんと手を洗ったりうがいをしたりしているか見守る。	・子どもたちといっしょにうがいと手洗いをして、ていねいにするようにことばがけをする。
11:30	棚 手洗い 棚 トイレ／ピアノ 棚／絵本 ロッカー／(保) 机 (実)／イス／出入り口	◎弁当を食べる。 ・机とイスを並べる。 ・机をふく。 ・準備をする。 ・歌をうたう『おべんとうのうた』。 ・弁当を食べる。 ・かたづけをする。 ・歯みがきをする。	・楽しい雰囲気の中で食べられるようにする。	・子どもたちといっしょに机とイスを並べる。 ・机をふき、準備するようにことばがけをする。 ・会話を楽しみ、雰囲気を明るくする。
			・歯みがきが終わったら、きれいにみがいたか、口の中を確認する。	・いっしょに歯みがきをする。
12:40	※環境の構成が変わったと思われます。主な物を記しましょう。	◎好きな遊びをする。 ・パズル、ブロック、絵本、粘土など。	・静かな活動を取り入れ、体を休める。 ・好きな遊びが楽しめるようにする。	・いっしょに遊び、子どもたちが作った物を褒める。
13:30		◎かたづける。	・みんなで使った物は、きちんとかたづけるように励ます。	・がんばってかたづけるようにことばがけをする。
		◎手洗い・うがい、排せつをする。	※"静かに"というよりは、紙芝居そのものに興味を持つように言葉をかけていきたいですね。	
13:40	ピアノ (保)	◎紙芝居を見る『あたまにりんごのせられる？』。	・紙芝居が見えるように、座る場所を確認する。	・静かに見るように、ことばがけをする。
13:50	○○○○○○○○ ○○○○○○○ (実) ※言葉も添えましょう。	◎降園準備をする。 ・持ち物をカバンに入れる。	・降園準備をするようにことばがけをしたり、見守ったりする。	
		◎歌をうたう『さよなら』。		
14:00		◎降園する。	・明日の予定を知らせて、期待を持って降園できるようにする。	・元気よくあいさつをする。

〈反省・評価〉
3歳くらいになると自我が芽生えてくると習いましたが、クラスに入り子どもたちと接して、そのとおりだと思いました。4月から今日までいっしょに園で過ごしている先生との信頼関係も深いと感じました。実習に来たばかりのわたしの言うことはだれも聞いてくれず、とても困りました。何をすればいいのか悩み、なかなか動くことができませんでした。子どもたちから話しかけてくれたので、明日はわたしから遊びに誘いかけて、楽しく過ごせるようにしたいと思います。

〈指導・助言〉
信頼関係はすぐに築けるものではありません。積み重ねの中で生まれてきます。
実習中に、子どもたちとしっかり遊んでかかわりを持ち、たくさん学んでください。

● **具体的に書くことでわかることがある**
どのような事例からそのとおりと思ったのかを、「○○○○○○のようすから、そのとおりだと思いました。」というように書くと、具体的な観察ができた記録になります。

担当者　　　㊞

● **言葉だけでなく…**
手洗い・うがいについてのことばがけも大切ですが、特に援助の必要な子どもはいませんでしたか？　個々の子どもに応じた援助をしていきましょう。

● **いろいろな援助を**
幼稚園の6月は、まだ弁当を食べるための習慣がついていないと推測できます。はしの持ち方、好き嫌い、食べる早さの違いなど、個別対応が予想されます。ほかにも援助事項はなかったでしょうか？　考えてみましょう。

● **なぜそうするのか考えよう**
食後であるため、このような配慮があると考えられます。活動の意味も含めて記録すべきでしょう。また、この文章では、保育者が体を休めるという意味にとらえられます。

● **「ことばがけをする」とは？**
「ことばがけをする」は、まちがいではありませんが、「励ます」「褒める」「伝える」など、少し具体的な表記にすると、ようすや実習生の心持ちが伝わります。

● **何もしていないときはない**
3歳児が園生活の習慣を身につけるためには、ていねいなかかわりや援助が必要と思われます。

まずはココ！

● **個別対応も観察しよう**
子どもの興味や発達などの違いから生じる個別対応について、保育者(実習生)はどうかかわっていたのでしょうか。子ども同士のトラブルなどに、保育者はどのような対応をしていたのでしょうか。全体を記録する中で、個にも目を向けて記録していきたいと思います。その視点が自分の責任実習に役だつでしょう。

Ⅱ-4 ❸ 3歳児の実習

3歳児 ③遊び　P.59〜66と連動しています！　指導案にしたときの記述のしかたがわかります。

＊P.59の部分実習指導案の例で行なっています。

〈1〉ぞうさんのさんぽ

♪ぞうさんのさんぽ
作詞：志摩　桂
外国曲

さんぽにぶらぶらぞうさん
てんきがいいのでごきげん
おはなもぶらぶらぞうさん
なかまをみつけてこんにちは

❶円くなって座る。

❷ゾウ役は中央に立つ。

❸歌に合わせて、鼻に見たてた腕をブラブラさせながら歩く。

❹友達とあいさつをして、人数を増やしていく。

＊3歳児らしい繰り返しが楽しいまねっこ遊びも考えられますね。

＊P.60の部分実習指導案の例で行なっています。

〈2〉あたまかたひざポン

♪ **あたまかたひざポン**
作詞不詳
イギリス民謡

あ　た　ま　か　た　ひ　ざ　ポン　　ひ　ざ　ポン　　ひ　ざ　ポン

あ　た　ま　か　た　ひ　ざ　ポン　め　みみ　はな　くち

遊び方

❶ **あたま**…両手を頭に。　❷ **かた**…両手を肩に。　❸ **ひざ**…両手をひざに。　❹ **ポン**…手拍子1回。

❺ **ひざポンひざポン**…❸❹を2回繰り返す。　　❻ **あたまかたひざポン**…❶〜❹を繰り返す。

❼ **め**…両手ひとさし指で両目を指さす。　❽ **みみ**…両手を両耳に。　❾ **はな**…両手を鼻に。　❿ **くち**…両手を口に。

アレンジ

- まゆげ、ほっぺ、首、胸、おしり、おなか、ひざ、ひじ、すね、かかとなど、❼〜❿の歌詞を替えて遊ぶ。
- 「ポン」のところで、隣の友達と握手、肩をたたく、頭をなでるなど。

＊体の部位の名称がいろいろ折り込まれていて、リズミカルに動ける楽しさも味わえますね。速くしたりゆっくりしたりなども楽しくなるコツのひとつです。

③遊び　P.59〜66と連動しています！　指導案にしたときの記述のしかたがわかります。

＊P.61の部分実習指導案の例で行なっています。

###〈3〉色水遊び

用意する物・準備
水槽または透明の容器、絵の具、洗濯洗剤用のスプーンやプラスチックスプーン、プリンやゼリーのカップ、ペットボトル、ビニールテープ、机、ぞうきん
※ペットボトルは半分に切り、縁にビニールテープを巻いておく。

遊び方
① 水槽に絵の具を溶いて入れる。
② それぞれのカップやペットボトル容器に水槽から色水を入れて、イチゴジュース・オレンジジュース・ブドウジュースなどを作る。
③ 色水を混ぜて、ミックスジュースを作る。

＊しぜんな混ざりぐあいを眺めた後、スプーンで混ぜて色の変化を楽しみましょう。すくって入れたり混ぜたりすることは、指先の動きの発達を促します。

＊P.62の部分実習指導案の例で行なっています。

〈4〉洗濯ごっこ

用意する物・準備
バケツやジョウロ、タライ、人形の服やハンカチなど、洗濯バサミ
※水を扱うので、ぬれてもよい服装に着替えておく。

＊洗濯ロープはほかの子どもたちの活動をじゃましない場所に張り、洗濯物は子どもたちが絞った後、保育者が最後にしっかり絞りましょう。

遊び方
① バケツやジョウロで水を運び、タライに水をためる。
② 人形の服やハンカチなどを入れて、ゴシゴシ洗う。
③ 園庭に洗濯ロープを張り、絞った洗濯物を掛け、洗濯バサミで留めて干す。

＊P.63の部分実習指導案の例で行なっています。

〈5〉丸ドッジ

用意する物・準備
ボール、ライン引き
※園庭にライン引きで円を描いておく。

遊び方
1. 子どもたち全員が円の中に入り、保育者ふたりが円の外から中に向かってボールを転がす。
2. ボールに当たった子どもは円の外に出て、待機場所に座る。
3. 最後のひとりになるまで行なう。
※保育者がひとりの場合は、子どもに手伝ってもらう。

アレンジ

1. 子どもたちが円の外と中に分かれる。
2. ボールに当たったら子どもは外に出て、ボールを転がす。当てた子どもは中に入る。

＊3歳児の発達について、『保育所保育指針』第2章 子どもの発達 2.発達過程 おおむね3歳 を読んで勉強してみましょう。

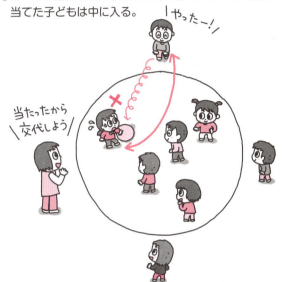

＊P.64の部分実習指導案の例で行なっています。

〈6〉手作り楽器

用意する物
プリンやゼリーの容器、ドングリ、ビニールテープ、油性フェルトペン

作り方
1. 容器に油性フェルトペンで絵を描く。

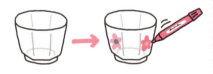

2. 容器の中に、ドングリを入れる。

3. ふたつの容器を合わせて、ビニールテープで留める。

遊び方
音楽に合わせて振り、音を鳴らして遊ぶ。

＊拾ってきたドングリを使って、自分たちで作り、それを鳴らして遊ぶという流れを大切にしたいですね。

③遊び　P.59〜66と連動しています！　指導案にしたときの記述のしかたがわかります。

＊P.65の部分実習指導案の例で行なっています。

<7>イス取りゲーム

用意する物・準備
子どもの人数分のイス
※人数分のイスを外向きに円く並べる。

遊び方
❶音楽（ピアノやCD）に合わせてイスの周りを歩き、音楽が止まったらイスに座る。存分に楽しんだ後でイス取りゲームをすると、いっそう盛り上がる。

❷イスをひとつかふたつ減らし、ゲームを続ける（参加人数によって減らすイスの数を決める）。

❸イスに座れなかった子どもは、違う場所でほかの子どもを応援する。
❹最後のひとつに座れた子どもがチャンピオン。

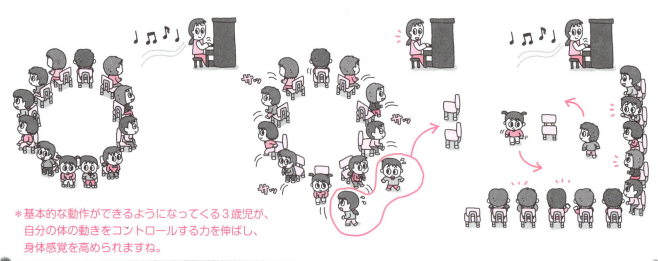

＊基本的な動作ができるようになってくる3歳児が、自分の体の動きをコントロールする力を伸ばし、身体感覚を高められますね。

＊P.66の部分実習指導案の例で行なっています。

<8>フートウ鬼

用意する物・準備
封筒、色画用紙、毛糸、フェルトペン、ハサミ、のり、両面テープ、のりふきん
※封筒の口部分、長さを調節して切る。

作り方
①色画用紙を角の形に切る。

②角に模様を描き、封筒にのりではる。

  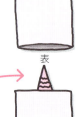

表　　裏

③封筒に目・鼻・口・歯をフェルトペンで描く。

④角付近に両面テープをはり、毛糸を付ける。

＊さまざまな大きさ・色の封筒を用意すると、遊びが広がりますね。

3歳児 ④部分実習指導案の例 〈1〉ぞうさんのさんぽ （遊びはP.54参照）
（保育所・幼稚園どちらでも使えます）

※「子どもの姿」「ねらい」「内容」「環境の構成」については、P.10〜15の該当するところを必読！ 各欄はつながっています。

5月	○日	○曜日	実習生氏名	○ ○ ○ ○
3歳児	うさぎ組	16人	（男児 8人 ／	女児 8人）

子どもの姿	動物に変身して、音楽に合わせて動くことが大好きな子どもたちが多い。●3歳児の5月のねらいは？ 進級・入園後の新しいクラスに慣れる時期です。保育者とのふれあいも含めましょう。	主な活動	仲よし遊び『ぞうさんのさんぽ』
		ねらい	保育者や友達といっしょに、ふれあって楽しむ遊び。
		内容	・ゾウになり、思い思いの表現を楽しむ。 ・歌に合わせてリズミカルに動いたり歩いたりする。

♥子どもの姿を生かして、子どもの興味や保育者の願い（ねらい）に適した内容や活動を考えていますね。

♥つながっていますね。

時間	環境の構成	予想される子どもの活動	保育者の援助・配慮
00：00	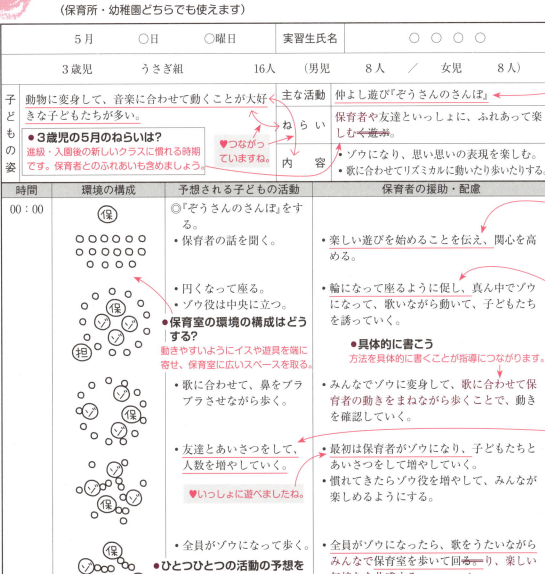	◎『ぞうさんのさんぽ』をする。 ・保育者の話を聞く。 ・円くなって座る。 ・ゾウ役は中央に立つ。 ●保育室の環境の構成はどうする？ 動きやすいようにイスや遊具を端に寄せ、保育室に広いスペースを取る。 ・歌に合わせて、鼻をブラブラさせながら歩く。 ・友達とあいさつをして、人数を増やしていく。 ♥いっしょに遊べましたね。 ・全員がゾウになって歩く。 ●ひとつひとつの活動の予想をていねいに 子どもの活動が飛躍しています。・イスに座る。・保育者の周りに集まる。などの活動があります。 ・話を聞く。 ◎うがい・手洗いをする。	・楽しい遊びを始めることを伝え、関心を高める。 ・輪になって座るように促し、真ん中でゾウになって、歌いながら動いて、子どもたちを誘っていく。 ●具体的に書こう 方法を具体的に書くことが指導につながります。 ・みんなでゾウに変身して、歌に合わせて保育者の動きをまねながら歩くことで、動きを確認していく。 ・最初は保育者がゾウになり、子どもたちとあいさつをして増やしていく。 ・慣れてきたらゾウ役を増やして、みんなが楽しめるようにする。 ・全員がゾウになったら、歌をうたいながらみんなで保育室を歩いて回る。楽しい気持ちを共感する。 ・子どもたちの感想を聞いて、楽しかったと思えるようにする。 ・室内で遊んだので、しっかりうがい・手洗いをするようにことばがけをする。
00：20	※図が大きいので動きの変化（境目）がわかりにくい。動きではなく、環境の構成を図にします。「予想される子どもの活動」と、時系列で合わせましょう。		

●子どもがわかるようにするには？
どのように伝えるのか、子どもの動きをイメージしながら、具体的に記述していきましょう。"ゾウ"について知っていることを話し合いながら、"仲よし遊び"に興味を持つようにする、歌をうたい興味を持たせるなどが考えられますね。

●シミュレーションしている？
どのようにして初めの丸い形に座ることができるか、進め方・言葉のかけ方を考えておきましょう。

●子どもたちを思い浮かべながら書こう
具体的な動きはどうなのでしょうか。分けて詳しく書くと、自分の実習指導の確認になるとともに、読み手にも遊びの流れがよくわかります。
・ゾウは友達を誘う。
・友達とあいさつをする。
・ゾウの後ろにつながる。
など。

●なぜそうするのか考えよう
このままでは"保育者の活動"ですね。なぜこの活動をするのか、意図やねらいが含まれると、援助としての文章になります。

〈反省・評価〉	〈指導・助言〉
今日はありがとうございました。子どもたちを動かす難しさを実感しました。集中して話を聞くようにしたり動きを見せたりする最初の導入部分が、とても大切だと思いました。	たくさん反省されていたので、次回に期待したいです。動物に変身するのが大好きな子どもたちなので、最初のきっかけさえつかめば、とても盛り上がると思います。 がんばってください。 担当者　　　　　　㊞

●子どもを理解しようとし続けよう！
このために保育者はどのようにすべきだったのか、または、3歳児は集中して聞くために、準備することはなかったのか、具体的に考察しましょう。

○…子ども ㊩…実習生 ㊅…担任保育者　●子どもの主体性を大切に
"子どもを動かす"という意識で指導するのではありません。子どもが主体的に遊びに取り組めるよう興味づけたり、楽しめたりするようにします。そのために指導案の流れや指導方法のシミュレーションをしっかりしておきましょう。

Ⅱ-4 3歳児の実習

59

3歳児 ④部分実習指導案の例 〈2〉あたまかたひざポン（遊びはP.55参照）
（保育所・幼稚園どちらでも使えます）

※「子どもの姿」「ねらい」「内容」「環境の構成」については、P.10～15の該当するところを必読！ 各欄はつながっています。

6月	○日	○曜日	実習生氏名	○ ○ ○ ○
3歳児	さくら組	18人	（男児 9人 ／ 女児 9人）	

子どもの姿	・歌や手遊びが好きな子どもたちが多い。 ・音楽の遊びを、友達とかかわりを持ちながら楽しむようになってきた。	主な活動	手遊び『あたまかたひざポン』をする。
^	^	ねらい	友達といっしょに手遊びを楽しむ。
^	^	内容	・リズムに合わせて指や体を動かし、表現して遊ぶ。 ・体の部位をタッチし、その名前を知る。

時間	環境の構成	予想される子どもの活動	保育者の援助・配慮
00：00	（図：保育者の前に○が並ぶ） ・保育者の前に集まる。	◎手遊びをする『あたまかたひざポン』。 ・体の部位の名前を当てて遊ぶ。 ・保育者の動きに合わせていっしょに遊ぶ。 ・いろいろな場所をタッチする（おへそ・おしり・ひじ・ひざ・指先・首・ほほ　など）。 ・友達にタッチする。 ・握手をする。	 ・「頭」「肩」「ひざ」などを順番に両手で触り、名前を当てて、次の手遊びにつながるようにする。 ・保育者が楽しむ姿で、自分たちもやってみたいと、子どもたちが関心を持てるようにする。 ・いっしょに手遊びをして、うまくできたことを褒め、子どもたちの気持ちを高めていく。 ・「め・みみ・はな・くち」のところをアレンジしながら、体のいろいろな部位の名前を知らせていく。 ・友達の肩をたたいたり頭をなでたりする動きを「め・みみ・はな・くち」のところで入れ、友達と楽しくかかわれるようにする。 ・「ポン」のところを「お隣さんと握手」の動作に変え、共通の思いを持って楽しめたことが感じられるようにする。
00：10		・手遊びについて話し合う。	・楽しんだことを共に喜び、次回への期待を持つようなことばがけをして、終了する。

〈反省・評価〉
短い時間でしたが、楽しい雰囲気で手遊びをすることができました。
子どもたちが知っている手遊びを少しアレンジしたことで、体の部位の名前に興味を持ち、友達ともかかわりながら楽しめたように思います。握手・なでる・肩たたきなどの動きを入れることで、友達といっしょに手遊びを楽しむことができました。

〈指導・助言〉
お疲れさまでした。子どもたちは、友達と楽しそうに会話しながら手遊びをしていましたね。
動きがわかりにくい子どもに目配りはできたでしょうか？　より大きな動作と、よりはっきりした言葉で示すことで、子どもはわかりやすくなり、楽しさが伝わります。
これからも、子どもたちに添った保育を目ざして、がんばっていってください。
担当者　　　　　㊞

○…子ども　㊙…実習生

● 具体的に子どもの活動を想定して
もう少し具体的に書きましょう。

●「おしり」って言ったら子どもが喜ぶだろうな！
どのようにアレンジするのか具体的に考えておくと、指導のときに安心です。「おでこ」「あご」など、部位の名前を知らない子どももいます。楽しみながら、ゆっくりと伝えていきましょう。

※予想される子どもの活動を記入しましょう。

♥ 友達とかかわるような動きを取り入れたことで、友達といっしょにすることの楽しさを味わう機会になったでしょう。この時期に育てたいねらいに向かって、経験させたい心情です。

3歳児 ④部分実習指導案の例〈3〉色水遊び（遊びはP.56参照）
（保育所・幼稚園どちらでも使えます）

※「子どもの姿」「ねらい」「内容」「環境の構成」については、P.10〜15の該当するところを必読！　各欄はつながっています。

7月	○日	○曜日	実習生氏名	○○○○
3歳児	ほし組	20人	（男児　10人 ／	女児　10人）

子どもの姿	暑くなり、シャワーや手作りおもちゃで水遊びを楽しんでいる。	主な活動	色水遊び
		ねらい	色水の美しさや不思議さに興味を持ち、ジュース屋さんを楽しむ。
		内容	・水に絵の具を混ぜて色水の変化を知る。 ・色水を容器に入れて飾ったり見せ合ったりする。

●色水からいろいろな経験を
予想される実際の活動を見ると、色水を作ったり混ぜたりする活動が主なので、その点を加えたいですね。

時間	環境の構成	予想される子どもの活動	保育者の援助・配慮
	・水槽、絵の具、スプーン、プリンやゼリーのカップ、ペットボトルを半分に切った物、机、ぞうきんを準備しておく。	●遊びを通して育てる 幼児教育は遊びを通しての指導であることを考えると、この場面で子どもは、ジュース屋さんの遊びにすでに入り込んでいます。この理解から、活動は子どもがしぜんに遊んでいる気持ちになるようにとの願いから、「保育者のジュース屋さんを見る。」に変えてみました。説明も、子どもにとっては遊びになるような言葉の工夫が必要です。	
00：00	・テントの下に机を並べる。 （図）	◎ジュース屋さんをする。 ・~~話を聞く。~~ ・保育者のジュース屋さんを見る。 ・好きな容器を選ぶ。 ・容器に色水を入れて遊ぶ。 ・混ぜる。 ・見せ合う。	・アトリエ着を着てテラスに座り、見本のジュースを見せながら、これから何が始まるのか、関心が持てるようにする。 ・いろいろな容器から好きな物を選び、楽しく遊びに入れるようにする。 ・スプーンを使って容器に入れるようにことばがけをする。 ・単色だけでなく、色を混ぜるといろいろ変化することを知らせる。 ・きれいな色ができたらほかの子どもたちにも見せて、色の混ぜ方を考えるきっかけにする。
00：20	・テント下の机に並べて飾る。	・飾る。	・なんのジュースを作ったか、ひとりずつの話を聞き、満足感が味わえるようにする。
00：30		・かたづけをする。	・入れ物を洗ったり机をふいたりして、みんなでかたづけをするように促す。 ・アトリエ着のかたづけをする。
●子どもの発達のようすをとらえよう このように加えることで、3歳児の発達のようすが具体的に伝わります。			

〈反省・評価〉	〈指導・助言〉
天気がよく、テラスでジュース遊びができてよかったです。「いちごじゅーす　できたよ」「りんごじゅーす　のんで」などと、ジュースに見たてて友達同士でお互いに言葉を交わしながら楽しく遊んでいる子どももいました。最初は容器いっぱいに色水ジュースを入れる遊びを楽しんでいましたが、あっという間に色を混ぜ合い、きれいな色も汚い色に変わっていました。周りも水びたしになり、もっと環境を考えておけばよかったと思いました。	ジュース遊びにはぴったりの天気でしたね。3歳児なので、きれいにジュースを作るというのは難しいです。混ぜてもきれいな色になる絵の具を準備しておけば、多少はだいじょうぶです。 周りがぬれるのはわかっていることなので、そのつど子どもたちにことばがけをしたり、こぼしたらふくように促したりするなど、考えていきましょう。 担当者　　　　　㊞

○…子ども　㊙…実習生

●必ず試しておくことが大切！
どのように見せていくのか、あらかじめ試しておきましょう。保育者が子どもの目の前で、絵の具に水を入れて見せることで、子どもは遊びに対する意欲を持つことができます。

●保育者の思いどおりに子どもを動かすのが保育ではない
子どもが主体的に環境にかかわり、発達に必要な体験を重ねていくように遊びを工夫しましょう。子どもたちの気づきや驚きを受け止め、共感していきましょう。豊かな感性を養うような援助事項が必要です。3歳児は、色水をジュースに見たてたりジュース屋さんのやりとりを楽しんだり飲むまねをしたりして、活動の広がりが予想できます。この点も子どもの活動と援助事項に取り入れたい点です。

♥子どもの活動をほかの子どもに見せたり知らせたりすることで、喜びや発見を共有し、経験の幅を広げることになります。保育者も子どもと同じ気持ちで、感動を表情豊かに伝えましょう。

♥反省して、次のねらい・内容や環境の構成へとつなげましょう。

3歳児 ④部分実習指導案の例 〈4〉洗濯ごっこ（遊びはP.56参照）
（保育所・幼稚園どちらでも使えます）

※「子どもの姿」「ねらい」「内容」「環境の構成」については、P.10～15の該当するところを必読！各欄はつながっています。

まずはココ！

● 活動に適した服装を考えておこう
この活動には、水着に着替える、アトリエ着と下着になる、ビーチサンダルを履くなどの準備が必要ですね。この点も記入しましょう。

※子どもといっしょに、バケツやジョウロで水を入れましょう。その際子どもの動線を考えて、環境の構成を決めましょう。

● 保育者の活動を書こう
この表記は保育者の活動なので、子どもが主体的に活動するために、どのような援助が必要かという観点で書きたいですね。

※木や遊具に洗濯ロープを張る場合は、安全面に気をつけて、子どもが干せる高さに張りましょう。ほかの活動のじゃまにならない場所を考えて、そこに張ってもよいかどうか、保育者に確認しておきます。使えそうな木や遊具がないようなら、物干し用のスタンドを用意するなど、別の方法も考えておきましょう。また、ロープを張るのに時間がかかると、子どもたちは洗濯物を落としたり、待ちきれずにふざけ合ってしまったりすることも考えられます。事前に保育者とよく打ち合わせをしておきましょう。

7月	○日	○曜日	実習生氏名	○　○　○　○
3歳児	さくらんぼ組	12人	（男児 6人 ／ 女児 6人）	

子どもの姿	保育者といっしょにバケツやジョウロに水をくんで水まきを楽しんだり、素足で砂場遊びを楽しんだりしている。※バケツやジョウロはどこから出してどこにかたづけるのか、記入しておきましょう。	主な活動	洗濯ごっこ
		ねらい	水の感触を味わい洗濯ごっこを楽しむ。
		内容	・水に触れて遊ぶ。 ・洗って絞ったり干したりする繰り返しを喜ぶ。

時間	環境の構成	予想される子どもの活動	保育者の援助・配慮
00：00	・園庭の木陰にタライのスペースを確保して置く。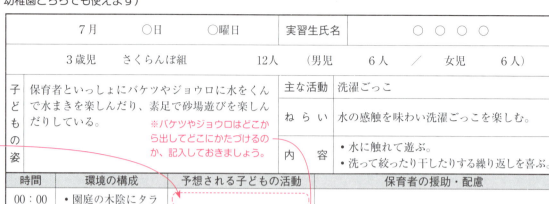	◎保育者といっしょにタライに水をくむ。 ・バケツやジョウロで水を運ぶ。 ・タライに水をためる。	※順番に並ぶことなどを、さりげなく指導していきたいですね。 ・遊具入れからバケツやジョウロを持って来て、水を入れるよう誘う。 ・タライに楽しく水が入れられるよう励ます。
00：15	・前の遊びのかたづけ時に集めた人形の服やハンカチなどは、カゴに入れて用意しておく。	◎洗濯ごっこをする。 ・人形の服やハンカチなどを入れる。 ・洗濯をする。 ・絞る。	※人形の服は人数分用意しておきましょう。取り合いの原因になります。 ・前の活動のときに集めた服を子どもが洗濯ごっこを楽しみにするように、「きれいにしようね」などと声をかけながら、いっしょにタライに入れる。 ・洗濯をしながら、水の感触を楽しむ。 ・子どもたちがそれぞれ絞った後、保育者がしっかり絞る。
	・園庭の木や遊具などに洗濯ロープを張り、洗濯バサミを準備する。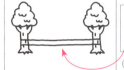 ※洗濯物の重みで、ある程度ロープが下がるので、ロープの長さや張る強さを考えましょう。	◎洗濯物を干す。 ・洗濯物を広げる。 ・洗濯ロープに掛ける。 ・洗濯バサミで留める。	・保育者はお母さんの役になりきって絞ったり干したりする姿を見せて、子どももやってみたいと思えるようにする。 ♥水の感触・冷たさ・温かさなど、子どもがいろいろな感覚で感じることを共有して、経験の幅を広げたいですね。
00：30		◎かたづける。	・使った遊具はかたづけるように促す。 ・洗濯物が乾くことや取り入れることにも、興味を持てるようにする。

〈反省・評価〉	〈指導・助言〉
暑い日だったので、水遊びはとても楽しかったようですが、タライに水を入れる段階で、洗濯遊びをする前にすでに遊び始めてしまいました。 準備物を用意するタイミングが遅くなってしまい、子どもたちを待たせてしまいました。指導者は、次の活動のためにテキパキと動かなければならないと感じました。	バケツやジョウロで遊ぶ子どもがほとんどでしたね。活動内容をよく考えて、3歳児のこの時期の実態に合わせましょう。 水が掛かるのがいやな子どももいたようです。そのような子どもにはどんな援助をしていったらよいか、今後のために考えてみましょう。 担当者　　　　　　　　　㊞

● 環境の構成の大切さに目を向けて
単に準備物を用意するのではなく、子どもが主体的に環境にかかわって経験を重ねるために、保育者はタイミングよく環境を構成・再構成していくということを知っておいてください。

※当日が雨天になった場合の内容も考えておきましょう。

※次の活動も楽しみにできるように、付け加えましょう。

3歳児 ④部分実習指導案の例 〈5〉丸ドッジ (遊びはP.57参照)
（保育所・幼稚園どちらでも使えます）

※「子どもの姿」「ねらい」「内容」「環境の構成」については、P.10〜15の該当するところを必読！ 各欄はつながっています。

まずはココ！

10月	○日	○曜日	実習生氏名	○ ○ ○ ○
3歳児	どんぐり組	15人	（男児 5人 ／ 女児 10人）	

子どもの姿	運動会を経験して、友達といっしょに体を動かすことを楽しんでいる。 ※ボール遊びへの興味や今までの経験などについても書きましょう。	主な活動	丸ドッジをする。
		ねらい	保育者や友達といっしょに、簡単なルールのある遊びを楽しむ。
	●立ち位置を考えて 保育者は、子どもから見やすい位置をいつもキープします。	内容	~~ボールを転がして、相手に当てる。~~ ~~ボールに当たらないように逃げる。~~

●「内容」を考えよう！
具体的な活動をそのまま書くのではなく、「ねらい」に対して、子どもが主体的に経験できる活動内容を大きくとらえて考えましょう。
・ボールを使って体を動かして遊ぶ。
・遊びのルールを理解して、ボールから逃げることを楽しむ。

時間	環境の構成	予想される子どもの活動	保育者の援助・配慮
00:00	・ボール	◎丸ドッジをする。	
	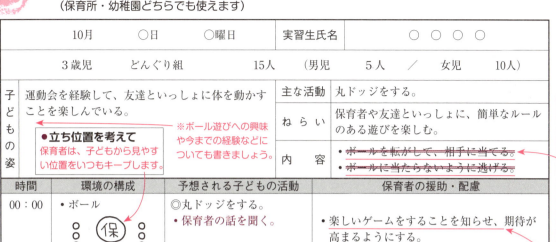	・保育者の話を聞く。	・楽しいゲームをすることを知らせ、期待が高まるようにする。
	ライン引きで円を描く	・知っていることを話し合う。	・簡単なルールを話し、理解できたか確認をする。
		・子どもは円の中に入る。 ・ゲームをする。 ・逃げる。 ・ボールを転がす。 ※この間の子どもの動き（動線）を細かく予想しましょう。	・何回か練習をしてから本番に移り、少しでもゲーム感覚をつかんで楽しめるようにする。 ・保育者もいっしょに遊びながら、さりげなくルールを伝えたり、遊びが盛り上がるような言葉をかけたりする。 ※本番ではどのような援助が必要か書きましょう。
	●子どもの位置にも配慮して 当たった子どもは、ゲームの妨げにならない場所に誘導する。	・当たったら円の外に出る。 ※×印の意味はどのようなことでしょう？ 図の意味や環境の構成としての文章を添えて、わかりやすくしましょう。	・ボールに当たったら円の外に出て座り、残っている子どもたちを応援するようことばがけをする。
			●子どもひとりひとりに目を向けよう 残った子ども、応援した子ども、両方を認めましょう。
00:15		・保育者の周りに座る。 ・保育者の話を聞く。 ・感じたことを伝える。 ※具体的な姿を示しましょう。	・最後までがんばったことを認め、次回への意欲につながるようにする。

●具体的にイメージして書こう
どうやって知らせていくのか、子どもの活動としてイメージを持ちましょう。例えば、
・保育者の話を聞く。
・知っていることを話し合う。
など、子どもの活動に反映させましょう。

●わかりやすい工夫を
子どもの集中力も切れているかもしれません。言葉の指示だけでなく、手をつないで座る場所に連れて行ったり、応援する場所にラインを引いてわかりやすくしたりしておくなど、さまざまな工夫をしましょう。

〈反省・評価〉
子どもたちといっしょに、楽しんでゲームをするということを目標にして取り組みました。いざ子どもたちを前にするとあがってしまい、ルール説明のしかたも悪く、子どもたちが集中して聞いていませんでした。
転がしドッジは、やり始めるとなんとなく逃げている子やまったく動かない子、当たっても外に出ようとしない子など、いろいろな姿があり、とまどってしまいました。
どのような場面でも対応できるようにしなければ、子どもたちが困ると思いました。
環境の構成や援助のしかたなど、まだまだ学ぶことがたくさんあり、今日はとても勉強になりました。

〈指導・助言〉
3歳児なりに楽しんでいたようです。求めているものが高すぎると、子どもたちも興味を持てなくなります。クラスの実態をよく見て計画をたててください。

●また遊びたいと思えるように
♥大切な心がけです。子どもが計画した遊びが楽しかったと思えることが、次の意欲につながります。子どもが自分たちから丸ドッジをするようになったら、この指導は成功といえます。次回への意欲につなげることの価値を感じます。

●具体的な振り返りを
どのようなな点を学ぶことができたのか、ていねいに書きましょう。

担当者　　　　　㊞

●さまざまに考えておこう
ゲームに入ったら、ルールや流れのみでなく、遊びを盛り上げるための保育者の元気な動きや励ましの言葉、トラブルの対処のしかたなども想定しておかなければなりません。

○…子ども　㋺…実習生　㊌…担任保育者

●発達に合わせた指導方法の工夫を
戸外で説明する場合、子どもはいろいろな物が目に入ってしまい、実習生には難しい場合があります。保育者が話す前に、「先生の顔が見えるかな？」「○○ちゃん、こちらを見てください」などと、子どもが話を聞ける状況をつくってから説明に入ることが大切です。また、大人に説明する場合と違って、わかりやすい言葉の工夫や、実際にしてみせる、いっしょに行ないながらルールを伝えるなど、3歳児が興味を持ちながら遊びのルールを理解していくように、さまざまな展開のしかたを考えましょう。

Ⅱ-4 ③3歳児の実習

63

3歳児 ④部分実習指導案の例〈6〉手作り楽器（遊びはP.57参照）

（保育所・幼稚園どちらでも使えます）

※「子どもの姿」「ねらい」「内容」「環境の構成」については、P.10～15の該当するところを必読！　各欄はつながっています。

10月　○日　○曜日		実習生氏名	○　○　○　○
3歳児　ぺんぎん組　28人（男児　15人　／　女児　13人）			
子どもの姿	園外保育に出かけ、ドングリやマツボックリを拾い、遊びに使っている。	主な活動	手作り楽器
		ねらい	秋の自然物を使って楽器を作り、友達といっしょにいろいろな表現を楽しむ。
		内容	・身近な素材を工夫して使って、作ったり描いたりする。 ・音楽に合わせて友達と手作り楽器を鳴らして遊ぶ。

※手遊びを楽しむような援助が必要です。

※ほかにも歌うのなら、何を用意するのか、題名を書きましょう。

時間	環境の構成	予想される子どもの活動	保育者の援助・配慮
00：00	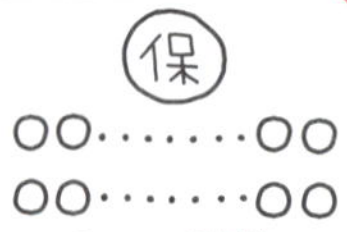 ・ハサミ・油性フェルトペンとビニールテープを置いておく。 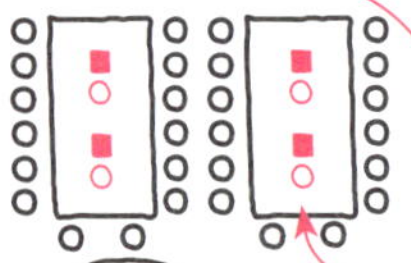	◎手遊び・歌 ・歌をうたう『どんぐりころころ』ほか。 ◎~~製作をする~~「手作り楽器」を作って遊ぶ。 ・話を聞く。 ・手作り楽器を見る。 ・音を聞く。 ・イスや机を並べる。	・製作遊びにつながる「どんぐり」の歌をうたい、興味を持てるようにする。 ・どのような楽器を作るのか、見本を見せたり音を鳴らしたりして、関心を高める。 ・机を並べて、みんなで製作の準備を始める。 ・容器に好きな絵を描くように伝える。
00：10	 ・空き容器を2個組で用意しておく。 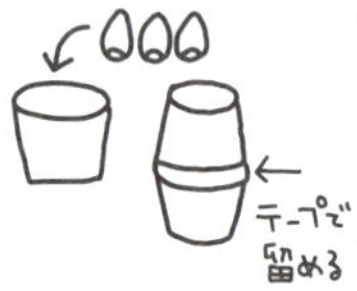	・容器に絵を描く。 ・ビニールテープで留める。	・容器にドングリを入れ、ふたつを合わせるように伝える。 ・ハサミの持ち方に気をつけるよう、ことばがけをする。 ・ハサミでビニールテープを切り、接着するが、難しい子どもには手助けをする。 ・子どもなりの留め方の工夫を認め、どのようにしたら取れずに留められるか、いっしょに考え、気づかせていく。
00：30		・楽器で遊ぶ。 ・ピアノに合わせて楽器を鳴らす。	・できあがったら音を出して楽しむ。 ・『どんぐりころころ』『山の音楽家』に合わせて鳴らしてみる。
00：45		・かたづけをする。	~~・排せつに行くよう、ことばがけをする。~~

●環境→活動→援助・配慮がつながっている？
ハサミや油性フェルトペンなどの準備物をどこに置くのか、子どものスムーズな動線を考えます。扱いやすい場所に置きましょう。

●安全・扱い方への配慮を
正しく安全な扱い方をしているか確認し、できない子どもには個別に扱い方を知らせます。

●すべてが保育です
作った楽器はどのようにかたづけるのでしょうか。どこかに置いておくのか、持ち帰るのでしょうか。記しましょう。

※必要な活動ですが、部分指導案の活動内容ではないので、ここには入れません。責任指導案に、「◎排せつをする。」と項目をたてて入れましょう。

※製作も楽器に見たてて遊ぶことも、"表現"を楽しむととらえられます。

♥言葉だけの説明ではなく、実際に見たり音を聞いたりすることで、やってみたいという気持ちにつながるでしょう。子どもが直接手に取って触り、順番に鳴らしてみるのも効果があるので、試してみましょう。

●クラスの人数が多いが…
どのような素材の容器を準備しますか？　プリンカップ・乳酸菌飲料の空き容器など、準備数も明記し、トラブルに備えて余分に準備しておきましょう。

●できたね！ よかったね！
3歳児の子どもの留め方はさまざまだと予想できます。横に留める子どもや縦に留める子どもの姿を受け止めていきましょう。作りながら、子どもの発見・喜びやできたことに対して、ていねいに応答しながら、楽しく製作をしたいものです。

●ひとりひとりを大切に
どの活動においても、早さの差は出てきます。個人差に対応していくことは、常に心に留めるべきことです。また、個人に対応しながら、同時にクラス全体へ目配りをすることも忘れないでください。

〈反省・評価〉	〈指導・助言〉
ドングリを使って遊びを考えてみましたが、子どもたちはとても喜んでくれてよかったです。 製作中は、「どうするの？」と何度も尋ねる子どもたちがいました。早い子と遅い子が出て、どのように進めていけばいいのかとまどいました。できあがったらうれしくて、すぐに鳴らしていました。 たくさん反省することもありましたが、明日からもっと積極的にかかわっていこうと思います。	お疲れさまでした。季節の物を使った遊びということで、子どもたちも楽しんでいましたね。先生が反省会で言われたとおり、自分で感じたことを実行していってください。 わからないことは、そのつど聞くようにしましょう。 担当者　　　　　　　　　　印

♥よい心がけです。

○…子ども　保…実習生

④部分実習指導案の例〈7〉イス取りゲーム（遊びはP.58参照）

（保育所・幼稚園どちらでも使えます）

2月　○日　○曜日	実習生氏名	○ ○ ○ ○	
3歳児　らっこ組　18人　（男児　10人　／　女児　8人）			
子どもの姿	簡単なゲームを通して、友達と遊ぶきっかけになってきている。 ●**どのようなゲーム?** 実際にクラスで行なわれているゲームが観察されていたら、具体的にゲーム名を書くとわかりやすいでしょう。	主な活動	イス取りゲーム
		ねらい	友達といっしょにルールを守って、簡単なゲームを楽しむ。
		内容	• ~~音楽に合わせて歩き、止まったら座る。~~ • ~~イスに座れなくても、周りで応援する。~~

時間	環境の構成	予想される子どもの活動	保育者の援助・配慮
00：00	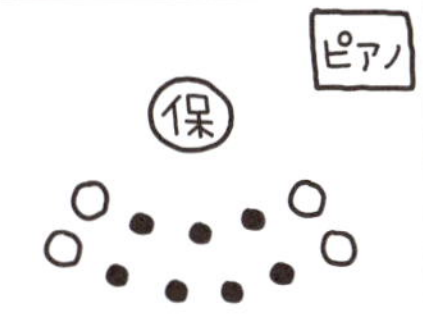ピアノ 保 • 人数分のイスを外向きに円く並べる。 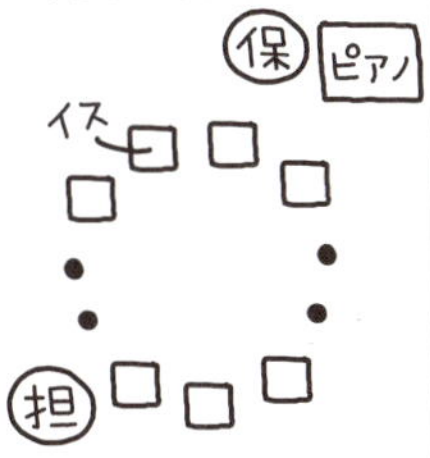保 ピアノ イス 担	◎イス取りゲームをする。 • 保育者の話を聞く。 • イスを並べる。 • 音楽に合わせてイスの周りを歩く。 • 音楽が止まったらイスに座る。 • 何回か繰り返す。	• イス取りゲームのルールを伝えて、興味が持てるようにする。 • 初めは音だけでなく、保育者も「スタート」「座りましょう」などと言葉を添えて、ゲームのルールを知らせていく。 • ~~何回か練習することで~~実際に遊びながら、ルール~~がわかるようにする~~を伝えていく。
00：20 00：30	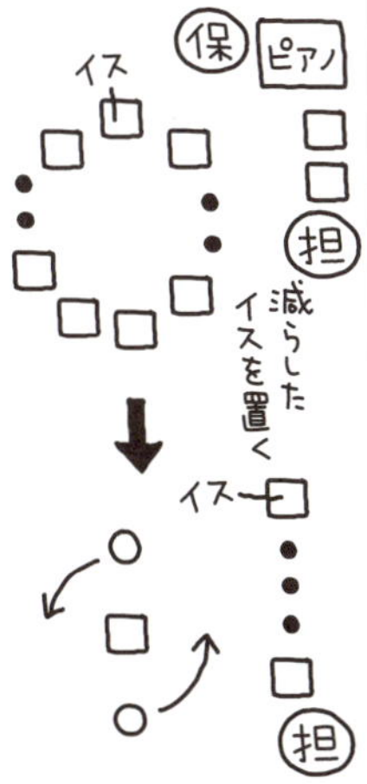保 ピアノ イス 担 減らしたイスを置く イス 担	• イスをひとつずつ減らしていくルールでゲームを楽しむ。 • イスに座れなかった子どもは、違う場所でほかの子どもを応援する。 • 参加人数によって、減らすイスの数を決める。 • イスが少なくなるにつれ、ドキドキ・ワクワクすることを、みんなで楽しむ。 ※これは保育者の援助でしょう。	• イスをひとつずつ減らし、座れなかったら周りで応援するように伝える。 まずはココ! ●**できればクラスの子どもを思い浮かべながら** 例えば、ルールがわかりにくい子どもにどのように伝えるか、イスの取り合いで自己主張する子どもにどう対応するかなど、ゲーム中にどのようなトラブルが予想され、どういった援助が必要か、考えておきましょう。 • どんどんイスを減らしていき、がんばって座るように励ます。 • 最後に残った子どもを、みんなで拍手をして褒める。 • ほかの子どももがんばったことを認める。 • 応援していた子どもたちのがんばりも認め、次回への期待につなげていく。

〈反省・評価〉	〈指導・助言〉
初めての設定保育で、とても緊張しました。 話をしていると子どもたちが次々と話を始め、こちらのルール説明がなかなかできませんでした。話に興味を持ってくれるように、工夫しなければと思いました。 遊びは、思ったほど盛り上がりませんでした。 ※なぜなのか考えてみましょう。	異年齢で遊んだことがあるため、ルールはある程度わかっていたと思います。ある程度経験を重ねないと、スムーズにゲームが進みません。 今日の段階では、十分に楽しんでいたようです。実際に保育をしてみて初めてわかることもたくさんあります。がんばってください。 担当者　㊞

○…子ども　㊗…実習生　㊟…担任保育者

※あらかじめ想定しておくことで、改善されていきます。3歳児の理解のしかたや興味に合わせた指導の展開を工夫することが大切です。

※どのような工夫ができるでしょう。

※「子どもの姿」「ねらい」「内容」「環境の構成」については、P.10～15の該当するところを必読！　各欄はつながっています。

※活動そのものが書かれていますが、経験する内容を、少し大きくとらえて書きましょう。
• イス取りゲームのルールがわかる。
• 音楽に合わせて動く。
• 友達を応援して楽しむ。
などでしょうか。

●**具体的に考える例として**
子どもにどのように伝えるのがよいか、いくつか予想してみましょう。例えば、音楽に合わせてその場で立ったり座ったりする、隣のイスにお引っ越しをしてみるなど、イス取りゲームに入る前に、簡単なルールで順を追って始めてみる方法が考えられます。説明も一方的に行なうのではなく、子どもの興味をひく内容、保育者の話し方の工夫、保育者とのやりとりなど、すべてを考慮して、子どもに対応したいと思います。この内容や方法によって予想される子どもの活動は、
• 保育者と○○について話し合う。
• 保育者の話を聞く。
• 友達とイスに座りっこする。
など、具体的になってきます。

●**練習も遊びとして楽しもう**
"練習"と思わずに、子どもにとってはすべてが"本番の遊び"ととらえましょう。

♥すべての子どもがゲームに参加し、盛り上げていったことを受け止めた対応だと思います。子どものうれしかったこと・悔しかったことなどに共感する言葉をかけていきましょう。

3歳児 ④部分実習指導案の例〈8〉フートウ鬼(遊びはP.58参照)
(保育所・幼稚園どちらでも使えます)

※「子どもの姿」「ねらい」「内容」「環境の構成」については、P.10〜15の該当するところを必読！ 各欄はつながっています。

● **環境の構成のポイントを考えて**
子どもが扱いやすいように並べる、取りやすい位置に置くなど、環境構成のポイントや配慮も考えておきましょう。

● **遊びやすくするために**
指ふき用タオルや、必要に応じてのり用敷き紙も用意しましょう。準備物を用意周到に。のりとハサミは、各自席に着く前にあらかじめ準備しておき、保育者の導入(興味づけ)後、すぐ製作に入れるようにすると、指導の流れが途切れないですね。子どもがスムーズに動けるよう考えましょう。

※ていねいな援助が考えられます。子どもはのりの扱いに慣れていないことが多く、指4本を使ったり付けすぎたり、逆に触るのをいやがる子どももいます。ひとさし指の先に少しだけのりを付け、薄く伸ばすなどの指導は、大切なポイントです。

♥いろいろな顔の表情を具体的に知らせることで、子ども自身の気づきにつながり、多様な作品作りが期待できます。

2月	○日	○曜日	実習生氏名	○ ○ ○ ○
3歳児	もも組	18人	(男児 10人 /	女児 8人)

子どもの姿	手先が器用になり、細かい絵を描いたり切ったりする活動を楽しんでいる。※日ごろの造形に関する具体的なイメージを持って考えましょう。	主な活動	封筒で鬼を作る。
		ねらい	いろいろな鬼を想像して、自分なりの表現を楽しむ。
		内容	・身近な材料や用具を使って作ったり描いたりする。 ・作った鬼を飾ったり手にはめて遊んだりする。

時間	環境の構成	予想される子どもの活動	保育者の援助・配慮
00:00		◎絵本を見る『おなかのなかにおにがいる』。 ・鬼について話を聞く。	※「・身近な材料や用具を自分なりに考えて使って、作ったり描いたりする。」としましょう。 ●**何で見せる？** 絵本？ ペープサート？ 絵？ ・封筒を動かしたり封筒が話をしているように見せたりして、何が始まるのか期待が持てるようにする。
00:15	・机の上に材料を並べる。 [材料 ペン 保 ○○○ ○○ 担] ※材料・用具を記す。	◎フートウ鬼を作る。 ・封筒を見る。 ●**わかりやすく書こう** 封筒に着色しているのでしょうか。角のことでしょうか？ 準備物に明記しましょう。 ・封筒、角の紙を選ぶ。 ・のりとハサミを用意する。 ・作り方を聞く。 ※"子どもの前で作りながら、鬼を完成させていく"という状況でしょうか。自分でも説明内容どおりの手順のイメージを持ち、具体的に、上記のように書きましょう。 ・ハサミで切る。 ・フェルトペンで描く。 ・のりではる。 ・目・鼻・口・歯を描く。 ・両面テープで毛糸の髪の毛を付ける。	・いろいろな表情の鬼を見せ、子どもたちといっしょに表現してみる。 ・好きな色が選べるようにすることで、作りたいと思う気持ちが高まるようにする。 ・のりなどは作業のしやすさを考えて、机の上に置く。 ・順番に作り方を知らせ、どんな顔ができあがるのかを楽しみにできるようにする。 ・ハサミの持ち方や切り方を確認し、個々に声をかけ、適切な扱い方を知らせる。 ・のりは紙に薄く伸ばすように付けることを伝える。 ・手に付いたら、のりふきんできれいにするように促す。 ・怒った顔・泣いた顔・笑った顔など、いろいろな表情があることを伝える。 ・顔が描けたら両面テープをはり、毛糸を好きな髪型にして付けるように伝える。 ・ハサミとのりをかたづけるように促す。
00:35		・遊ぶ。	・のりが乾いたら封筒の中に手を入れ、動かしたり話をしたりして、遊んでもいいことを知らせる。
00:45	※準備物に書いておきましょう。	・かたづけをする。	・いつでも遊べるように、ペットボトルにかぶせるようにして飾る。

〈反省・評価〉
季節に沿った内容を考えて、鬼をテーマにしました。絵本を通していろいろな鬼を知らせ、次の活動につながるようにしたので、とても興味を持って取り組んでくれました。自分たちで怒った顔・笑った顔を表現したのもよかったように思います。表情のイメージが持ちやすく、子どもたちも友達と話をしながら作っていました。できあがると、友達と簡単な会話をする姿や動かして遊んでいる姿が見られ、フートウ鬼に親しんでいたようです。

〈指導・助言〉
楽しい表情の鬼がたくさんできましたね。封筒を使った鬼は子どもたちに合った大きさで、扱いやすかったですね。一週間で子どもたちの姿を把握するのは大変だったと思いますが、とても楽しく、子どもたちに沿った内容でした。
※指導の中で子どもの工夫やそれぞれの表現方法に気づき、褒めたり認め合ったりすると、子どもの意欲につながります。援助に一文加えておきましょう。

担当者　　　　　㊞

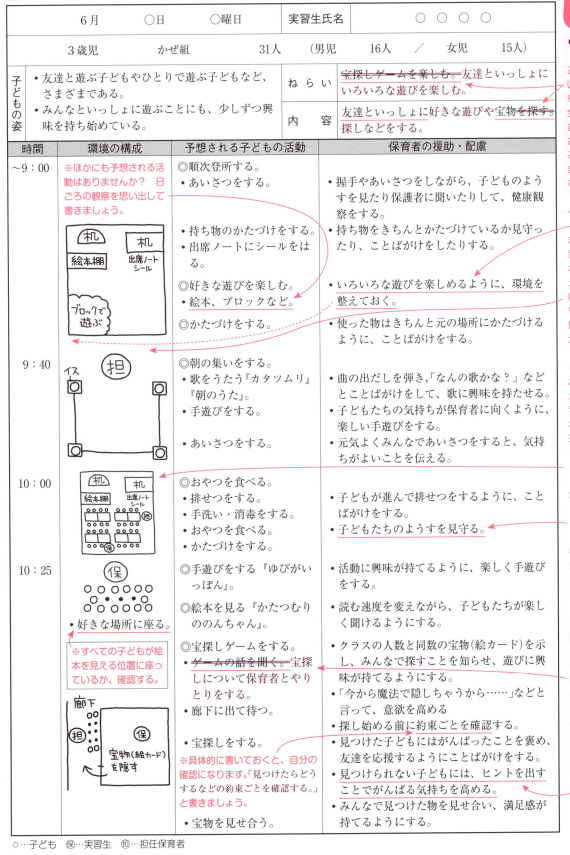

3歳児 ⑤ 責任実習指導案の例〈保育所〉(前ページの続き)

時間	環境の構成	予想される子どもの活動	保育者の援助・配慮
10:45		◎好きな遊びをする(戸外)。 ・砂場など。	・子どもたちといっしょに遊び、場の雰囲気を盛り上げる。 ・安全面に気をつける。
11:35		◎かたづけをする。 ・使った物をかたづける。 ◎手洗い・うがい、排せつをする。	・使った物は元の場所にかたづけるように励ます。 ・ていねいに行なっているか見守ったり、ことばがけをしたりする。 ・子どもたちといっしょに、手洗いの順番を確認しながら行なう。
11:45	机 机 絵本棚 出席ノート シール ○○○○ ○○○○ ○○○○ ○○○○ 担 ○○○○ ○○○○ ○○○○ ○○○○ 保	◎みんなで給食を食べる。 ・机をふく。 ・準備をする。 ・「いただきます」のあいさつをする。 ・給食を食べる。 ・「ごちそうさま」のあいさつをする。 ・かたづけをする。 ・歯みがきをする。	・準備ができた子どもから、席を見つけて座るように促す。 ・楽しい雰囲気で食事ができるようにする。 ・好き嫌いなく全部食べられるように励ます。 ・いっしょに鏡を見ながらみがき、みがき忘れがないようにことばがけをする。 ・子どもたちといっしょに保育室の掃除をして、きれいにすると気持ちがよいことを伝える。
12:40	机 □□□□ □□□□□ □□□□□ □□□□□ □□□□□ 布団 □□□□	◎午睡の準備をする。 ・着替えをする。 ・絵本を見る『ねむれないこぶた』。	・着替えのようすを見守り、困っている子どもには手助けをする。 ・子どもたちが絵本を楽しめるように、読み方を工夫する。
13:00		◎午睡をする。	・トントンたたいたり頭やおでこをさすったりして、眠りに入りやすいようにする。
15:00		◎起床する。 ・排せつをする。 ・着替えをする。	・カーテンを開けて電気をつけ、子どもたちが目覚めやすいようにする。 ・優しく声をかけて起こし、排せつをするよう促す。 ・着替え終わった子どもたちには、おやつの準備をするようにことばがけをする。
15:20	机 机 絵本棚 出席ノート シール ○○○○ ○○○○ ○○○○ ○○○○ 担 ○○○○ ○○○○ ○○○○ ○○○○ 保	◎おやつを食べる。 ・手洗い・消毒をする。 ・手遊びをする。 ・保育者や友達といっしょに食べる。 ・かたづける。 ◎降園準備をする。 ・持ち物をカバンに入れる。 ◎歌をうたう『バスごっこ』『おかえりのうた』。	●曲名は? どのような手遊びをしますか? ・みんなが準備できるまで、手遊びをして待つようにする。 ・いっしょに会話をしながら、楽しい雰囲気で食べる。 ・忘れ物がないように確認する。 ・元気な声で歌をうたうように励ます。

○…子ども ㊝…実習生 担…担任保育者

※記録などを参考に、ほかに予想される活動を記入しましょう。

● **安全への配慮を**
具体的に書きましょう。遊具の扱い方は? 安全点検は? さまざまな安全面への配慮を考えましょう。

● **具体的に**
どのような手順で準備をするのでしょうか。具体的に書くことで、指導時の確認になります。

※給食や歯みがきに必要な準備物・環境の構成はありませんか。
・食器置きのテーブル
・食器 など

まずはココ!

● **食育への配慮を**
食事のあいさつは、調理師さんらの働きに気づき、感謝の気持ちを持つようになる機会ととらえることで、食育の一環といえるでしょう。ほかにも、食事の望ましい習慣が身につくように、保育者の援助として考えられることを書きましょう。

※6月の季節を考えると、空調管理への配慮はいりませんか?

● **ほかに配慮が必要なことは?**
早さの違いがあることを考慮に入れておきましょう。自分でしようとする姿を励ますことも考えられます。

時間	環境の構成	予想される子どもの活動	保育者の援助・配慮
16：00		◎保育者の話を聞く。 ◎あいさつをする。 ◎順次降所する。 ◎延長保育 ・保育室を移動する。	・小さな声で話をし、子どもたちが興味を持つようする。 ・元気にあいさつをして、明日への期待につなげる。 ・名前を呼んで人数を確認する。 ・担当の保育者に子どものようすを伝える。

●何を話す？
どのような内容を伝えるのでしょうか？　楽しかった一日のことを振り返るのですか？　あしたの予定の連絡ですか？　具体的に考えておきましょう。

〈反省・評価〉
今日は責任実習をさせていただきましたが、一日子どもたちを動かすことの大変さがわかりました。
宝探しゲームでは、廊下から保育室に戻るとき、気をつけるべきことをきちんと伝えきれなかったため、入室してすぐに宝物を探そうとしたり走り回ったりしてしまい、それが落ち着かなかった原因です。
また、ゲーム終了の言葉がけがうまくまとめきれませんでした。担当する年齢の子どもたちが理解できる言葉のバリエーションを増やしていくことも必要だと感じました。
反省ばかりですが、ひとつだけうれしかったことは、宝物を見つけたときの子どもの表情が明るく、とても喜んでいたことです。明日からの保育実習の励みとなりました。ありがとうございました。

〈指導・助言〉
朝から夕方まで気を張って休む間もなく、お疲れさまでした。一日を通して、保育者の仕事や子どもたちの動き、生活の流れがわかったと思います。補助につくのと、自分がリーダーとして保育をするのとではずいぶん違います。経験をすることで、自分自身も成長していきます。来週からもがんばってください。

●この欄の意味を考えよう
一日の計画に対して、実際の保育はどうであったのか、保育者のねらいと子どもの姿はかけ離れていなかったのか、具体的に一日を通した反省項目を見つめて記していきましょう。

担当者　　　　　　　　　㊞

●これは重大なまちがい！
このとらえ方は、"幼児の主体的な生活"に反しますから、言葉を選びましょう。本質的に子どもを動かすのではなく、子どもの主体的な環境へのかかわりによって、発達に必要な体験ができるように遊びを考えるのが保育です。

♥反省の多い一日で、落ち込むこともあったでしょうね。その中で子どもたちの明るさや喜びを感じ、実習生自身の励みとして力をもらっているという実感を持てたのは、すばらしいことです。これからも子ども自身の喜びを感じられる保育者でいてくださいね。

Ⅱ-4　③歳児の実習

3歳児 ⑤ 責任実習指導案の例〈幼稚園〉

※「子どもの姿」「ねらい」「内容」「環境の構成」については、P.10〜15の該当するところを必読！ 各欄はつながっています。

♥この子どもの姿に関連させた「クルクルプロペラ」作りは、日常の活動経験を生かした遊びが広がるよい計画ですね。

10月	○日	○曜日	実習生氏名	○ ○ ○ ○
3歳児	ぱんだ組	20人	(男児 11人 / 女児 9人)	

子どもの姿	・数人の子どもたちが、遊ぶ物を作り、イメージを広げて楽しんでいる。 ・自然の変化に興味を持ち始めている。	ねらい	~~友達といっしょに高いところから落として、楽しく遊ぶ。~~
		内容	・友達と言葉のやりとりをし、楽しく遊ぶ。 ~~・クルクルプロペラを作り、回転するようすを楽しむ。~~

●「ねらい」と「内容」は？
責任実習なので、一日を見通した「ねらい」と「内容」になります。例えば、「友達とふれあいながら、いろいろな遊びを楽しむ。」など、「ねらい」は大きくとらえましょう。そのための内容として、ふたつめの文を「いろいろな材料や道具を使って、工夫して遊ぶ。」とすると、「クルクルプロペラ」作りや好きな遊びでの活動など、広く含まれることになります。

●やってみた？
準備する画用紙に、どのように線を入れたものを準備するのか、図示するとわかりやすいです。

●励ますだけでは…
作り方がわかりにくい子どもも、作る早さの違う子どもに、どう対応するか考えておきましょう。

●遊ぶために！
「・場所を移動する」または「・机とイスをかたづける」などの、環境の構成が考えられます。

●いつも子どものことを考えて書こう
このために保育者はどのようなかかわり（援助）をするのか、具体的に考えましょう。

時間	環境の構成	予想される子どもの活動	保育者の援助・配慮
9：00		◎登園する。 ・あいさつをする。 ・持ち物のかたづけをする。 ・出席ノートにシールをはる。	・笑顔でひとりひとりの子どもと握手をしながらあいさつを交わし、健康観察をする。 ・持ち物のかたづけは、子どもの状況に合わせて援助をしたり見守ったりする。
9：10	ピアノ／机／絵本／絵を描く／ブロック／ロッカー／ままごとコーナー／出入り口／シールはり	◎好きな遊びをする。 ・ままごと、お絵描き、折り紙、ブロックなど。 ◎かたづけをする。	・好きな遊びをする子どもたちを見守ったり、いっしょに遊んだりしながら、場の雰囲気を盛り上げる。 ・子どもたちが進んでかたづけをするように、ことばがけをしながらいっしょに行なう。
9：50	(机の配置図・保)	◎製作「クルクルプロペラ」を作る。 ・話を聞く。 ・長方形の画用紙に絵を描く。 ・線の部分をハサミで切る。 ・折って完成させる。 ・作った「クルクルプロペラ」で遊ぶ。 ・かたづけをする。	・作る物の見本を見せながら話し、興味が持てるようにする。 ・フェルトペンを使って、好きな絵を描くように伝える。 ・ハサミの持ち方や切り方を確認し、安全に使えるようにする。 ・最後まで作れるように、<u>ひとりひとりを励ます。</u> ・できあがったら、ハサミやフェルトペンをかたづけるようにことばがけをする。 ・高い所から落とすとクルクル回ることに気づけるように、何回も繰り返す。 ・各自がどのように遊んだか、保育者が話を聞き、満足感が持てるようにする。 ※クルクルプロペラは、どこにどのようにかたづけるのか決めておき、子どもたちに伝えましょう。
11：00		◎好きな遊びをする。 ・総合遊具、砂場遊び、縄跳びなど。 ※環境を整える内容ですので、環境の構成に書きます。 ◎かたづけをする。 ◎手洗い・うがい、排せつをする。	・雨上がりのときは、ぞうきんで総合遊具をふき、安全に遊べるようにする。 ・友達や保育者といっしょに、元気よく体を動かして遊べるようにする。 ・使った物は元の場所にかたづけるように、ことばがけをする。 ・しっかりうがい・手洗いをして、病気の予防を行なう。

○…子ども （保）…実習生

時間	環境の構成	予想される子どもの活動	保育者の援助・配慮
12:00	（図：机の配置、保） ※弁当時、準備する物は図のほかに文章でも書きましょう。	◎弁当を食べる。 ・机をふく。 ・準備をする。 ・歌をうたう『おべんとうのうた』。 ・あいさつをする。 ・弁当を食べる。 ・かたづける。 ・歯みがきをする。	（空欄） ・落ち着いて食事ができるように、静かにことばがけをする。 ・楽しい雰囲気で食事ができるようにする。 （空欄）
12:40		◎好きな遊びをする。 ・パズル、ブロック、絵本、ごっこ遊びなど。	・子どもたちが安全に遊んでいるか見守る。 ・いっしょに遊びながら、場が盛り上がるようにする。
13:~~20~~15		◎かたづける。 ◎手洗い・うがい・排せつをする。	・使った物はきちんと元の場所に入れるように、ことばがけをする。 （空欄）
13:~~40~~35	（図：保と子どもたちが半円に並ぶ）	◎絵本を見る『かぜがふいてきた』。	・秋らしい絵本を読むことで、季節感を伝える。 ・登場人物の気持ちが伝わるように、感情を込めて読む。
13:~~50~~45	※10分間では、降園準備に十分な援助ができないかもしれません。あと5分は余裕を持ちたいです。	◎降園準備をする。 ・持ち物をカバンに入れる。 ・歌をうたう『さよなら』。	・身じたくができているか、見守ったり援助をしたりする。
14:00		◎降園する。	・ひとりひとりにあいさつをして笑顔で送り出し、明日へつなげる。

〈反省・評価〉
今日の保育は、緊張のためすべてがうまくできませんでした。
朝の登園時は、子どもたちを迎えるためにずっと靴箱の所に立っていました。登園して来た子どもたちにあいさつはできたものの、その後室内でどのような遊びをしていたのか、まったく把握することができませんでした。
製作については、週のねらいに沿った活動ができたのでよかったと思います。
初めての責任実習を経験して、たくさん学ぶことができました。自分の立ち位置やどのようなことばがけをするのか、遊びの細かい案などです。
明日から自分で考え、がんばっていこうと思います。

〈指導・助言〉
反省会で言われたとおり、必死になりすぎて、子どもたちのようすを把握できなかったところがありましたね。初めてのことなので、うまくいかなくて当然です。ここから自分なりに考え、勉強して、次回は少しでもいいところが増えるようにがんばってください。

♥見通しが持てることは大切です。

担当者　　　　　　　㊞

●反省で忘れてはいけない視点
・子どもの発達面から見た「ねらい」の検証…「ねらい」は達成できたか？
・保育者の保育そのものに対する反省。

●忘れないうちに書いておこう
子どもの準備について、援助・配慮事項はありませんか？ 記録を読み返して、保育者は何をしていたか思い出してみましょう。具体的に書いておくことで、保育をきちんとイメージすることにつながります。

●感謝の気持ちを表現しよう
あいさつを通して、お弁当を作ってくれた保護者や湯茶の準備をしてくれた職員さんへの感謝の気持ちを表現していきましょう。

●すべての子どもの活動に配慮を
子どもに健康な習慣をつけるために、保育者がしなければならない援助があるはずです。

●大切なこと！
好きな遊びでは、3歳児のこの時期の発達をふまえて考えられる援助事項があると思われます。例えば友達とのかかわりが多くなるため、けんかが起きる、言葉を交わす心地よさを感じる、さらに子どもの姿に書かれていることから、生活や好きな遊びの中で取り上げるべき援助がもう少し考えられるのではないでしょうか。目の前の子どもの経験をふまえて、興味・関心・発達に即しつつ、"今、このクラスのこの日"を大切にした日案になることを願っています。

Ⅱ-5

4 歳児の実習

集団生活にも慣れ、友達といっしょに遊ぶことが楽しくなってきますが、中には、2年保育で4歳から入園してくるため、集団に慣れていない子どももいます。ひとりひとりをよく観察して、子どもに合った援助ができるように学んでいきましょう。

①実習のポイント

生活習慣
基本的な生活習慣の確立へ

園での集団生活経験の違いで、生活習慣が身についていない子どももいます。いっしょにうがいや手洗いなどをしながら、ことばがけをしていきましょう。

先生や友達と
実習生に頼ったり甘えたりする

ふだんは自分たちでやっていることでも、ひとり占めしたい気持ちや甘えから、実習生のそばを離れない子どもたちも出てきます。いっしょに遊ぶときと自分たちでがんばってやるときなど、メリハリをつけ、励ましていきましょう。

せんせい あのね…

今から みんなで…

発達
状況説明ができるようになる

トラブルが起きたときや話し合いのときなどに、状況を話せるようになってきます。お互いの話をよく聞くように援助しますが、反省会などで報告し、担任保育者の指導を仰ぎましょう。

遊び
友達への関心が高まる

友達とのいろいろなかかわりが深まり、ジャンケンでの勝ち負けや競争などにも関心が高まる時期です。好きな遊びや部分実習の時間などに取り入れて、みんなでさまざまに遊べるように工夫してみましょう。

今は○○先生のお話を聞こうね♥

遊び
集団でルールのある遊びを楽しむ

鬼ごっこやかくれんぼうなど、ルールのある遊びを好むようになります。いっしょに遊びを楽しんでいきましょう。子どもの気持ちや発想を知ることができます。

ゲームをします！

ヤッター〜！！

次ページからの読み方

まずはここから見てみよう！

● ………気をつけたいこと
♥ ………よい視点・表現
※ ………注意事項など

野線で囲っている朱書きは保育をするうえでのアドバイス、囲みなしは記入するうえでのアドバイス。

4歳児 ②実習日誌・記録の例〈保育所〉

実習生氏名

6月	○日	○曜日	天候　晴れ	担任	○　○　○　○	先生

4歳児	りんご組	34人（男児　18人　／　女児　15人）　欠席　3人

実習生の目標	一日の流れを覚える。	今日の主な活動	散歩をする。

ねらい	~~小さい~~ 2（3）歳児クラスの子どもたちをいたわりながら、散歩をする。

内　容	・~~いっしょに手をつないで公園まで歩く~~ 戸外で遊んだり散歩をしたりして、友達や異年齢児と楽しく過ごす。

時間	環境の構成	子どもの活動	保育者の援助・配慮	実習生の動き・気づき
～9：00	※「～と～と」「～に～に」「～で～で」など、同音の助詞を繰り返すのはできるだけ避け、可能なら別の言葉に置き換えましょう。 （保育室の図：机・机、ロッカー・ロッカー、ピアノ、ブロック、描画、イス、出入り口）	◎順次登所する。 ・あいさつをする。 ・持ち物のかたづけをする。 ◎好きな遊びをする。 ・絵を描く、ブロックなど。	・明るい表情で子どもと ~~ハキハキ~~ したあいさつを交わし、健康観察をする。 ・進んで持ち物をかたづけられるように励ます。 ・子どもたちが楽しくなるように、いっしょに遊ぶ。	・ひとりひとりの子どもとあいさつを交わす。 ・子どもたちが描いた絵について話を聞き、コミュニケーションを取る。
9：10		◎かたづけをする。	・みんなでかたづけをするように、ことばがけをする。	・いっしょにかたづけをする。
9：20	（体操隊形の図：保、子どもの並び） （散歩隊形の図：保・保、年中○○○年少○○○年中、実・実）	◎体操をする「あいさつ体操」「ラジオ体操」。 ◎散歩に出かける。 ・2（3）歳児クラスと手をつなぐ。 ・出かける。	・体操の中でがんばってほしい動きを伝え、見本を見せる。 ・~~小さい~~ 2（3）歳児クラスの子どもたちをしっかりお世話できるように励ます。	・子どもといっしょに体操をする。 ・溝や自転車など危険なところがたくさんあるので、気をつけるようにことばがけをする。
	（点線枠：※ボール入れなどを準備しましょう。）	◎好きな遊びをする（戸外）。 ・サッカー、砂場など。	・自分から遊びに入れてもらえるように、ことばがけをする。	・遊びが盛り上がるように、会話を楽しむ。
11：30	（点線枠）	◎かたづけをする。 ・使った物をかたづける。 ◎手洗い・うがい、排せつをする。	・使った物はみんなでかたづけをするように、ことばがけをする。 ・子どもたちといっしょに手洗いやうがいをして、ていねいに行なえるようにする。	・子どもたちといっしょにかたづけをする。 ・子どもたちのようすを見守る。

○…子ども　㋑…保育者　実…実習生

右欄（ポイント解説）

※「ねらい」「内容」「環境の構成」については、P.10～15の該当するところを必読！各欄はつながっています。

※ふだんはこのように呼んでいるようですが、記録には「○歳児クラス」と書きましょう。

まずはココ！

● 「ねらい」を具体的に例示すると

散歩の「ねらい」をあげたいところですが、その後の戸外遊びも含めて、一日を見通した「ねらい」にします。さらにもうひとつ、一日を大きくとらえた「ねらい」を入れましょう。それによって、「内容」についても再考が必要です。
・2（3）歳児といっしょに散歩をする。
・気の合う友達といっしょに好きな遊びをする。
・食事、排せつ、着脱などを自分でしようとする。
などでしょうか（ただし担任が提示した「ねらい」と「内容」であれば、このまま記載しましょう）。

● 保育者はどのように？
保育者の動きから学びましょう。その事がらが記述に反映されることが望ましいですね。

※近所の公園？　商店街？田んぼ？　園の周辺？　記録しておくと、子どもへの援助や実習生の動きに反映されていくでしょう。どこにどのような目的で行くのかも考えたいところです。

※「ねらい」にもあがっているので、その視点からの実習生の動き・気づきを考えてみましょう。

※必要な準備物はありませんか？
・サッカーボール、砂場遊具など。
また、所（園）庭での空間の使い方について、環境の構成に書くことはありませんか？

Ⅱ-5　4歳児の実習

4歳児 ②実習日誌・記録の例〈保育所〉(前ページの続き)

まずはココ!

●表の横のつながりを忘れずに
配膳などに備えた、環境の構成・準備物はないのでしょうか。あれば書きましょう。そこから子どもの動線なども観察しましょう。

●あたりまえのことも書いてみよう
実習生もいっしょに元気にあいさつをして、雰囲気づくりをしていきたいですね。

●文字でも説明を
これは午睡のために保育室に敷いているのでしょうか。次の好きな遊びをする場所に対して、環境の構成との関係が不明です。わかるように書きましょう。

●自分の動き・気づき欄に記入してこそ実習生!
実習生はどう対応していったのでしょうか? 書きましょう。

●空欄にしないように
観察した遊びと環境の構成を記しましょう。保育者にも聞いて、積極的に実習に取り組みましょう。

※絵本の題名や保育者の援助、実習生の動きを記録しましょう。横のつながりを意識して書きます。

♥「食事のマナー」「楽しい雰囲気」「メニューに興味を持たせる」など、昼食やおやつ時における保育者の援助のポイントを記述していますね。『保育所保育指針』では、食育の推進を明記しています。実習生の動きもその点を意識しながら、保育に参加していきましょう。

時間	環境の構成	子どもの活動	保育者の援助・配慮	実習生の動き・気づき
11:40		◎給食を食べる。 ・準備をする。 ・消毒をする。	・当番の子どもたちが配りやすいように、見本を見せる。 ・静かな曲を流し、心を落ち着けて聞きながら待てるようにする。	・子どもたちのようすを見守る。
	※途中に読点を入れたり言葉を置き換えたりして、「の」を3回以上続けないようにしましょう。また、文脈から判断できるので、文章をすっきりさせるために、「小さいころの」を削って「実習生自身の給食の〜」としてもかまいません。	・あいさつをする。	・気持ちよくあいさつができるように、ことばがけをする。	
		・給食を食べる。	・食事のマナーに気をつけながら、楽しい雰囲気で食べられるようにする。	・食事が楽しくなるよう、食材のことや、実習生自身の小さかったころの給食の思い出の話などをしながら食べる。
	布団 布団	◎かたづける。 ・歯みがきをする。 ・掃除をする。 ・ゴザ・布団を敷く。	・子どもたちが意欲的に掃除できるように、励ましたり見守ったりする。	
12:40		◎好きな遊びをする。		・いっしょに体を動かして、遊びが楽しくなるようにする。
		◎かたづけをする。	・最後までかたづけるように励ます。	・励ましながら、いっしょにかたづけをする。
		◎うがい・手洗い、排せつをする。	・しっかり行なうように、ことばがけをする。	・トイレに行き、全員が済ませるまで子どもたちのようすを見守る。
13:30		◎午睡の準備をする。 ・着替えをする。	・汗をふいて着替えをするように、ことばがけをする。	・着替えのようすを見たり手伝ったりする。
		・絵本を見る。		
		◎午睡をする。	・安心して眠れるように、頭や足をなでる。 ※"かぜ"と限定してしまわないほうがよいでしょう。	・かぜをひかない 冷えないように、タオルケットをおなかに掛けるよう、ことばがけをする。
15:00		◎起床する。 ・排せつをする。 ・着替えをする。	・起きた順に、排せつに行くよう促す。	・布団をかたづけながら、子どもたちを起こしていく。
15:20		◎おやつを食べる。 ・手洗い・消毒をする。 ・食べる。 ・かたづける。	・おやつの準備をするように、子どもたちにことばがけをする。 ・メニューについて話しながら楽しい雰囲気で食べられるようにする。	・子どもたちといっしょに、コップとフォークを並べる。 ・会話をしながら楽しく食べる。

74　Ⅱ 年齢別 日誌・指導案　○…子ども　保…保育者　実…実習生

時間	環境の構成	子どもの活動	保育者の援助・配慮	実習生の動き・気づき
	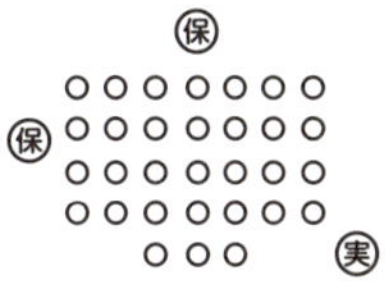	◎降園準備をする。 ・持ち物をカバンに入れる。	・忘れ物がないか確認する。	
		◎話を聞く。	・一日を振り返り、クラスで育てている植物の生長を記録~~し、共通理解できるように~~する。	
		◎『おかえりの歌』を歌う。	・明日も元気に登所できるように、歌をうたう。	
16：00		◎順次降所する。		
		◎延長保育 ・保育室を移動する。	・子どもの名前を確認して移動する。	
		・遊ぶ。		・周りに気をつけながら遊ぶように、ことばがけをする。

●動こうとしていた？ 気づこうとしていた？
それぞれについて、保育者の活動から学び、同じようにしてみたり、雰囲気が盛り上がるようにしたりする、準備物があればその手伝いをするなど、いろいろな動き方があります。援助したことを思い出して書きましょう。

※対象が幼児なので、具体的には「ようすや変化に気づくようにする。」となるでしょうか。

※安全に過ごすということでしょうか？　意味が伝わるように、文章を書きましょう。

〈反省・評価〉
今日の散歩の中で、いろいろな発見がありました。雨上がりだったので、葉っぱから水滴が落ち、子どもたちといっしょに観察しました。自然にふれると、子どもたちも笑顔や好奇心いっぱいの表情になりました。わたしが気づいていない小さなことを、子どもたちは発見していました。そのとき、適切なことばがけができればもっと盛り上がったのでしょうが、「そうだね」と返すのでいっぱいでした。その場に合ったことばがけができるように、がんばりたいと思います。

〈指導・助言〉
一日お疲れさまでした。この時季は雨が多いので、お散歩もなかなか行けないのですが、今日は、雨上がりでちょうどよかったです。
散歩の中でも発見がいっぱいあります。自然を通して学ぶことや、歩くことで交通ルールを知ることなど、たくさん目的がありますね。

担当者　　　　　　㊞

♥子どもの姿を感じることができましたね。でも、適切なことばがけより、その感じたままを表情や身ぶり手ぶりで表しながら、子どもに共感するほうが大切なことも多いものです。

※散歩の印象が強そうですね。ねらいにあがっている、2（3）歳児クラスとのかかわりについて感じたことなどの記述が欲しいですね。また、本日の実習生の目標に掲げているように、一日の全体の流れはわかりましたか？　それについての気づきなども記述し、考察を深めてほしいと思います。

※全体として、子どものトラブルやけんかなどの場面や、それに対する保育者の援助はなかったのでしょうか。実習生の動きとして、そのようなかかわりはなかったでしょうか。あればそれを記録しておくと、責任実習などで参考になります。子ども同士のかかわりなどの観察を通して、いろいろな子どもの姿を学んでいってください。

●記録はなぜ大切か？
記録を取ることは、次の保育のねらいにつながります。子どもの姿を見るということになるからです。まず、何事も具体的に書いておこうとするところから入ってはどうでしょうか。クラスの人数が多くても、一日に何人分かずつ個別に記録をし、整理しておくということを、多くの保育者が実践しています。実習期間からその練習のつもりで取り組みましょう。

4歳児 ②実習日誌・記録の例〈幼稚園〉

※「ねらい」「内容」「環境の構成」については、P.10〜15の該当するところを必読！ 各欄はつながっています。

実習生氏名 _____

11月	○日	○曜日	天候 晴れ	担任	○ ○ ○ ○	先生

4歳児	かぜ組	21人（男児 8人／女児 13人）	欠席 0人

実習生の目標	子どもに合わせたことばがけをする。	今日の主な活動	・絵本を借りる。 ・種をまく。

ねらい	~~種をまき、生長に関心を持つ。~~ 友達といっしょに植物の生長に関心を持ったり、言葉での伝え合いなどのかかわりを持ったりする。
内容	~~生長に必要なものを準備する。~~ ・ホウレンソウの種まきをする。 ・友達といっしょにいろいろな遊びや活動に参加する。

時間	環境の構成	子どもの活動	保育者の援助・配慮	実習生の動き・気づき
9：00		◎登園する。 ・あいさつをする。	・ひとりひとりと笑顔であいさつを交わしながら、健康状態を把握する。	・あいさつをして、子どものようすを見る。
	（保育室の配置図：ピアノ、イス、机、ロッカー、絵本、ブロック、ままごと、シールはり、出入り口）	・持ち物のかたづけをする。 ・出席ノートにシールをはる。 ・絵本カードを出す。	・自分でしようとする気持ちが育つように、子どもの姿を見守る。 ♥ただ単に「仲よくしよう」だけで済まさないところを学びましょう。	
9：10		◎好きな遊びをする。 ・ままごと、絵を描く、車に乗る、折り紙、ブロックなど。	・トラブルが起きたときは、互いの思いを言葉にして伝えられるように話をする。	・いっしょに遊ぶ。
9：40		◎かたづけをする。	・進んできれいにかたづけようとする気持ちが芽生えるように、ことばがけをする。	
9：50	（保）○・・・・・・○ 一列に並ぶ。	◎絵本を借りる。 ・歌をうたう『くだもの列車』。 ・話を聞く。 ・絵本を借りる。 ・絵本袋に入れる。	・大きな声を出して歌うことの楽しさを感じられるようにする。 ・絵本を借りるときに気をつけることを伝える。 ・好きな絵本、読んでみたい絵本などを自分で見つけられるように、見守ったりことばがけをしたりする。	・迷っている子どもといっしょに、絵本を選ぶ。 ・袋に入れるように、ことばがけをする。
10：20		◎排せつをする。 ◎ホウレンソウの種をまく。 ・種の話を聞く。 ・種をまく。	・小さな種からおいしい野菜ができることを伝え、植物の生長に興味を持てるようにする。 ・自分で植える楽しさが味わえるようにする。	・いっしょに種を植える。

○…子ども （保）…保育者 （実）…実習生

欄外コメント

●まずは実習園の方針に合わせて…
主な活動として、「好きな遊びをする」が入ってもよいと思われます。実習生が自分なりに観察した主なものを書きましょう（ただし、園側の指定がある場合はそれに従います）。

●「ねらい」「内容」の再考を
主な活動から「ねらい」が導き出されたと思いますが、一日を見通すと、子どもの発達や活動から、ほかにも「ねらい」がたてられそうです。一日の流れを見ると、"友達といっしょに"や"友達とのかかわり"という点がキーワードのように思われます。この観点で「ねらい」を導き出すことができそうです。それにともない、「内容」も大きくとらえて書きましょう（ここでも、園で指定がある場合はそれに従います）。

●実習生なりに詳しく
好きな遊びが展開されていますが、どの遊びにどのように参加していましたか。子どものトラブルに対する動きなどはなかったのでしょうか。具体的に書きましょう。

※どの活動のときの図でしょうか？ 文章を添えて、「環境の構成」のポイントをわかりやすくしましょう。

※これは子どもの活動に入れましょう。

●保育者から学ぼう
保育者の援助をしっかり観察して記しましょう。子どもが畑の畝に入るときに保育者の行なう援助や、それにかかわる実習生の動きなども、具体的に記したいですね。そうすることで、自分の指導の参考になります。

●どん欲にかかわりを持とう
園での子どもの生活習慣に対する実習生の動きや気づきを書きましょう。

※クラス全員を見渡しながら、個々、あるいはグループの遊びにも参加できるように、がんばってみましょう。

●保育者から学ぼう
保育者が配慮していることを、実習生も同じように動きに生かしていきましょう。そうすることで、さらに記録に反映されていくと思われます。

※保育者が伝えようとしていることに対して、協力的な実習生の動きが望まれます。

時間	環境の構成	子どもの活動	保育者の援助・配慮	実習生の動き・気づき
10：30	●環境は大切！ 活動の場所が変わるときは記しましょう。	◎戸外で遊ぶ。 ・砂場、中当て、総合遊具 など。	・体を十分に動かし、楽しく遊んでいるか見守る。 ・安全面に気をつけながら、いっしょに遊びを楽しむ。	・子どもたちといっしょに、体を動かして遊ぶ。
11：40	※弁当のとき、特に保育者の準備物や環境の構成の工夫はないのでしょうか？ また、机も子どもが出すのでしょうか？	◎かたづけをする。 ◎手洗い・うがい、排せつをする。	・進んでかたづけができるように、ことばがけをする。 ・身の回りのことをきちんとしているか見守る。	・きれいにかたづけるよう、ことばがけをする。 ・身につくように、ことばがけをする。
11：55	[机配置図] ●つながりを見逃さないで 遊具を種類別にして、出しやすくかたづけやすい工夫をするなど、これらの遊びに対して、環境として準備された物はありませんでしたか？	◎弁当を食べる。 ・机・イスを出す。 ・準備をする。 ・歌をうたう『おべんとうのうた』。 ・弁当を食べる。 ・歯みがきをする。 ・かたづけをする。	・弁当の準備をするように、ことばがけをする。 ・食事中は、はしの持ち方や姿勢など、マナーに気をつけるようにする。 ・自分の持ち物は自分でかたづけているか見守り、忘れている子どもにはことばがけをする。	・子どもたちが準備しているようすを見守る。 ・いっしょに好きな食べ物などの話をしながら、楽しく食べる。 ・子どもたちといっしょに、机のかたづけや保育室の掃除をする。
12：25		◎好きな遊びをする。 ・寿司屋さん、ブロック、絵本など。	・友達といっしょに好きな遊びを楽しんでいるか見守る。	・ごっこ遊びをいっしょに楽しむ。
13：20		◎かたづけをする。	・使った物は分類するなど、子どもたちが工夫しながらかたづける意識を持てるようにする。	
13：30	[ピアノ・座席配置図]	◎紙芝居を見る。 ・手遊びをする『1・2・3』。 ・紙芝居を見る『おじいさんとおむすび』。 ◎園外保育の話を聞く。	・子どもたちが集まりやすいように、楽しい雰囲気をつくる。 ・紙芝居を楽しめるように、声や表情を変えて読む。 ・明日の園外保育について話をし、期待が持てるようにする。	・見える場所に移動するよう、ことばがけをする。 ・いっしょに紙芝居を見る。
13：50		◎降園準備をする。 ・持ち物をカバンに入れる。 ・歌をうたう『さよなら』。	・忘れ物がないか確認をする。	・降園準備をするように促す。
14：00		◎降園する。	・元気よくあいさつを交わし、明日への期待につなげる。	・元気にあいさつをする。

●具体的に書こう
まちがいではありませんが、"励ます""知らせる""促す"など、ことばがけの意図を具体的に記すほうがよいでしょう。

●保育者に倣って
保育者の指導のポイントをよくとらえています。実習生の動きにも生かしていきたいものです。

●ひとつひとつの活動の意味を大切に
紙芝居の一連の流れとして手遊び『1・2・3』も含まれてしまいそうですが、子どものひとつの活動として、手遊びそのものの楽しさを大切にしたいものです。
◎手遊びをする『1・2・3』。
◎紙芝居を見る『おじいさんとおむすび』。
と記述するとよいでしょう。同じ意味で降園準備でも、
◎歌をうたう『さよなら』。
として項目をたてましょう。

Ⅱ-5 ④ 歳児の実習

4歳児 ②実習日誌・記録の例〈幼稚園〉（前ページの続き）

♥子どもひとりひとりの成長・発達の違いに気づいたことはよい着眼点です。保育でとても大切なことです。

♥実習生の目標を意識して実習をしていたことが感じられる記述です。

♥本日の反省から自分の課題へとつなげていて、積極性が見られる記述ですね。

〈反省・評価〉
○○組の子どもたちは元気いっぱいでした。自分ですばやくできる子どもと、少し時間がかかる子どもがいました。わたしのことばがけの内容によって、子どもたちの動きも変わってくるのだと思い、言葉の重みを感じました。
どの程度見守り、どこから手伝っていけばいいのか、とても迷いました。好きな遊びの時間に、少し危険な遊びに挑戦していた子どもが、「せんせい、みてて、すごいでしょ」と声をかけてくれたましたが、「危ないからやめよう」と止めるべきか、「すごいね」と褒めるべきなのか悩みました。4歳児の運動能力や考え方をもっと勉強しようと思いました。
まだまだ知らないことがたくさんあるので、子どもたちとかかわっていく中で、学んでいこうと思います。子どもたちが今何を思っているのか、考えてあげられるくらいになりたいと思います。
今日はたくさんパワーをもらったので、子どもたちにお返しできるようにがんばりたいと思います。

〈指導・助言〉
危険がないように見守るのも難しいですね。遊び方によって、安全なことも危険なことに変化します。わからないことがあれば、そのつど聞いてください。

担当者　㊞

●記録はなぜ大切か？
記録を取ることは、次の保育の「ねらい」につながります。子どもの姿を見るということになるからです。まず、何事も具体的に書いておこうとするところから入ってはどうでしょうか。クラスの人数が多くても、一日に何人分かずつ個別に記録をし、整理しておくということを、多くの保育者が実践しています。実習期間からその練習のつもりで取り組みましょう。

4歳児 ③遊び　P.84〜91と連動しています！　指導案にしたときの記述のしかたがわかります。

＊P.84の部分実習指導案の例で行なっています。

〈1〉アジサイのちぎり絵

用意する物・準備
色画用紙(台紙用＝淡色系、葉っぱ＝緑・黄緑系)、折り紙(紫・ピンク・水色など)、クレヨン、のり、のりふきん

※台紙の中央に花の目安となる円を鉛筆で薄く描いておく。緑・黄緑系の色画用紙には葉っぱの形を描いておく。折り紙は半分に切っておく。

作り方
①折り紙をちぎり、淡い色の色画用紙の土台にのりではる。

②緑・黄緑系色画用紙で葉っぱを形の線に沿ってちぎり、クレヨンで葉脈を描く。

③できた葉っぱをアジサイにはる。

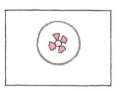

＊手先が器用になってくる4歳児の遊びとしてよいでしょう。アジサイが咲くころの実習に。実物を見て、においをかいだり触ったり、五感で感じてから楽しみたいですね。見ながらでもよいでしょう。

＊P.85の部分実習指導案の例で行なっています。

〈2〉ハンカチ落とし

用意する物
ハンカチまたは小さなタオルなど
＊回るとき、「スキップ」「片足ケンケン」など、4歳児ができるようになってきた動きをルールとして入れると、楽しさも増すでしょう。

遊び方
❶輪になり、内側を向いて座る。

❷鬼(最初は保育者)は座っている子どもたちの外側を回り、子どもの後ろにそっとハンカチを落とす。

❸ハンカチに気がついた子どもは、鬼を追いかける。

❹鬼は1周して追いかけている子どものいた場所に座り、鬼を交代する。

❺追いかけられてタッチされたら、もう一度鬼をする。

❻ハンカチに気づかなかった場合は、鬼が1周した後その子どもにタッチして、鬼を交代する。

4歳児 ③遊び　P.84〜91と連動しています！　指導案にしたときの記述のしかたがわかります。

＊P.86の部分実習指導案の例で行なっています。

〈3〉ゴロゴロピカピカドン

用意する物
ボール、イス（イラストのように、イスなしで床に座ってもよい）
＊イメージの共有が可能になってくる4歳児に合った遊びといえます。

遊び方

❶輪になって内側を向いて座り、中央に雷役の子どもが目を閉じて座る。

❷雷役の子どもが「ゴロゴロ……」と言ったら時計回り、「ピカピカ……」と言ったら反時計回りにボールを渡していく。

❸雷役の子どもが「ド〜ン」と言ったときにボールを持っていた子どもと、雷役を交代する。

＊P.87の部分実習指導案の例で行なっています。

〈4〉水リレー

用意する物・準備
ペットボトル、ビニールテープ、水、タオル
※ペットボトルは半分に切り、縁にビニールテープを巻いておく。
※遊ぶ人数によって、チームの数を決める。
※ぬれてもよい服装・場所・季節を考えて行なうようにしましょう。

遊び方

❶ひとりずつペットボトルを持って一列に並び、先頭の子どものペットボトルに水を入れる。

❷合図とともに、隣の子どものペットボトルに水を移す。

❸最後まで水をこぼさないようにリレーをして競争する。

アレンジ
慣れてきたら、1往復してゴールにしたり、ペットボトルに残った水の量が多いチームの勝ちというルールで遊んだりする。

＊体の動きが巧みになってくる4歳児に合った遊びでしょう。

＊P.88の部分実習指導案の例で行なっています。

〈5〉ブンブンゴマ

用意する物・準備
牛乳パック、たこ糸(約60cm)、油性フェルトペン、ハサミ、きり
※牛乳パックは正方形(7×7cm)に切り、角を丸めて中央2か所に約1cm間隔の穴をあけておく。

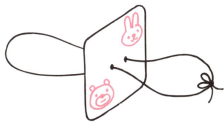

作り方
①切った牛乳パックに、油性フェルトペンで好きな絵や模様を描く。

②中央の穴にたこ糸を通し、両端を結ぶ。

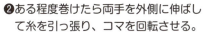

遊び方
❶コマが中央になるように糸の両端を持ち、上下に振るようにして糸を巻く。

❷ある程度巻けたら両手を外側に伸ばして糸を引っ張り、コマを回転させる。

※回し過ぎて、たこ糸が指にからまった場合、痛くなる前に緩めましょう。

❸たこ糸を引っ張ったり緩めたりして繰り返すと、ブンブンと音が鳴る。

＊4歳児は、ひもを通したり結んだりすることに挑戦してみたい年齢です。

＊P.89の部分実習指導案の例で行なっています。

〈6〉転がし絵

用意する物・準備
空き箱、箱に入る大きさの画用紙、ドングリ、トレイ、絵の具、水、スプーン
※トレイに絵の具を濃いめに溶いておく。

遊び方
❶空き箱に画用紙を入れる。

❷ドングリを絵の具が入ったトレイに入れ、色を付ける。

❸ドングリをスプーンですくい、画用紙の上に載せる。

❹前後左右、いろいろな方向に箱を揺らし、ドングリを転がす。

❺模様が付いたら、箱から画用紙を出す。

❻絵の具が乾けばできあがり。

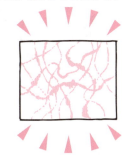

＊「コロコロペイント、コロペイント……」などと繰り返し唱えながら体を動かすと、より楽しいでしょう。4歳児は、異なるふたつの行動を同時にできるようになってくる年齢です。

4歳児 ③遊び　P.84〜91と連動しています！　指導案にしたときの記述のしかたがわかります。

*P.90の部分実習指導案の例で行なっています。

用意する物・準備
ライン引き
※地面にいろいろな大きさ・形の島を描く。

- 鬼を何人か決め、ほかの子どもたちは島の中に逃げる。
- 鬼に捕まらないように島から島へ逃げ、途中でタッチされたら交代する。
- 島からなかなか出てこない場合は、10数え終えるまでに違う島へ逃げるようにする。

＊少しルールの難しい鬼ごっこもできるようになってくるころです。

＊P.91の部分実習指導案の例で行なっています。

〈8〉グーチョキパーでなにつくろう

♪グーチョキパーでなにつくろう

作詞不詳
フランス民謡

遊び方

❶グーチョキパーでグーチョキパーで…両手でグーチョキパーを2回繰り返す。

❷なにつくろうなにつくろう…胸の前で腕を組んで、体を左右に揺らす。

❸(1番)みぎてがチョキでひだりてもチョキで…右手をチョキ、左手もチョキにして出す。

❹かにさんかにさん…両手をチョキにして、ハサミを開いたり閉じたりする。

❺(2番)みぎてがパーで〜ちょうちょ…❶❷の後、両手をパーに開いて親指を重ね、左右に揺らすヒラヒラ動かす。

❻(3番)みぎてがチョキで〜かたつむり…❶❷の後、チョキの右手の甲にグーの左手を載せる。

アレンジ 子どもたちといっしょに、ほかにどんなものができるか考えてみる。

●グーとグーでてんぐさん。
●チョキとチョキでめがね。
●パーとパーでウサギさん。
●パーとグーで目玉焼き。

＊4歳児らしくおもしろいオリジナルイメージが出るかもしれませんね。
＊保育者（実習生）が子どもの前で演じるときは、体の動きや手の使い方などを子どもに伝わりやすいように左右逆にして見せます。

4歳児 ④部分実習指導案の例 〈1〉アジサイのちぎり絵（遊びはP.79参照）
（保育所・幼稚園どちらでも使えます）

※「子どもの姿」「ねらい」「内容」「環境の構成」については、P.10〜15の該当するところを必読！　各欄はつながっています。

まずはココ！

●ゆったりと無理なく
子どもの集中時間を考えると、大きな活動が三つ入ることになるので、所要時間によっては、この部分指導案に入れないほうがよいでしょう。絵本は絵本として、じっくり読み聞かせる時間を持ちたいと思います。

♥子どもの生活経験や知っていることを問いかけており、子どもに即した内容だと思います。アジサイへの興味づけにもつながるでしょう。

●こまやかな配慮を
待っている子どものことも視野に入れましょう。具体的に書くことで、指導のポイントを確認していきます。

●流れをつくろう
AとBを入れ替えて、準備物を整えてから保育者の実演を見るようにしましょう。そうするとすぐに子どもが作業に取りかかれるので、「やってみたい」と盛り上がった気持ちが生きてくると思われます。

※作りながら、アジサイの花びらが集まっているようすや色の変化などに気づくような言葉をかけることで、子どもの活動に反映されていくと思われます。

※次の作業の手順を考えて、これはどこに置く（入れる）のか、箱など必要な準備物はいらないのか、整理しておきましょう。

※葉脈について、知っていることを話し合いましょう。環境の構成として用意されたアジサイの葉を、実際に見てみましょう。

※好きな遊びで使うこともできますね。もっと作りたい子どももいます。捨てずに置いておきましょう。

6月	○日	○曜日	実習生氏名	○ ○ ○ ○
4歳児	さくらんぼ組	30人	（男児 16人 ／ 女児 14人）	

子どもの姿	季節の花や小動物に興味を持ち、遊びに取り入れている。 ●環境の構成として 保育室に本物のアジサイを飾っておきましょう。	主な活動	アジサイのちぎり絵
		ねらい	季節の草花に興味を持ち、自分なりに作ることを楽しむ。
		内容	・アジサイを見たり触ったりして興味を持つ。 ・紙をちぎってはったり、飾ったりする。

時間	環境の構成	予想される子どもの活動	保育者の援助・配慮
00：00	（座席図：保＝実習生、○＝子ども）	◎手遊びをする『さあみんなで』。 ◎絵本を見る『おじさんのかさ』。	・楽しい雰囲気になるように、元気よく手遊びをする。 ・声に強弱をつけ、絵本がおもしろくなるようにする。
00：05	・アジサイを用意する。 ※ちぎり絵に適した、子どもが扱いやすい大きさに配慮しましょう。 ・色画用紙（台紙用31枚・葉っぱ用62枚）、折り紙（ピンク・紫・水色など、半分の大きさを31枚）、クレヨン、のり、のりふきん ・色画用紙をちぎってはる。 ・折り紙をちぎってはる。	◎保育者の話を聞く。 ・問いに答える。 ◎ちぎり絵をする。 ・クレヨン、のりを用意する。 A ・保育者のちぎり絵を見る。 B ・画用紙・折り紙をもらう。 ・折り紙をちぎる。 ・黄緑の色画用紙を、線に沿ってちぎる。 ・黒の色画用紙にはる。 ・クレヨンで葉脈を描く。 ・友達と楽しめるように見せ合う。	・「みんなはどんな花を知ってる？」「今、公園や○○園の花壇で咲いている花は、なんでしょう？」などと子どもたちに質問して、アジサイに関心が持てるようにする。 ・グループごとに取りに行くよう促す。 ・折り紙をちぎってはるようすを見せ、ちぎり絵の製作を始める。 ・全員に画用紙と折り紙があるか、ことばがけをして確認をする。 ・小さくちぎりすぎないように、ことばがけをする。 ・意欲を持って取り組めるように、励ましながら見守る。 ・画用紙に描かれている円の中に、折り紙をはるようにことばがけをする。 ・葉っぱの形になった黄緑画用紙に、線を描くように伝える。 ・できあがったアジサイに子どもの名前を書き、壁面に飾ることで、みんなで見合えるようにする。 ※のりの付け方を確認しましょう。 ・ひとさし指の先にのりを付け、端まで薄く伸ばす。
00：40			

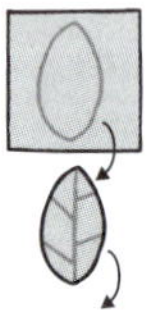

〈反省・評価〉
自分のことで精一杯になり、ことばがけも進め方もうまくいきませんでした。予想以上に質問があり、とまどいました。子どもたちにもたくさんむだな動きをさせていました。準備物を取りに行ってから座るようにすることなど、効率よく作れるようにするべきだったと思いました。
ちぎった折り紙もゴミ箱に捨ててしまい、先生からのご指摘を受け、子どもの作品の一部だと反省しました。作品を完成させることばかりで、ほかのことがまったくできませんでした。

〈指導・助言〉
部分実習での失敗は、必ず次回につながります。今回の内容をもう一度見直し、どこがよくてどこがよくなかったのか、忘れないように指導案に記入するなどして、考えてみてください。

●言うとおりに動かすのではない
否定的な表現はしない工夫をして、文章を組み立てます。子どもの自由な発想やちぎり方をどこまで認めるのか、自分で考えておきましょう。子どもの主体性を大切に。

担当者　　　　　　　　印

○…子ども　�保…実習生

●製作遊びの秘けつ
手順のよい保育者の準備と、子どもの動線への配慮が必要です。よく案を練りましょう。

4歳児 ④部分実習指導案の例〈2〉ハンカチ落とし (遊びはP.79参照)

(保育所・幼稚園どちらでも使えます)

6月　○日　○曜日		実習生氏名	○ ○ ○ ○
4歳児　つき組　18人　(男児　9人 ／ 女児　9人)			
子どもの姿	簡単なルールのある遊びを楽しむようになってきた。 ※例えば、○○ごっこ・○○ゲームなどと具体的に記し、そこでの子ども同士のかかわりも観察して記入しましょう。	主な活動	ハンカチ落としをする。
		ねらい	簡単なルールがわかり、友達とかかわりながら楽しむ。
		内容	友達や保育者といっしょに、ハンカチを使って遊ぶ。

時間	環境の構成	予想される子どもの活動	保育者の援助・配慮
00：00	• ハンカチ  • 保育者の手もとがよく見えるように座る。	◎保育者の話を聞く。 ◎保育者のするハンカチ遊びや手品を見る。 • ハンカチバナナとハンカチウサギを見る。 • 手品を見る。	• ハンカチを見せながら、何をして遊ぼうかと子どもたちが興味を持つようにする。 • ハンカチでバナナやウサギを作りながら見せたり、手品をして見せたりして、ハンカチの遊びに興味を持つようにする。
00：10	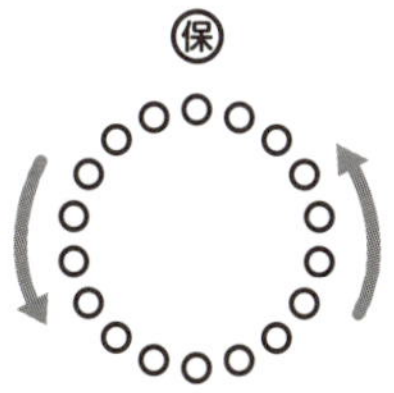	◎円になって座る。 ◎保育者の動きを見る。 • ルールを理解する。 ~~◎ハンカチ落としの練習をする。~~ • ゲームの楽しさ・おもしろさに気づく。 ◎ハンカチ落としをする。	•「丸くなって座りましょう」と、声をかける。 • ハンカチを使って実際の動きをし、回る方向を統一するため、~~反時計回りに走るように伝える(回る方向をひとつに決めるため)~~。 • 保育者がハンカチを持ち、わかるように子どもの後ろに落とす。 • 落とされた子どもには、ハンカチを拾って反時計回りに走るようにことばがけをする。 • ルールがわかるようになったら、テンポよく進められるようことばがけをする。 • 子どもたちの状態を見ながら終わりを伝える。
00：40		◎保育者の話を聞き、思ったことを話す。	• 子どもたちにハンカチ落としの感想を聞き、次回の期待へとつながるようにする。

〈反省・評価〉	〈指導・助言〉
ルールがわかりにくく、反対に回ろうとする子どもや、ハンカチを後ろに置かれても気づかない子どもへの対応が遅れてしまいました。	子どもたちの気持ちを大切にして、保育が急に途切れないように進めて行きましょう。 ゲームは楽しかったですね。保育者のかかわり方によって、遊びも子どもたちの思いも変わってきます。 担当者　㊞

○…子ども　㊖…実習生

※「子どもの姿」「ねらい」「内容」「環境の構成」について は、P.10〜15の該当するところを必読！ 各欄はつながっています。

●「ねらい」の書き方

子どもの姿に「簡単なルールのある遊び」と取り上げていることや、新入園の4歳児もいると思われるので、「簡単なルールがわかり」と入れてもよいでしょう。

●具体的にイメージして書こう

「保育者が反時計回りに走って見せながら伝える。」と、具体的に伝え方を書きます。それが衝突などの事故防止になることも確認しておきましょう。また、( )内は重複しているので削ります。

♥初めに保育者が鬼の役をし、ゆっくりと動きがわかるように伝えている手順がうかがえます。このように具体的な場面を想定して、指導計画(案)を練っていきましょう。

●子どもの心情や意欲にも目を向けて

ルールが伝わっているか、ゲームの楽しさを味わっているかなど、子どもひとりひとりの感じ方にも目を向けて、ことばがけや励ましなどの具体的な援助を考えましょう。

※この場面で、ルールを守りつつ遊びが楽しくなるような保育者の働きかけ(援助)や、ルールがわかりにくい子どもへの援助や配慮を考えておきましょう。

●活動の書き方に注意

子どもにとってはすべてが遊びです。すでに遊びが始まっているととらえて、なるべく「練習」という表現は避けましょう。

◎ハンカチ落としをする。
• 円になって座る。
• 保育者の動きを見る。
• 鬼はハンカチを落とす。
• ハンカチを落とされた子どもは、鬼になって追いかける。
• ゲームを繰り返す。

と、活動と援助の項目との時系列を合わせ、対応させて書きましょう。

4歳児 ④部分実習指導案の例〈3〉ゴロゴロピカピカドン（遊びはP.80参照）

（保育所・幼稚園どちらでも使えます）

※「子どもの姿」「ねらい」「内容」「環境の構成」については、P.10〜15の該当するところを必読！ 各欄はつながっています。

	7月 ○日 ○曜日	実習生氏名	○ ○ ○ ○
	4歳児 りす組 25人	（男児 12人 ／ 女児 13人）	

子どもの姿	気の合う友達を見つけて、いっしょに好きな遊びを楽しむようになる。●「なぜ」するのか常に考よう この絵本がここに入るのはなぜでしょう？ 絵本の内容はゲームに関連がないようです。絵本だけ楽しむ機会を、別に設けてはどうでしょう。無理せず、ゆったりと保育しましょう。	主な活動	ボール遊び「ゴロゴロピカピカドン」
		ねらい	友達とルールのあるゲーム遊びを楽しむ。
		内容	順番にボールを渡したり、合図をよく聞いたり、役割を交代するなどして遊ぶ。

●流れをつくろう！
可能ならば、初めからイスを円形に並べて話を聞き、ゲームを始めるようにすると、活動が途切れないでしょう。またはイスを並べたまま円の中心に集まるなど、子どもの移動を少なくする工夫をしましょう。

●保育者が全部するのではなく
実際に子ども同士でボールを回しながら、ゲームのルールを伝えていく方法がわかりやすいでしょう。そのための手順を、予想される子どもの活動としてあげていくと、実習生が指導するときにもわかりやすく整理できます。

●抜けのない配慮を
「ドン」のルールの説明が抜けています。

●ゲームの要点を忘れずに
雷役は目を閉じるように伝えましょう。

※「興奮しすぎた」のは、気持ちが盛り上がっていた場合もありますし、「ずるをして」しまったのは、ルールが伝わっていなかった可能性もあります。子どもの行動を一面的なとらえ方で見ないようにし、また、否定的に書かないような工夫をしましょう。

♥大切な気づきです。ルールのわかりにくい子どもやトラブルの対処も想定して、次回から援助の項目に入れましょう。

時間	環境の構成	予想される子どもの活動	保育者の援助・配慮
00：00	（図：子どもと保育者の配置）・ボール、イス	◎手遊びをする『トントントンネル』。◎絵本を見る『はじめてのおつかい』。◎ボールゲーム「ゴロゴロピカピカドン」をする。◎イスを円く並べる。・ゲームのルールについて、話を聞く。・時計回りにボールを回す。・反時計回りにボールを回す。・早くボールを回す。・ゲームをする。・雷役になる。・言葉に合わせて回す。	・楽しい雰囲気になるように、手遊びをする。・おつかいについて話を聞き、絵本へとつないでいく。※安全なイスの持ち方を確認しましょう。・ゲームを始まる前に、ひとりひとつイスを持ち、円く並べるように知らせ、座る。・イスから離れてロッカーの前に集まりに座ったままで、話が聞きやすいように全体に視線を送るなど、保育者が工夫する。・見本を見せながらゲームの話をした後、子どもたちにいくつか質問をして確認する。・「ゴロゴロは時計回り」「ピカピカは反時計回り」をわかりやすく伝えるため、胸の名札が付いている方向に例える。・ボールをわざと落としたり回さなかったりすると、ゲームが止まってしまうため、すばやく回すように伝える。・最初は保育者が雷役になることを伝え、練習をして慣れたらゲームを始める。・雷役になった子どものそばにつき、励ましながら進めていく。・同じところにボールが止まらないように配慮する。
00：20	●環境の構成も書きましょう。保育者の立ち位置は？	・ゲームについて話し合う。※二重表現になっているので、「手を上げて」としましょう。	・交代するときは、元気よく手を上上げてタッチし、雰囲気が盛り上がるようにする。・最後にゲーム遊びの感想を聞き、満足感が得られるようにする。

〈反省・評価〉	〈指導・助言〉
今日は部分実習をさせていただき、ありがとうございました。反省することばかりです。最初にイスを用意するよう伝えたところ、大混雑になり、予想していなかっただけに対処できませんでした。ゲームでは興奮しすぎた子どもの行動を把握できなかったこと、ずるをして目を開けていたことなど、担任の先生に言われて初めて気がつきました。全体に目を向け、説明をしたことでも、ゲームの途中にもう一度確認するなど、そのときに応じた配慮のしかたが必要だと思いました。	実際に子どもたちの前でやってみなければ、わからないことはたくさんあります。予想外のことで、けんかやけがにつながることもあります。そのようなことが起こらないように、しっかり指導案をたてていきましょう。 担当者　　　　　㊞

○…子ども ㊚…実習生

4歳児 ④部分実習指導案の例〈4〉水リレー（遊びはP.80参照）
（保育所・幼稚園どちらでも使えます）

※「子どもの姿」「ねらい」「内容」「環境の構成」については、P.10〜15の該当するところを必読！　各欄はつながっています。

7月	○日	○曜日	実習生氏名	○　○　○　○

4歳児　　ひまわり組　　24人　（男児　10人　／　女児　14人）

子どもの姿	水の感触を楽しみながら遊んでいる。 ●どのような遊び？ プール遊び・水遊び・砂遊び・泥遊びなど、具体的に書きましょう。また、どのような感触でしょうか？	主な活動	水の移し替えリレー（水リレー）をする。
		ねらい	~~チームに分かれて友達と協力しながら、水を容器から別の容器に移し替えるリレーを楽しむ。~~
		内容	~~友達と協力して、水に親しむ。~~ ~~チームで協力して遊ぶ。~~

●「ねらい」は？
4歳児の発達からとらえると、「ねらい」は
・友達と協力して遊ぶ。
・水に親しむ中で、その特性を知る。

●「内容」は？
重複しているので、ひとつにまとめます。
チームで協力して遊び、水に親しむ。

時間	環境の構成	予想される子どもの活動	保育者の援助・配慮
00：00		◎水リレーをして遊ぶ。 ・話を聞く。	・帽子をかぶり、はだしになって園庭に出るよう伝える。 ・木陰に座り、水の入ったペットボトルを子どもたちに見せて、水を移し替えるゲームであることを知らせる。 ・ふたりで協力しないとうまく水が移せないので、がんばるように励ます。
	・半分に切ったペットボトル（24個） 安全のため、ペットボトルの切り口にビニールテープをはる。	・チーム分けをする。	・人数を確認し、同じ数になるようにする。人数が少ないところは、2回参加する子どもを決める。
	・保育者が先頭の子どもに水を移す ㋵→○　○　○　○ ・子どもがチームごとに移す。 ○→○→○→○ ○→○→○→○　ゴール ○→○→○→○　㋵ 1チーム4人で3チームが競う。	・ペットボトルを持って一列に並ぶ。 ・先頭の子どもは水を入れてもらう。 ・水リレーをスタートする。 ・隣の子どものペットボトルに水を入れる。 ・勝敗を決める。 ・水リレーを繰り返す（計6チームで、3チームずつが各2回行なう）。	・ペットボトルを持って並ぶように伝える。 ・各チーム先頭の子どものペットボトルに水を入れていく。 ・なるべく水をこぼさないように励ます。 ・早くゴールした順に1位2位を発表し、3位もよくがんばったことを認める。 ・もう1回やることを伝え、3位になったチームが順位を上げられるよう励ます。
00：40		・かたづける。	・ペットボトルをかたづけて、テラスに座って話し合いをし、楽しかった遊びの余韻が残るようにする。

〈反省・評価〉	〈指導・助言〉
緊張しすぎて小さな声になり、子どもたちに合ったことばがけがなかなかできませんでした。 移動したり準備からゲームに移ったりする間に子どもたちがバラバラになり、まとめられませんでした。 反省ばかりの設定保育になってしまいました。	ペットボトルの準備が大変でしたね。これは違う遊びにも使えるので、とても助かります。 活動と活動の間が空きすぎて、遊びに入る前から子どもたちは興奮状態でしたね。 テンポも必要です。また勉強してください。 担当者　　　　　　㊞

○…子ども　㋵…実習生

●大切な反省の視点
「ねらい」は達成できましたか？
その視点でも振り返ってみましょう。

※子どもが興味を持てる雰囲気で話をするように工夫しましょう。

♥あたりまえのようですが、大切な援助です。遊びの中でのルールをひとつひとつ身につけていく機会です。言葉を添えながら、保育者の援助をていねいに行ないましょう。子どもは保育者の行動から学んでいきます。

●遊びに慣れてきたら
P.80下のアレンジのように、ルールを変えて遊んでみてもよいでしょう。

●子どもが楽しみながらかたづける方法を考えよう
用具や準備物などを分類してかたづけたり、使った水は花や園庭にまいたりするなど、考えたり楽しんだりしながらかたづけられるように、ひと工夫しましょう。

4歳児 ④部分実習指導案の例 〈5〉ブンブンゴマ (遊びはP.81参照)
（保育所・幼稚園どちらでも使えます）

※「子どもの姿」「ねらい」「内容」「環境の構成」については、P.10〜15の該当するところを必読！ 各欄はつながっています。

10月	○日	○曜日	実習生氏名	○ ○ ○ ○
4歳児	きりん組	16人	（男児 11人 ／	女児 5人）

子どもの姿	身近にある物を使って作ったり遊んだりして、工夫するようになってきた。 ●具体的に どのような素材や用具を使って、どういった遊びをしていますか？	主な活動	ブンブンゴマを作り、回して遊ぶ。
		ねらい	身近な素材を使い、作った物で遊ぶ楽しさを味わう。
		内容	・ブンブンゴマで、回し方を工夫して遊ぶ。 ・動くコマの模様や変化に気づく。

●ブツ切りを並べない
ここでは、次の遊びにつながる手遊びを選びましょう。例えば『いとまき』に変えると、ブンブンゴマの動きを連想できて、製作の導入につなげることができるかもしれません。

●つながりを考える
手遊びを『いとまき』に変えた場合、「・保育者の話を聞く」を、具体的にどの手順で、何をポイントに指導していくのか、細かく考えておきましょう。

まずはココ！

●イメージして書いておこう
どこかに並べておくのでしょうか？ 子どもの動線を考えた環境と、取りに行く方法も考えましょう。

●詳しく書いておこう
この形状を準備する（○○枚、たこ糸○本、○○cmくらい）。

♥少し難しいと思えることでも、子どもがじっくりと取り組み、試してみるよい機会です。励ましと援助で、子どもの経験を広げましょう。

●あなたならどうしますか？
ゆっくり模様を描く子ども、早くできて遊びたい子ども、作り方がわからず、とまどっている子どもなど、いろいろな違いが考えられます。
①全員ができるまで待つ。または先にできた子どもから遊ぶ。
②全員ができるまで、早い子どもは○○をして待つ。遅い子どもを手伝う。
など、手順を考えておきましょう。

時間	環境の構成	予想される子どもの活動	保育者の援助・配慮
00：00	・正方形に切った牛乳パック（穴をあけておく）、たこ糸、フェルトペン	◎手遊びをする『大きな栗の木の下で』『いとまき』。	・楽しく手遊びをして、これからの活動に期待を持てるようにする。
00：05		◎ブンブンゴマを作る。 ・保育者の話を聞く。 ・保育者が回すブンブンゴマを見る。 ・模様付きのコマが回るのを見る。 ・感じたことを話す。 ・材料を取りに行く。 ・牛乳パックに模様を描く。 ・糸を通す。	・材料の紹介と作り方・遊び方を見せたり音を聞いたりして、興味が持てるようにする。 ・『いとまき』のリズムに合わせて回しながら、わざと失敗したり成功させたりして、ブンブンゴマ回しに興味が持てるようにする。 ・保育者は途中からコマに模様を描いてから回し、色や模様の不思議さに興味を持つようにする。 ・保育者の実演を見ながら発せられた子どもの言葉や思いに共感していく。 ・自分で取りに行くことで、作りたい気持ちが盛り上がるようにする。 ・好きな模様や絵を描いて、自分のコマを楽しく作れるようにする。 ・タコ糸を渡し、自分で通せるように励ます。 ・子どもたちのようすを見ながら援助をする。 ・糸を通した後は、保育者が留めて完成を喜び合う。 ※できる子どもは自分でさせ、見守りましょう。
00：25		◎ブンブンゴマを回して遊ぶ。 ・勢いよく回るコマの音を楽しむ。 ・回るコマの模様の不思議さに気づく。	・全員が作り終えたら、いっしょにコマを回して遊び、満足感が持てるようにする。 ・コツをつかむまで保育者が手を添えて回すなど、何度もがんばってみるように励ます。
00：40	※作ったブンブンゴマはどのようにかたづけるのか、考えておきましょう。	◎かたづけをする。	

〈反省・評価〉	〈指導・助言〉
製作は子どもたちも興味を持ってくれたので、なんとかできました。できた子どもたちはうれしそうにクルクル回していたので、ブンブンゴマを選んでよかったです。 見本を見せるとき、もっと回る音や模様の不思議さに気づけるように言葉をかけながらコマを回せば、さらに興味が深まったのではないかと反省しました。 また、糸を通したり結んだりするのに時間がかかり、配慮が足りませんでした。	設定保育ありがとうございました。 子どもたちも楽しく遊んでいましたね。先生自身がもっとコマを練習していれば、展開は違ったかもしれません。何事も経験です。指導案をたてるとき、いろいろな場面を考えてみてください。 担当者　　　　　　㊞

○…子ども　㊥…実習生　㊔…担任保育者

4歳児 ④部分実習指導案の例〈6〉転がし絵（遊びはP.81参照）

（保育所・幼稚園どちらでも使えます）

※「子どもの姿」「ねらい」「内容」「環境の構成」については、P.10〜15の該当するところを必読！ 各欄はつながっています。

11月 ○日 ○曜日		実習生氏名	○ ○ ○ ○
4歳児 ひつじ組 24人 （男児 12人 ／ 女児 12人）			
子どもの姿	秋の自然に興味を持ち、木の実や葉っぱを集めたり遊びに使ったりして親しんでいる。	主な活動	技法遊び「ドングリの転がし絵」をする。
		ねらい	・身近な自然物への興味を広げる。 ・絵画技法（転がし絵）を楽しむ。
		内容	ドングリが不規則に転がってできる色の美しさ、模様の不思議さに興味を持つ。

●わかりやすく書こう
まちがいではありませんが、遊びの具体的な中身がわかるように書くほうが、活動内容もひと目で伝わります。

時間	環境の構成	予想される子どもの活動	保育者の援助・配慮
00：00	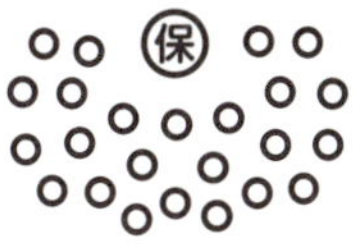 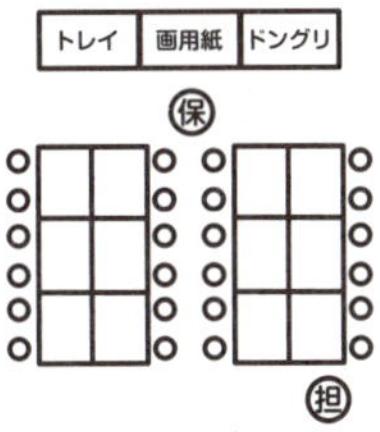	◎転がし絵をする。 ・ドングリの話を聞く。 ・準備をする（アトリエ着を着る、机を出してイスを入れる）。 ・空き箱と画用紙を取りに行く。	・ドングリに絵の具を付けて転がすとどんな模様ができるか、子どもたちに問いかけて、興味を持てるようにする。 ・遊び方やコツを知らせる。 ・服が汚れるので、アトリエ着を着るようにことばがけをする。 ・子どもたちといっしょに机やイスを出し、転がし絵が楽しめるように場を整える。 ・全員が準備できたことを確認し、混雑を防ぐため、順番に取りに来るようにことばがけをする。
00：10	・各トレイに絵の具（赤・黄・青など）を入れ、机の真ん中に並べる。 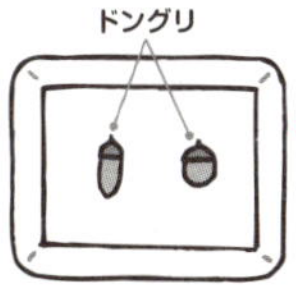 ・できた作品を乾かせるように、乾燥棚を準備する。  参考：乾燥棚	・ドングリに絵の具を付ける。 ・転がして模様を付ける。 ※手順のどの場面に対する準備かが、わかりにくいです。文章を添えましょう。 ・乾燥棚に載せて、乾くまで置いておく。 ・話をする。	・空き箱に画用紙をセットしたか、ひとりひとりを見て回る。 ・~~机の上に~~絵の具が入ったトレイ~~を置き~~に、ドングリを入れるようことばがけをする。 ・スプーンを使って絵の具を付けた後、画用紙に載せて前後左右に箱を動かすように促す。 ・できている模様を見ながら、がんばっていることを認める。 ・転がし絵に名前を書いてもらったら、乾燥棚に載せていくように促す。 ・じょうずに転がし絵ができたことを認め、満足感が持てるようにする。
00：40		・かたづけをする。	・使った物を元の場所にかたづけ、着替えと手洗いをするようにことばがけをする。 ・乾いたら壁面にはり、みんなで見ることができるようにする。

●見やすく書く
この書き方でも通じますが、それぞれの援助もしっかり考えられているので、子どもの活動項目を箇条書きで書いたほうが、指導案として見やすいです。

♥全体を指導しながら、ひとりひとりへの確認が意識できていますね。保育では常に必要な保育者の動きです。

●子どもが自分で選べるように
絵の具はどのような色を準備しますか。環境の構成の欄に、すべての準備物を記入しましょう。

●子どもに常に寄り添う
子どもの発見や驚き、感動の気持ちを受け止めて、言葉をかけていきたいところです。

●ひとりひとりのよさを認める
“じょうず”だけではなく、美しい・力強い・楽しい・不思議・形がおもしろいなど、それぞれの作品をいろいろな視点から認め、言葉をかけていきたいですね。

〈反省・評価〉	〈指導・助言〉
ドングリをたくさん拾ってきたので、生かせる遊びを考えました。ドングリに絵の具を付け、画用紙の上で転がす遊びは、とても楽しくできました。絵の具の色を考えて転がしている子どもや、ひとつの色をひたすら転がす子どもなど、いろいろな反応が見られました。ドングリの形や大きさによってもできる模様が違い、遊びの中で、たくさん発見することができました。 ありがとうございました。	計画の段階で何度も考え直して準備をしていただけあり、当日は落ち着いてできましたね。 これからもわからないことはなんでも聞いて、納得したら、頭の中でしっかり保育を組み立ててください。 担当者 ㊞

♥常に目配り・気配り・心配りで、子どもを楽しませるものはないか考えましょう。

○…子ども ㊚…実習生 ㊟…担任保育者

4歳児 ④部分実習指導案の例〈7〉島鬼（遊びはP.82参照）

（保育所・幼稚園どちらでも使えます）

※「子どもの姿」「ねらい」「内容」「環境の構成」については、P.10〜15の該当するところを必読！ 各欄はつながっています。

2月	○日	○曜日	実習生氏名	○ ○ ○ ○

4歳児	あひる組	28人	（男児 15人 ／ 女児 13人）

子どもの姿	戸外で元気に走り回り、鬼ごっこやジャンケンゲームを楽しんでいる。	主な活動	「島鬼」をする。
	♥子どもの姿から、クラスの子どもの興味や経験・季節に適した活動です。	ねらい	戸外で思い切り体を動かして、ルールのある遊びを楽しむ。
		内容	友達といっしょに、やや難しいルールのある鬼ごっこ（島鬼）で、思い切り体を動かして遊ぶ。

まずはココ！

● いつもみんなを見ていよう
すべての子どもから見やすい位置に立ちましょう。

● 環境にかかわりたくなる工夫を
子どもの人数に応じた島の大きさやスペースを確保しましょう。

● いっしょに遊ぼう
島鬼を知らない場合、初めは保育者が鬼をしてもよいでしょう。

● 何事も子ども中心に考えよう
子どもの関心の度合いや持続時間を考慮して、鬼と逃げる子どもの役を交代したりしながら、繰り返すことも想定しておきましょう。

● 配慮を言葉に
立ったままか、しゃがませるのか決めておきます。
・しゃがんで話を聞き（休息を兼ねる）、話し合いをする。
としてもよいでしょう。

時間	環境の構成	予想される子どもの活動	保育者の援助・配慮
00：00	テラス	◎島鬼をして遊ぶ。 ・帽子をかぶって所庭に出る。	・これから楽しいゲームをするので、帽子をかぶってテラスに座るようにことばがけをする。
		・島鬼のルールを聞く。 ● 鬼を決める遊びがあるくらいだから… どういう方法で決めるのでしょうか？ ジャンケン？ 有志？ 保育者？ あらかじめ考えておきましょう。	・島鬼を知っているか問いかけて、知っている場合はルールを確認して、鬼を決める。 ・知らない場合、島は安全な場所で、島から島へ逃げて行くことを伝える。 ・島にずっと残っていると、鬼が数を10まで数えるので、逃げるように知らせる。
00：10	鬼	・島を描く。 ・保育者の周りに集まる。 ・鬼を決める。	・大小の島をいくつかライン引きで描き、子どもたちが期待を持って待てるようにする。 ※ワクワク・ドキドキできるような言葉をかけながら…… ・鬼になりたい子どもを聞き、帽子の色を変えてわかりやすくする。
	鬼	・鬼ごっこをする。 ・追いかけたり追いかけられたりして楽しむ。	・鬼の人数が増えていくので、最後まで逃げ切るように励ます。また、鬼にもがんばって捕まえるように言葉をかける。
00：35		・話し合いをする。	・島鬼の感想を聞き、次回の遊びへとつなげる。

○…子ども ㊥…実習生

〈反省・評価〉
鬼ごっこはとても盛り上がる遊びだと思いました。子どもたちは真剣に逃げたり追いかけたりして、寒かったのですが、体が温まりました。
励ます言葉をもっと言うべきだったことと、最後まで逃げ切った子どもたちに対しても、もっと褒めてあげればよかったと思い、反省しました。

〈指導・助言〉
この季節に合った遊びでしたね。体を動かすことが大好きな子どもたちは、必死で逃げていました。反省することはしっかりして、次回はよかったことが増えるようにがんばってください。

担当者　㊞

● ひとりひとりを思ってかかわる
最後まで逃げた子ども、一生懸命追いかけた鬼、どちらもねぎらってあげたいですね。そして、次回の意欲へとつなげていきたいものです。

● 保育者の役割を自覚しよう。
保育者はどの立ち位置にいますか？ 鬼？ 逃げるほう？ いっしょに遊びながらことばがけを行なっていきましょう。いっしょに遊ぶことで、子どもの動きも活発になり、ゲームを盛り上げていくことにつながります。けがやぶつかるなどのトラブルも起こることがあります。そのつど、ルールや安全性を子どもと確認するなどの援助が必要です。

Ⅱ 年齢別 日誌・指導案

4歳児 ④部分実習指導案の例 〈8〉グーチョキパーでなにつくろう (遊びはP.83参照)

（保育所・幼稚園どちらでも使えます）

2月	○日	○曜日	実習生氏名	○ ○ ○ ○
4歳児	しろ組	20人	(男児 9人 / 女児 11人)	

子どもの姿	発表会を経験して、表現することを楽しんでいる。 ※友達の表現を見たり、友達といっしょに表現したりするなど、友達とのかかわりの姿も、具体的に観察しましょう。	主な活動	手遊び『グーチョキパーでなにつくろう』をする。
		ねらい	歌に合わせて、工夫して表現することを楽しむ。
		内容	・両手を使い、工夫していろいろな形を作る。 ・友達といっしょに思いを伝え合ったり歌ったりして表現する。

時間	環境の構成	予想される子どもの活動	保育者の援助・配慮
00：00	(図：子どもと実習生の配置)	◎手遊びをする『グーチョキパーでなにつくろう』。 ・グーチョキパーをする。 ・何が表現できるか話し合う。 ・歌に合わせて手遊びをする。 ・グループごとで出し物を話し合う。 ・グループごとに発表する。	・指の運動をしようと誘いかけ、グーチョキパーに興味が向くようにする。 ・グーとグー、パーとパーで何ができるかみんなで考え、次の活動につなげていく。 ・いろいろな形が出てくるたびにみんなで表現し、楽しめるようにする。 ・歌に合わせた動きを取り入れ、両手で表現する楽しさを感じられるようにする。 ※ここを膨らませたい。 ・グループごとに発表して、友達と共通の思いで遊べるようにする。
00：10	(図：子どもと実習生の配置)		
00：30			

〈反省・評価〉	〈指導・助言〉
初めて保育をさせていただき、子どもたちの想像力はすごいと感じました。友達が考えた手の動きを見ると、「ぼくはこんなのができる」「わたしもかんがえた」など、次々と話が出てきました。三つの形をどのように見たてて表現するかということについて、友達と協力したりライバル意識を持ったりしながら、楽しくできたと思います。 いろいろと勉強になりました。	子どもたちは、保育者が思いつかないようなことを教えてくれます。柔軟な発想が大切ですね。 ♥子どもたちから教えてもらうことも、たくさんありますね。 担当者　　　　　　　印

○…子ども　㊩…実習生

※少し断定的な表現ですね。4歳児ですので、「お互いを意識しながら」くらいの表現が望ましいと思います。

※「子どもの姿」「ねらい」「内容」「環境の構成」については、P.10～15の該当するところを必読！　各欄はつながっています。

●興味がわく工夫を
速さを変えたりジャンケンをしたりなど、具体的にどのようにするのか、いくつか考えておきましょう。子どもの活動や援助の欄に反映していきます。

●「せんせい、いっぱいできるよ！」
子どもの実際の反応を予想してあげておきます（チョウチョウ・カタツムリ・花など）。子どもの反応をたくさん予想しておくことが、実際の指導に役だちます。

♥手遊びをグループごとの話し合いで決めて、発表することを友達と楽しむという全体の展開は、4歳児のこの時期に適した計画です。細かい点までイメージをして検討すると、楽しい活動になりそうです。

●いろいろ考えてみよう
①グループで何を話し合い、何を発表するのか。
②保育者は、どのようにかかわるのか。
③友達同士のかかわりはどうか。
などをイメージして援助を書きましょう。例えば、
・グループごとに「なにつくろう」の部分を話し合う時間を設け、"新しい形"を発表することに期待が持てるようにする。
・話し合いのようすを見守りながら、困っているグループには、必要に応じて助言をする。
などとなるでしょうか。
・お互いの発表に対する子どもの発見や思いを受け止め、感じたことを伝え合える雰囲気をつくる。
という援助も考えられます。

4歳児 ⑤ 責任実習指導案の例〈保育所〉

※「子どもの姿」「ねらい」「内容」「環境の構成」については、P.10〜15の該当するところを必読！ 各欄はつながっています。

●「ねらい」を考える
一日の生活全体を見通し、育てたい面を子どもの実態と発達から考え合わせて、ここではふたつの「ねらい」を設定します。
- 友達と好きな遊びを楽しむ。
- 身近な素材や用具で作ったり描いたりして楽しむ。

としてみてはどうでしょう。

●内容を考える
全体を見通して、たてた「ねらい」に合わせて「内容」を膨らませたいですね。
- さまざまな遊びの中で、友達とかかわる楽しさを味わう。
- 画用紙・折り紙・ハサミ・のりを使って、いろいろな物を作って飾る。

というふたつにしてはどうでしょう。

●子どもの姿が出発点
子どもの姿に「作ったり描いたり」とあるので、絵を描く活動も取り入れたいですね。

●具体的な数なども
どんな素材や用具を準備するのか書きましょう。

●思いつくことを全部書いてみて整理する
- ハサミの扱い方
- のりの付け方
- 時間のかかる子どもなどに対する援助

など、わかりやすく書きましょう。

●共感することも大切
褒めることも必要ですが、子どもがその子なりにできた喜びを、共感して喜ぶような姿勢が大切です。

●ひとりひとりにそれぞれのよさを見いだす
具体的にどのような活動をがんばって取り組んだのか、子どもをよく見て、作り方の工夫やその子なりの表現などを見つけていきましょう。4歳児が納得できる褒め方を考えます。

6月	○日	○曜日	実習生氏名	○ ○ ○ ○

| 4歳児 | あか組 | 28人 | （男児 14人 ／ 女児 14人） |

子どもの姿	作ったり描いたりする活動が大好きで、七夕を前に、星について関心を持ち始めている。	ねらい	~~身近な素材や用具を使い、作ったり描いたりして楽しむ。~~
		内容	~~ハサミを使って、星形を切ったり細長く切ったりする。~~

時間	環境の構成	予想される子どもの活動	保育者の援助・配慮
9：00	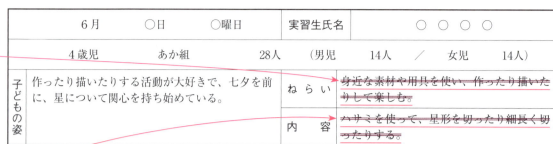	◎順次登所する。 ・あいさつをする。 ・持ち物のかたづけをする。 ◎好きな遊びをする。 ・粘土、ブロック、ビーズ、絵を描くなど。 ◎かたづけをする。	・登所してきた子どもと笑顔であいさつを交わし、健康観察をする。 ・朝の準備が進まない子どもにはことばがけをして、自分でできるように促す。 ・友達といっしょに、いろいろな物で遊ぶように促す。 ・次の活動を知らせ、積極的にかたづけができるようにする。
9：15		◎園庭で「○○○○体操」をする。 ・並ぶ。 ・体操をする。 ◎朝の集会をする。 ・歌や手遊びをする。 ・今日の予定を知る。 ◎流れ星を作る。 ・絵本を見る。 ・話を聞く。 ・星形をハサミで切る。 ・模様を切る。 ・のりではる。 ・飾る。 ・かたづけをする。	※「リズミカルな」や「好きな」など、具体的に書きましょう。 ・進んで並べるように、「トントン前」「トントン上」など、楽しい雰囲気にする。 ・いっしょに体を動かし、体操を楽しむ。 ・子どもたちが乗りやすい手遊びや歌をうたい、気持ちを盛り上げる。 ・子どものようすを見ながらピアノを弾いていく。 ・今日の予定を知らせ、期待を持って取り組めるようにする。 ・星にまつわる絵本などを読み、七夕ものに興味を持ち、製作につながるようにする。 ・星形が描いてある画用紙と折り紙を配り、作り方を知らせる。 ・星形を切った後折り紙を細長く切り、好きな形の模様をのりで付けるように、ことばがけをする。 ・個々にことばがけをして、最後までがんばれるようにする。 ・のりではったら前の壁に飾り、作った物をみんなで見ることができるようにする。 ・がんばったことを褒める。 ・紙・ハサミ・のりを所定の場所にかたづけるように、ことばがけをする。
10：30	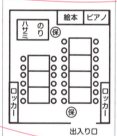	◎好きな遊びをする。 ・総合遊具、泥団子作り、自転車など。	A・友達といっしょに体を存分に動かして遊んでいるか、見守る。 B・いっしょに遊び、遊びが発展していくようにする。

●流れの中に位置づけたい
具体的に計画して、題名も書きましょう。どのようなことが意図されているのでしょうか。

※細長く切るということでしょうか？「折り紙を切る。」のほうがわかりやすいように思います。

●いっしょに動こう
AとBを合わせて、さらに子どもが体を動かすように、保育者もいっしょに遊びましょう。見守るだけでなく、保育者が遊びに参加することで、子どもは活動的になります。

○…子ども ㊙…実習生 ㊔…担任保育者

時間	環境の構成	予想される子どもの活動	保育者の援助・配慮
11:20		◎かたづけをする。	・かたづけの時間がきたことを知らせ、進んでできるように励ます。
	※準備物などを記しましょう。	◎手洗い・うがい、排せつをする。	・汚れがたくさん付いているので、石けんを使い、ていねいに行なうようにことばがけをする。
11:40		◎給食の準備をする。 ・消毒をする。	・準備ができたら手に消毒用アルコールを吹き掛け、衛生面に気をつける。 ・食事の準備ができていない子どもには、ことばがけをする。
12:00		◎給食を食べる。 ・歌をうたう『給食のうた』。 ・あいさつをする。 ・給食を食べる。 ・歯みがきをする。 ・かたづける。	・かぜをひかない元気な体になるためには、好き嫌いなく食べることが大事だと伝える。 ・食事に集中して食べるよう励ます。 ・虫歯にならないためにも、歯みがきをしっかりするようにことばがけをする。 ・かたづけが終わった子どもから、午睡の準備をするように促す。 ・お当番といっしょに床をきれいに掃除して、ゴザと布団を敷くようにする。
	※なぜ着替えるのかがわかるように、項目をたてましょう。 ・ロッカー前に着替えを置く。 ・静かな曲をかける。	◎午睡の準備をする。 ・着替えをする。	
13:00		◎午睡をする。	・子どもたちが安心して眠れるように、頭や足をなでたりトントンしたりする。
15:10		◎起床する。 ・排せつをする。 ・着替えをする。	・起きた子どもから排せつに行くように、ことばがけをする。 ・自分で着替えられるように見守る。
15:20		◎おやつを食べる。 ◎降園準備をする。 ・持ち物をカバンに入れる。 ◎歌をうたう。	・個々の体調に合わせて量を調節する。 ・忘れ物がないか、ひとつひとつみんなで確認をする。 ・元気な声で歌をうたい、一日の活動に満足感を持てるようにする。
16:00		◎順次降園する。	・安全に降園できるように見回る。

〈反省・評価〉
初めて一日責任実習を経験しましたが、保育者の動きや次への指示を出すタイミングなど、うまくいかないことばかりでした。必死に声を出すばかりでメリハリがなく、子どもたちは騒いだままでした。流れ星は興味を持って作っていたので、最後の子どもたちの顔を見ていたら、うれしくなりました。今日は反省ばかりの一日でしたが、とてもよい経験ができました。ありがとうございました。

〈指導・助言〉
一日お疲れさまでした。緊張や不安もあったと思います。必死な姿が伝わってきました。
今日感じたことは、次回の保育に生かしてください。

●4歳児の保育
わたしがまとめないと！　という気持ちはわかりますが、4歳児になってくると、子どもを動かすのではなく、後押しするくらいの感覚で保育をすることが必要です。

担当者　　　　㊞

●みんなで楽しく食べよう
『保育所保育指針』では、食事を楽しみ合うということが、食育の推進としてあがっています。楽しむ側面も大切にしたいですね。食べながら、はしの持ち方・食事を楽しむためのマナーもさりげなく伝えたいと思います。

●畳めるようになってきているのでは
着替えに対する援助はありませんか？　畳んだり重ねたり、かたづけのしかたを確認していきましょう。

♥この気持ちを大切にしましょう。

※見回ることが子どもの安全にどのように関係してくるのでしょうか？　意味が伝わるように書いてください。

※全体に保育の流れは押さえられていると思いますが、友達とのかかわり・もめごと、興味の広がり・遊びの広がりへの対応、6月特有の自然とのかかわり・気づきへの対応（例えば、梅雨どきの生活に必要な室内での過ごし方）など、4歳児の発達や季節を踏まえた援助も考えていきたいですね。

●子どもの発想を大切に
子どもは、細長く切った折り紙を、いろいろと工夫してはることが予想されます。保育者はそれをどのように受け止めていくか、考えておきましょう。

II-5 ④ 4歳児の実習

4歳児 ⑤ 責任実習指導案の例〈幼稚園〉

※「子どもの姿」「ねらい」「内容」「環境の構成」については、P.10〜15の該当するところを必読！ 各欄はつながっています。

まずはココ！

●全体としてのねらいを
ねらいを達成するために、一日のうちに経験させたい内容を、部分保育だけでなく一日を見通して書きます。この日は戸外遊びが中心なので、ボールリレーも含めて戸外遊びに参加し、十分に体を動かす楽しさを味わうようにしたいですね。

※準備物、配置、手順（動線）を記しましょう。

●4歳児の秋ならできること
畳んで重ねて置くなどについても見ていきましょう。

●子どもの姿から保育は始まる
子どもの姿に書かれている、走ったり踊ったりする活動に対する環境の構成・準備物はないのでしょうか。

●いっしょに!
保育者もいっしょに体を動かして遊ぶことが、子どもの運動量の増加につながります。

	11月 ○日 ○曜日	実習生氏名 ○ ○ ○ ○
	4歳児　かき組　16人	（男児 10人 ／ 女児 6人）

子どもの姿	遊びが活発になり、友達といっしょに園庭で走ったり踊ったりしている。※ねらいの方向性を示しましょう。	ねらい	経験したことを、さまざまな方法で表現したり、遊びに取り入れて楽しんだりする。
		内容	・戸外でさまざまなイメージを持って体を動かす。 ・いろいろなボールの運び方を知り、ゲームを楽しむ。

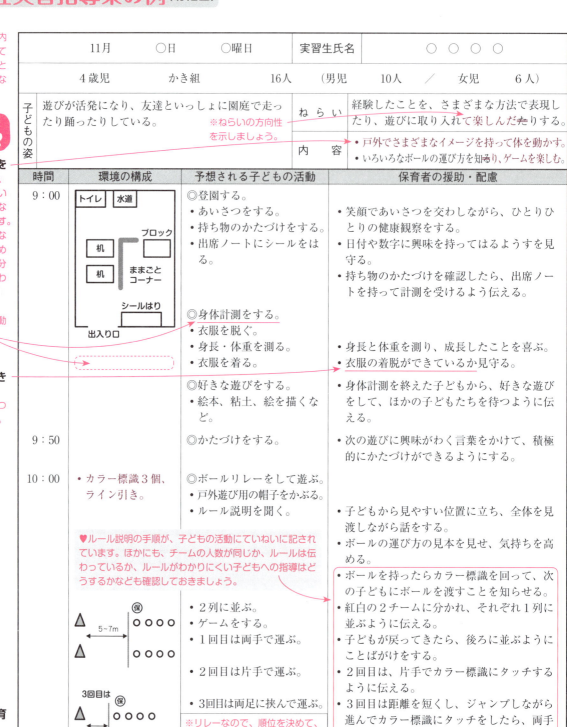

時間	環境の構成	予想される子どもの活動	保育者の援助・配慮
9:00	（トイレ・水道・ブロック・机・ままごとコーナー・シールはり・出入り口の配置図）	◎登園する。 ・あいさつをする。 ・持ち物のかたづけをする。 ・出席ノートにシールをはる。	・笑顔であいさつを交わしながら、ひとりひとりの健康観察をする。 ・日付や数字に興味を持ってはるようすを見守る。 ・持ち物のかたづけを確認したら、出席ノートを持って計測を受けるよう伝える。
		◎身体計測をする。 ・衣服を脱ぐ。 ・身長・体重を測る。 ・衣服を着る。	・身長と体重を測り、成長したことを喜ぶ。 ・衣服の着脱ができているか見守る。
		◎好きな遊びをする。 ・絵本、粘土、絵を描くなど。	・身体計測を終えた子どもから、好きな遊びをして、ほかの子どもたちを待つように伝える。
9:50		◎かたづけをする。	・次の遊びに興味がわく言葉をかけて、積極的にかたづけができるようにする。
10:00	・カラー標識3個、ライン引き。	◎ボールリレーをして遊ぶ。 ・戸外遊び用の帽子をかぶる。 ・ルール説明を聞く。	・子どもから見やすい位置に立ち、全体を見渡しながら話をする。 ・ボールの運び方の見本を見せ、気持ちを高める。
	♥ルール説明の手順が、子どもの活動にていねいに記されています。ほかにも、チームの人数が同じか、ルールは伝わっているか、ルールがわかりにくい子どもへの指導はどうするかなども確認しておきましょう。		・ボールを持ったらカラー標識を回って、次の子どもにボールを渡すことを知らせる。 ・紅白の2チームに分かれ、それぞれ1列に並ぶように伝える。
	（配置図 5〜7m、3〜9m、保・子ども並び）	・2列に並ぶ。 ・ゲームをする。 ・1回目は両手で運ぶ。 ・2回目は片手で運ぶ。 ・3回目は両足に挟んで運ぶ。	・子どもが戻ってきたら、後ろに並ぶようにことばがけをする。 ・2回目は、片手でカラー標識にタッチするように伝える。 ・3回目は距離を短くし、ジャンプしながら進んでカラー標識にタッチをしたら、両手で持って帰るように伝える。
		※リレーなので、順位を決めて、拍手をしたり負けてもがんばったことを認め合ったりして、次への意欲へつなげていきたいですね。	・いろいろな運び方ができたことを喜び、遊びが楽しめるようにする。
		・チームごとに座り、保育者の話を聞く。	・楽しかったこと、ボール運びが難しかったことなどを話し合い、次への活動につながるようにする。
		◎好きな遊びをする。 ・総合遊具、泥団子作り、自転車など。	・体を十分に動かして遊んでいるか見守る。 ・いっしょに遊び、場が盛り上がるようにする。

○…子ども　㊨…実習生　㊔…担任保育者

時間	環境の構成	予想される子どもの活動	保育者の援助・配慮
11：20	●環境の構成は？ 場面が変わるので、記しましょう。	◎かたづけをする。 ◎手洗い・うがい、排せつをする。	・かたづけの時間がきたことを知らせ、進んでできるように励ます。 ・習慣づくように、ことばがけをする。
11：40	※準備物と、お茶やふきんなどを置く場所を書きましょう。	◎弁当の準備をする。 ・お当番がお茶・ふきんを取りに行く。 ・イスを並べる。 ・準備をする。	※準備の手順を考えて、それぞれについて援助事項を考えましょう。 ・食事の準備ができていない子どもには、ことばがけをする。
12：00	机 机 保 担 机 机	◎弁当を食べる。 ・歌をうたう『おべんとうのうた』。 ・あいさつをする。 ・弁当を食べる。	※弁当を楽しみにする場面です。歌をうたう場面での保育者の援助はありませんか？ ・元気に遊ぶためには、好き嫌いなく食べることが大事だと伝える。 ・正しい食事のしかた、食前・食後のあいさつが身につくようにする。 ・楽しい雰囲気になるようにする。
	※そのために保育者は、具体的にどうしなければならないでしょうか。	・歯みがきをする。 ・かたづける。	
	・食事のテーブルをかたづけ、遊ぶスペースを作っていく。	◎好きな遊びをする。 ・(室内)ままごと、ブロック、積み木など。 ・(戸外)泥団子作り、自転車など。	※室内遊びの援助・配慮事項も書きましょう。 ・体を存分に動かして遊べるよう、安全面に気をつける。 ・戸外に出る子どもには、帽子をかぶるようにことばがけをする。
13：20		◎かたづける。 ◎手洗い・うがい、排せつをする。	・進んでかたづけができるように励ます。 ・清潔の習慣づけができるように見守る。
13：30	担 保	◎絵本を見る『くまさんのおでかけ』。 ◎降園準備をする。 ・持ち物をカバンに入れる。 ・歌をうたう『さよなら』。	・子どもたちが落ち着いたら絵本を読む。 ・降園準備のようすを見守り、忘れ物がないようにことばがけをする。
14：00		◎降園する。	・ひとりひとりにことばがけをして、明日も期待を持って登園できるようにする。

〈反省・評価〉	〈指導・助言〉
一日実習を体験してみて、保育者の仕事がいかに大変であるかがわかりました。 ボールリレーに入る前の話が短く、心が通じないままゲームを始めたので、子どもたちは楽しくなさそうにしていて、自分の力不足を感じました。大きな声ではっきりとことばがけをし、すばやく動くなど、ていねいな保育をしなければいけないと思いました。今日学んだことを、これからの実習に生かしていきたいと思います。	一日実習、お疲れさまでした。 子どもたちの実態とゲームの内容、どうすればゲームが盛り上がるのかなど、失敗することでたくさん学ぶことができます。反省会で振り返ったことを明日から実行して、がんばってください。 担当者　　　　㊞

●半歩先を
習慣は、11月ならほぼ身についていると思われます。少し進めて、「進んで健康な習慣を守るように」と、方向性を示しましょう。

●具体的に
「誘う」「励ます」「いっしょに行なう」など、具体的に考えておきましょう。

●前日の子どもの姿を思い出して
何を援助しなければならないのか、具体的に書きましょう。例えば、席が決まらず、準備ができていない子どもには、どういう援助をするかなど。

●具体的に
大切な健康習慣です。前日の子どもの姿から、指導・援助事項を思い出しましょう。

●どのようにする?
大切な習慣です。かたづけ方もていねいに見守り、励ましたりすることも必要です。

※スペースを確保しておくということを、環境の構成に書きます。「子どもの動きを把握して、安全面に気をつける」などと、想定したことを具体的に書きましょう。

Ⅱ-5 ❹ 歳児の実習

まずはココ!

●大切なこと
子どもの姿に "友達とのかかわり" があがり、「ねらい」に「さまざまな方法で表現したり、遊びに取り入れて…」とあるので、遊びの中でその点を取り上げて援助していきましょう。そうでなければ、「ねらい」の達成につながりません。それがもし無理なのであれば、「ねらい」のたて方が方向違いだったともとらえられます。子どもの姿に、保育者の思い・願い→ねらいの設定→具体的な内容を考える→指導などへ反映されていくという流れを意識して日案を作成し、実践していきましょう。

95

Ⅱ-6 5歳児の実習

5歳児になると、友達といっしょにいることが楽しくなり、保育者がいなくても、自分たちだけで遊んだり、トラブルにも対処できるようになってきたりします。
実習に入ったら、保育者の援助のしかたやことばがけの内容をよく見て取り組んでいきましょう。

①実習のポイント

生活習慣
生活習慣が身についている
毎日繰り返すことも考えて、ていねいにうがい・手洗いをするように言葉をかけましょう。

先生や友達と
気の合う友達と活動するようになる
仲間意識が芽生え、共通の目的を持って遊ぶようになります。子どもたちの遊ぶ姿を見守ったり、思い切って仲間入りしたりしてみましょう。

友達と
トラブルが解決できるようになる
自分たちで解決しようとします。保育者がいなくても、間に入って互いの話を聞く子どもがいる場合もあるので、しばらくようすを見守ることも大切です。

次ページからの読み方
まずはここから見てみよう！
● ……気をつけたいこと
♥ ……よい視点・表現
※ ……注意事項など

罫線で囲っている朱書きは保育をするうえでのアドバイス、囲みなしは記入するうえでのアドバイス。

②実習日誌・記録の例〈保育所〉

実習生氏名

※「ねらい」「内容」「環境の構成」については、P.10〜15の該当するところを必読！各欄はつながっています。

11月　○日　○曜日	天候　晴れ	担任　○○○○先生	
5歳児	そら組	15人（男児　8人／女児　7人）欠席　1人	
実習生の目標	子どもの姿を見守り、保育を学ぶ。	今日の主な活動	• 友達と好きな遊びをする。 • 避難訓練（火災）に参加する。

ねらい	• 寒さに負けず、友達と元気に体を動かして遊ぶ。 • 避難訓練に参加し、火災時の身の守り方を身につける。
内容	• 鬼ごっこ、かくれんぼう、ボール遊び、ゲームなどをする。 • 安全に必要な決まりを守って生活する。

※避難訓練に関する「ねらい」と「内容」を入れましょう。

時間	環境の構成	子どもの活動	保育者の援助・配慮	実習生の動き・気づき
〜8：30	（空欄）	◎順次登所する。 • あいさつをする。 • 持ち物のかたづけをする。	• 元気よくあいさつを交わし、健康観察をする。	• ひとりひとりと大きな声であいさつを交わす。
		◎好きな遊びをする。 • ブロック、人形遊び、絵を描くなど。	• 持ち物のかたづけができたら、自分たちで遊ぶ物を出すように促す。 • じょうずに描けたことを認め、喜びが味わえるようにする。	• 子どもたちの遊びが広がるように、言葉をかける。
9：30		◎かたづけをする。	• 友達と協力してかたづけるように、ことばがけをする。	• 自分から進んでかたづける気持ちが持てるように励ます。
		◎排せつをする。	• 全員、排せつに行くように伝える。	• 全員行ったか、言葉をかけて確認する。
9：45		◎避難訓練に参加する（火災）。 • 園内放送の合図を聞く。 • 保育者の指示どおりに行動する。	• あらかじめ避難方法を全職員で確認しておく。 • 園内放送の合図を静かに聞き、出火場所と避難場所を確認する。	（空欄）
		• ハンカチで口を押さえて避難する。	• すばやく口を押さえるように指示し、避難誘導をする。	• 子どもといっしょに避難する。
	• 所庭に並ぶ。 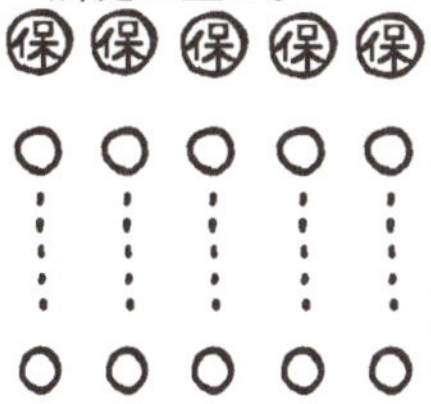		• 人数を確認し、園長に報告する。	• 真っすぐ並ぶように、ことばがけをする。
		• 所長（園長）先生の話を聞く。	• 顔を上げて話をしている人を見るように、ことばがけをする。	（空欄）
	• 数か所にぞうきんを置いておく。	• 上靴の土を落とす。	• 上靴の土を落とし、ぬれぞうきんで各自ふくようにことばがけする。	• 上靴の土を落としたか確認する。
		◎戸外で遊ぶ。 • かくれんぼう、鬼ごっこ、氷鬼など。	• 安全面を確認して回る。 • 体を十分に動かして遊べるように、かくれんぼうや鬼ごっこなどに誘う。	• 楽しく遊べるように話しかけたり、いっしょに遊んだりする。

○…子ども　㊎…保育者　㊡…実習生

●朝の環境構成のポイントはなんだったのか？
何げない環境の中に、子どもへの配慮などはありませんでしたか？気づくことが大切です。

まずはココ!

●何について学びたいか考えて臨もう
実習は保育に参加しながら体験して学ぶものです。実習生の活動を"見守る"と限定せずに、"必要に応じて見守る" ということにしましょう。具体的に保育の何について学びたいのか、本日の観点を絞りましょう（子どもの発達、クラスの子ども同士のかかわりなど）。

●いろいろ考えながら見よう！ あなたならどうする？
保育者もいっしょに遊びながら、どのようなかかわり方があるのか、さまざまな状況から学んでください。

●5歳児の生活を見よう
スリッパをそろえる、排せつ後手を洗ったらハンカチでふくなど、生活習慣にも目を配りましょう。

●実習生はお客さんではない
園児といっしょに保育者の話を聞きながら、次の行動の確認や準備をする姿勢が必要です。記入しましょう。

5歳児 ②実習日誌・記録の例〈保育所〉（前ページの続き）

時間	環境の構成	子どもの活動	保育者の援助・配慮	実習生の動き・気づき
10：35	・~~音楽を流し、整列する~~整列時は並びやすいように音楽を流す。	◎集会に参加する。 ・整列する。 ・お休み調べをする。	・当番の子どもが進行している姿を見守り、困っていたらことばがけをする。	・整列するように伝える。
		・体操をする。	・積極的に体を動かして体操できるように励ます。	・元気よくいっしょに体操をする。
	・所庭に円を描く（ライン引き、ボール）。 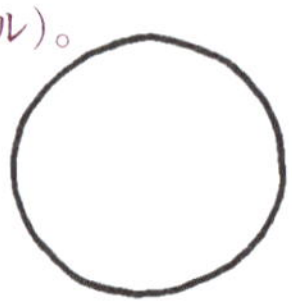	◎ボール遊びをする。 ・チームを作る。 ・白帽・青帽をかぶる。	・運動遊びに意欲を持って取り組めるよう話をする。 ・だれが見てもわかるように、チームで帽子の色を変える。	・どちらのチームもがんばるように応援する。 ・まちがってかぶっていないか、確認をする。
	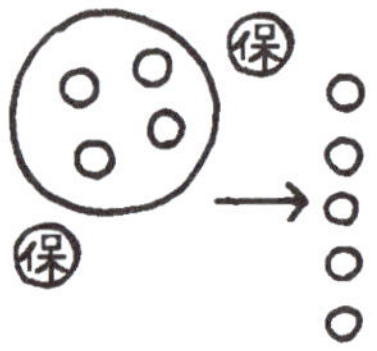	・中当てをする。	・勝ちたいという気持ちが持てるように励ます。 ・当たった子どもの名前を言い、周りの子どもたちにもわかるようにする。 ・負けて悔しいと思う気持ちを受け止め、次の勝負につなげていくようにする。	・ボールの当て方を工夫するよう、ことばがけをする。 ・円陣を組み、チームの気持ちを高める。
	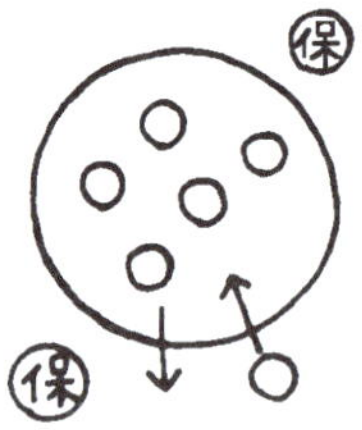	・ルールを変更する。 ・円形ドッジボール遊びをする。 ・ボールに当たった人は外に出る。ボールを当てた人は中に入る。	・当てたら中に入れるようにルールを変更し、遊びがもっと盛り上がるようにする。 ・しっかりボールをつかむように、ことばがけをする。 ・取れなくても、次のときがんばれるように励ます。	・ルールがわかっていない子どもに伝える。 ⬚ ・取り合いをしても、自分たちで解決できるように見守る。 ・子どもたちを応援する。
11：10	⬚	◎保育室に戻る。 ◎手洗い・うがい・手指の消毒をする。	・かぜ予防のためにも、しっかりうがいと手洗いをするようにことばがけをする。 ・汗をかいた後は、水分補給をするように伝える。	⬚
	⬚	◎給食の準備をする。 ・アトリエ着を着る。 ・はしを出す。		⬚

○…子ども　(保)…保育者　(実)…実習生

※子どもの活動ではないので、こう書きます。

※どのような体操なのか、書きましょう（「○○体操」）。

♥ボール遊びの一連の流れを詳しく記録できています。実習生の指導時に役だちます。

●楽しくするための工夫を考えよう
チームプレイを意識しながら声をかけていくなどの工夫が、ゲームをさらに盛り上げることにつながります。

●5歳児の育ちを見る
必要に応じて、ジャンケンや順番など、解決方法を提案することもあるでしょう。

●環境を通しての保育！
思い出して記述してください。

●なぜ空白なのか？
保育者の援助から学び、同じ気持ちで子どもたちを見守ったり、援助をしたり、必要な準備物を用意するなどの動きが必要です。

時間	環境の構成	子どもの活動	保育者の援助・配慮	実習生の動き・気づき
11：25	(見取り図) ●見取り図を書くだけではない 配膳やかたづけのための環境はありませんか？ 見取り図だけではなく、子どものスムーズな動線などの工夫があれば、文字で書きましょう。	◎給食を食べる。 ・当番は配ぜんをする。 ・献立を発表する。 ・あいさつをして食べる。 ・食器をかたづける。 ・歯みがきをする。	・体調を考えながら、ごはんとおかずの量を入れるように配慮する。 ・友達といっしょに食べる楽しさが味わえるようにする。 ・おかわりをする子どもには、量を聞きながら入れていく。 ・食後の歯みがきをていねいにしているか、見守る。 ・机をふいて消毒してから、かたづけをする。	・当番といっしょに配ぜんをする。 ・子どもたちと会話をしながら、楽しく食べる。 ※子どもが食器の分類などを楽しむような言葉をかけていきたいですね。
13：00	・室温調整をする。 ・紙芝居を用意する。	◎午睡の準備をする。 ・着替えをする。 ・紙芝居を見る。	・紙芝居を始めることを伝え、パジャマに着替えていない子どもたちが気づくようにする。 ※保育者が演じたのでしょうか？ なんのためのどのようなお話か、題名も記入しましょう。	・ゆっくりしている子どもに紙芝居が始まることを伝え、急ぐようにする。 ・静かに紙芝居を見るように促す。
13：00	・カーテンを閉め、照明を消す。	◎午睡をする。 ・布団に入る。	・眠りやすいように、そばでトントンとたたく。	・優しくトントンする。
15：00	※午睡の環境の構成も整理しておくと、責任実習に役だちます。 ●文章も入れておこう おやつを食べる配置ですか？ 各自のイスで食べているのでしょうか？ 環境の構成として、わかりやすく書きましょう。	◎起床する。 ・布団を畳む。 ・着替えをする。 ・排せつ、手洗い・消毒をする。	・カーテンを開け、起床時間になったことを伝える。 ・すばやく布団を畳めた子どもたちを褒め、ほかの子どもたちが意欲的に畳めるようにする。 ・おやつのメニューを伝え、着替えのスピードを促す。	・寝ている子どもを優しく起こす。 ・布団を畳むように促す。 ・早く着替えた子どもを褒め、ほかの子どもが意欲を持てるようにする。 ・手洗い・消毒をする。
15：20	(見取り図)	◎おやつを食べる。 ・あいさつをする。 ・食べる。 ・かたづけをする。	・順番に並ぶように伝える。	・全員がそろうまで、待つように伝える。 ・掃除をする。

●子どもが中心であることを忘れない
当番の子どもが主体的に動けるような心配りをしながら、配膳をしたいですね。

●「食育」への配慮と気づきを!
『保育所保育指針』では、食育の推進が明記されています。その観点でも、保育者の援助を観察して記しましょう。献立から食材に興味を持ったり、調理師さんの働きに気づいたりするような言葉を、さりげなくかける配慮などがあったかもしれません。

●なぜ空白なのか?
具体的に示しましょう（左ページ参照）。

※なぜ着替えるのかがわかるように、項目をたてましょう。

●保育者も環境のひとつ
促すだけではなく、実習生自身が静かな雰囲気をかもし出すようにふるまってください。

●保育者の意図を読み取ろう
保育者は単に早さを要求しているととらえるのではなく、次の活動を知らせることで、子どもが着替えに意欲を持って取り組めるよう配慮していることに着目しましょう。

●いろいろなよい面をとらえて
早さのみにこだわらないで、かたづけのしかたのていねいさなども褒めてあげたいですね。

5歳児 ②実習日誌・記録の例〈保育所〉（前ページの続き）

時間	環境の構成	子どもの活動	保育者の援助・配慮	実習生の動き・気づき
15：40		◎降所準備をする ・持ち物をカバンに入れる ・制服を着て帽子をかぶる。	・降園準備ができたら、イスを持って集まるようにことばがけをする。	
	［ピアノ］［保］ ○○○○○○ ○○○○○ ・紙芝居の見やすい位置と高さに配慮する。	◎歌をうたう『どんぐりころころ』。 ◎紙芝居を見る。 ・『孫悟空』	・手や足を動かして、楽しく歌えるようにする。 ・声の強弱や高低をつけ、話に入り込めるようにする。	・子どもたちといっしょに歌う。 ・楽しんでいるようすを見守る。
		◎降所のあいさつをする。 ・歌をうたう『さようなら』。 ・あいさつをする。	※観察したことを記入しましょう。 ・明日も期待を持って登園できるように、ことばがけをする。	・元気よくあいさつをする。
16：00		◎順次降所する。 ◎延長保育		

〈反省・評価〉	〈指導・助言〉
今日は見守ることを心がけ、一日を過ごしました。自分たちで遊びを考え、楽しめる力があるので、こちらから手や口を出さないようにしました。ボール遊びの中でボールの奪い合いがありましたが、すぐ声をかけるのではなく、しばらく見守っていました。すると、子どもたち自身で解決をしていました。子どもたちが頼ってきたときには、しっかり受け止めて共感してあげることが大切で、保育者の援助が必要かどうかは、時と場合によるのだと思いました。	年長組になると、友達と遊ぶ楽しさが十分にわかっています。ルールや新しい遊びを考える力もあります。保育者がすぐに教えるのではなく、自分たちで悩み、考え、進んでほしいと思っています。 担当者　　　　　　　㊞

●保育者から学ぶところ
保育者が歌に合わせて大きな動作を見せていませんでしたか？　そこから何に気づきましたか。

●何もしなかった？　何かに気づこうとしていた？
保育者の援助から学び、実習生が行なったことを記入しましょう。

●"見守る＝育てる"に
見守りながら、子ども同士のかかわりやひとりひとりの特徴などを把握し、次の援助の手がかりにしていきましょう。5歳児は、友達関係において、協力したり遊び方を話し合ったりする力が育ちつつあることを把握し、"見守る＝見る"ではなく、"育てる"につながるまなざしであるということを知りましょう。また、見守る中での気づきが記入されていないところが多すぎます。"見守る＝何もしない"ということではありません。

●記録はなぜ大切か？
記録を取ることは、次の保育の「ねらい」につながります。子どもの姿を見るということになるからです。まず、何事も具体的に書いておこうとするところから入ってはどうでしょうか。クラスの人数が多くても、一日に何人分かずつ個別に記録をし、整理しておくということを、多くの保育者が実践しています。実習期間からその練習のつもりで取り組みましょう。

5歳児 ②実習日誌・記録の例〈幼稚園〉

※「ねらい」「内容」「環境の構成」については、P.10〜15の該当するところを必読！ 各欄はつながっています。

実習生氏名 _____

6月	○日	○曜日	天候 晴れ	担任 ○○○○ 先生
5歳児		ぞう組	30人（男児 15人 ／ 女児 15人）	欠席 0人

実習生の目標	子どもの名前を覚え、ことばがけを学ぶ。	今日の主な活動	集会に参加する。

※どのようなことばがけを学びたいのかわかりません。具体的に書きましょう。

ねらい	友達や異年齢の友達といっしょに、~~集会に参加する。~~ いろいろな遊びを十分に楽しむ。
内容	・集会に参加し、体操や手遊びをしたりクイズに答えたりする。 ・自分の思いをわかるように話し、関心を持って人の話を聞く。

● 「ねらい」を考えてみよう
一日全体を見通したものにし、幅を広げたいですね。集会だけに限定しない書き方にしましょう。ただし、園からうかがったものであれば、そのままでよいです。

● 「内容」を考えてみよう
5歳児の遊びや発達から、経験させたい観点で「内容」を考えましょう。

時間	環境の構成	子どもの活動	保育者の援助・配慮	実習生の動き・気づき
9：00	[図：ピアノ、ロッカー、机、絵本、ブロック、トランポリン、棚、柱]	◎登園する。 ・あいさつをする。 ・持ち物のかたづけをする。 ・出席ノートにシールをはる。	・あいさつを交わしながら、ひとりひとりの健康観察をする。 ・日にちを確認してシールをはっているか、見守る。	・あいさつをして、子どもが遊んでいる輪の中に入る。
9：20		◎好きな遊びをする。 ・塗り絵、絵本、ブロックなど。 ◎かたづけをする。	・友達と遊びを楽しんでいるようすを見守る。 ・園の3〜5歳児が参加する集会があることを伝え、きれいにかたづけをするように促す。	・安全に遊んでいるか、見守る。 ・いっしょにかたづけたり見守ったりする。
9：40	[図：舞台、保、ピアノ、保、○○○○○、保、実実、保] ・イスを並べておく。	◎集会に参加する（3〜5歳児）。 ・ホールに移動する。 ・手遊びをする『あたまかたひざポン』。 ・園長先生の話を聞く。 ・クイズに答える。 ・歌をうたう『にじ』。 ・話を聞く。 ・体操をする『世界を回せ体操』。	・集会に参加する前に、子どもの気持ちが集中できるようにする。 ・話を聞くときは、顔を見るように促す。 ・みんなでクイズに答えて、いっしょに参加することを楽しむ。 ・場の雰囲気が盛り上がるように語りかける。 ・最後にみんなで体を動かし、楽しい雰囲気を味わえるようにする。	● 保育者になったつもりで 保育者が子どもの活動に対して援助していることから学んで、同じ気持ちで保育に臨みましょう。 ・静かに話を聞くように、個々にことばがけをする。 ● 5歳児でも見守るだけではない 子どもが十分に体を動かすように、実習生自身が大きな動きをするということも配慮していきたいところです。 ・元気に体操をしているか、見守りながらいっしょに動く。
11：10		◎手洗い・うがい、排せつをする。	・いっしょに手洗い・うがいをして、ていねいにするように促す。	・きちんと手洗い・うがいをしているか、見守る。
11：30	[点線枠]	◎弁当の準備をする。 ・机を出し、当番がふく。 ・コップ、ナフキン、弁当を準備する。	・座る場所を決めたら準備をするように促す。	・当番といっしょに準備をする。

○…子ども ㋑…保育者 ㋔…実習生

※この日誌を通して"見守る"という文言がよく使われています。どのような心持ちで見守っていますか？ 心は寄り添っていますか？ 励ましていますか？ 見守りながら、必要に応じて子どもに援助していますか？"見守る"意味を、具体的な実習生の動き（かかわり）・気づきとしてとらえ、思い出して書きましょう。

● 並べるだけではない
年齢や保育者の位置、会場の準備物などを書きましょう。子どもがどう環境にかかわるのかを考えながら構成します。

● 環境の構成を具体的に
どのような準備でしょう？ 全体の準備物ですか？ 場の準備ですか？ そうであれば、環境の構成の欄に表しましょう。

②実習日誌・記録の例〈幼稚園〉（前ページの続き）

まずはココ!

●食育についても考えてみよう

『幼稚園教育要領』・領域「健康」では、内容において食事などに関する指導事項が明記されています。その観点で保育者の援助を観察しましょう。

※一輪車遊びが活動にあるので、主な活動場所を記入したいですね。

※見守る・見回るだけでしたか。ことばがけや、かかわる場面はありませんか。

時間	環境の構成	子どもの活動	保育者の援助・配慮	実習生の動き・気づき
	・机を並べる。 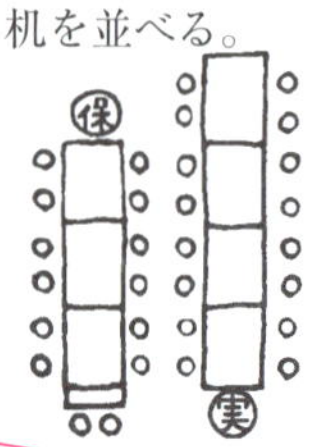	◎弁当を食べる。 ・歌をうたう『おべんとうのうた』。 ・あいさつをして食べる。 ◎歯をみがく。	・全員が準備できているか、確認をする。 ・当番の子どもたちに、歌やあいさつをリードしていくように伝える。	・準備ができているか、見て回る。 ・楽しく会話をしながら食事をする。
		◎かたづける。 ※掃除に必要な準備物を書きましょう。	・食べた場所はきれいにかたづけるように、ことばがけをする。	・落としたゴミを拾ったり汚れた場所をふいたりしているか、見守る。 ・当番といっしょに、保育室の掃除をする。
12：30	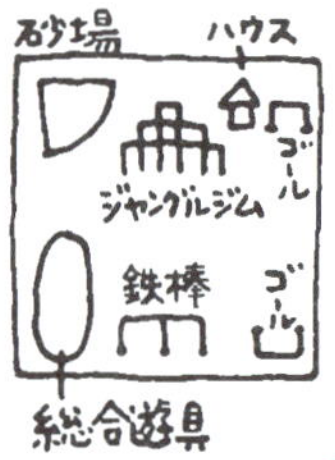砂場 ハウス ゴール ジャングルジム 鉄棒 ゴール 総合遊具	◎好きな遊びをする（戸外）。 ・一輪車、砂場、固定遊具など。	・遊んでいるようすを見守る。 ・がんばっていることは十分に認め、意欲が高まるようにする。 ・安全面に気をつけて遊んでいるか、見守る。	・一輪車の子どもの手を持ったり、うんていのようすを見たりする。 ※否定的に書かないようにします。 ・安全に遊んでいるか、見て回る。
13：20	**●5歳児を理解しようとした?** それぞれの活動についてよく思い起こし、実習生の気づきなどを記録します。	◎かたづける。 ◎手洗い・うがい、排せつをする。	・健康に過ごすための習慣が身につくように、ことばがけをする。	・~~手洗いやうがいをしていない子どもがいない~~ 全員が手洗いやうがいをしているか確認する。
13：30	ピアノ 保 実	◎手遊びをする『いちにさん』。 ◎ゲームをする「やおやにあるもの」。	・子どもの気持ちが集中するように、楽しく手遊びをする。 ・ゲームを通して、いろいろな野菜の名前を知らせる。 ・野菜ではない物を答え、場を盛り上げる。	・いっしょに考えたり遊んだりする。 ※一日の最後です。子どもといっしょに声を合わせて歌いたいですね。記入しましょう。
13：50		◎降園準備をする。 ・持ち物をカバンに入れる。 ・上靴を上靴袋に入れる。 ・園便りを受け取る。 ◎歌をうたう『さよなら』。	・持ち物をカバンに入れ、忘れ物がないようにことばがけをする。	・ロッカーや棚に忘れ物がないか、子どもたちに確認するよう伝える。
14：00		◎降園する。	・来週への期待につなげることばがけをする。	・元気よくあいさつをする。

〈反省・評価〉	〈指導・助言〉
異年齢の子どもたちとのかかわりがあり、体操をしたりクイズをしたりする中で、年少を気づかう年長の姿が見られました。落ち着いている年長とまだ不安そうな年中・年少の姿があり、年齢や集団生活の経験の違いを感じました。	実習お疲れさまでした。年少組のお世話をしたり、遊びに誘ったりする姿がもっと出てくればと思っています。兄弟姉妹のいない子どもにとっては、うれしいことでしょうね。 担当者　　　　印

♥異年齢児とのかかわりや、それぞれの年齢での違いに気づくよい機会でしたね。いろいろなかかわりから、子どもの姿を学びましょう。

※実習生の目標に対する反省・考察も書きましょう。

※3歳児・4歳児・5歳児、年齢で書きましょう。

○…子ども　保…保育者　実…実習生

5歳児 ③遊び P.110〜117と連動しています！ 指導案にしたときの記述のしかたがわかります。

＊P.110の部分実習指導案の例で行なっています。

＊5歳児らしい、言葉による伝達の遊びですね。

〈1〉伝言ゲーム

遊び方

❶チームごとに分かれて一列に並び、先頭の子どもだけを集めて、言葉を伝える。

❷先頭の子どもはチームに戻り、後ろの子どもに耳打ちして、順番に伝えていく。

❸最後の子どもは前に出て、全チームそろったらひとりずつ言葉を言う。

❹保育者が正解を発表する。

＊P.111の部分実習指導案の例で行なっています。

用意する物 折り紙

＊折り紙がきちんと折れるようになるのは、ふつう、5歳児になるころからです。

〈2〉カエルの折り紙

作り方

①縦半分に折る。

②半分に折り上げ、折り筋を付けて戻す。

③折り筋まで折り下げ、折り筋を付けて戻す。

④裏返して左角を斜めに折り、折り筋を付けて戻す。

⑤右角を斜めに折り、折り筋を付けて戻す。

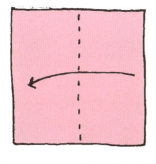 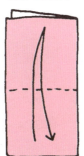 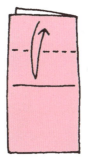 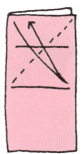 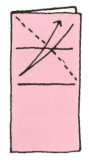

⑥筋のとおりに折り、中心に向けてまとめる。

⑦下を折り上げる。

⑧三角の両端を折り上げる。

⑨両端を中心に合わせて折る。

遊び方

● 指をおしりの部分に当て、数字の1を書くように滑らせると跳ぶ。

● 1回で跳んだ距離や、決まったコースを何回跳んでゴールできるかなど、競争して遊ぶ。

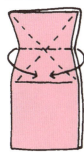 

⑩下を折り上げて、半分に折り下げる。ひっくり返して完成。

5歳児 ③遊び　P.110～117と連動しています！　指導案にしたときの記述のしかたがわかります。

＊P.112の部分実習指導案の例で行なっています。

〈3〉クルクル回転円盤投げ

用意する物
紙皿、段ボール箱、クレヨン、油性フェルトペン、ハサミ

作り方

①紙皿に好きな絵を描く。

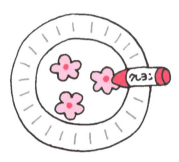

②紙皿の周りに切り込みを入れる。

③切り込みごとに斜めに折る。

遊び方

● 人のいないところに向かって、好きなように投げて遊ぶ（手首を返すようにして、円盤を回転させながら投げるとよく飛ぶ）。

● 段ボール箱の的を狙って投げる。

＊運動機能がますます伸びるころです。いろいろな動きを経験するためにも、よい遊びですね。

＊P.113の部分実習指導案の例で行なっています。

〈4〉わらべうたジャンケン

♪**お寺のおしょうさん**
わらべうた

遊び方

❶ **おてらの〜まきました**…ふたりで向かい合って、左の手のひらを上に向け、右手で自分の左手と相手の左手を交互に1回たたくのを繰り返す。

❷ **めがでて**…胸の前で手を合わせる。

❸ **ふくらんで**…合わせた両手を少し膨らませる。

❹ **はながさいたら**…両手を開いた花の形にする。

❺ **じゃんけんぽん**…ジャンケンをする。

アレンジ
● ジャンケンで負けたら、勝った人の肩をたたく。
● ジャンケンで勝ったら、ふたり組の電車の先頭になって歩く。

＊リズムに合わせて手を動かすなど、五感を刺激する遊びは大切ですね。

5歳児 ③遊び　P.110〜117と連動しています！　指導案にしたときの記述のしかたがわかります。

＊P.114の部分実習指導案の例で行なっています。

〈5〉ホルディリアクック

♪ホルディリアクック
＊5歳児らしい、ストーリーのある手遊びですね。
作詞不詳
外国曲

さあ　みん　な　で　うた　おう　ラ　ラ　ラ　ラ　ラ　ラ　ゆ　かい　に　うた

え　ー　ば　こ　ころ　も　はず　む　ホル　ディ　リ　ア　ホル　ディ　リ　ア　ホル　ディ　リア　クック

ホル　ディ　リ　リ　ア　ホル　ディ　リ　ア　クック　ホル　ディ　リ　リア　ホル　ディ　リア　クック　ホル　ディ　リ　リ　ア　ホ

遊び方

❶さあ…右手を横に伸ばして手をたたく。

❷みん…右手を伸ばしたままひじの内側をたたく。

❸な…右手を伸ばしたまま左胸をたたく。

❹で…左手を横に伸ばして右胸をたたく。

❺うた…左手を伸ばしたままひじの内側をたたく。

❻おう…左手を伸ばしたまま手をたたく。

❼ラララ〜はずむ…❶〜❻を繰り返す。

❽ホルディリア…両ひざを数回たたく。

❾ホル…両ひざを1回たたく。

❿ディリ…両手を交差して両肩をたたく。

⓫リア…両手で頭をたたく。

⓬ホルディリア…❾・❿と同じ動き。

⓭クック…両手をくちばしの形にして、口もとで2回つつくまねをする。

⓮ホルディリリア　ホルディリアクック　ホルディリリア　ホルディリアクック　ホルディリリア…❾〜⓭を繰り返し、最後のホで両手を頭上で広げる。

⓯（2回目以降はお話を取り入れる）みんなで歩きながら歌っていると、目の前を「サッ！」と横切るものがありました。…⓭の後、「サッ！」と言いながら両手を右上からすばやく斜めに振り下ろす。

⓰（3回目）それを見たみんなは「ハッ！」と驚きました。…⓭の後、「ハッ！」と言いながら両手を広げ、驚いたポーズをする。

⓱（4回目）それはよく見ると鳥でした。みんなは「ホッ！」としました。…⓭の後、「ホッ！」と言いながら両手を胸の前で交差し、安心したポーズをする。

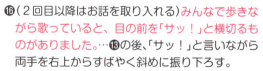
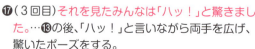

*P.115の部分実習指導案の例で行なっています。

〈6〉言葉遊び（カルタ作り）

用意する物・準備
画用紙、色画用紙、千代紙、フェルトペン、のり、ハサミ
※画用紙は大小2種類の大きさの長方形に、色画用紙は円く、千代紙は同じ幅で細く、それぞれ切っておく。

作り方

①千代紙を画用紙（大）の上下左右の端にはる。

②円く切った色画用紙にひらがなを一文字書き、画用紙（小）の右上にはる。

③②に考えた文章を書く。

④①には、③で考えた文章を絵にして描く。

遊び方
作ったカルタでカルタ取りをする。

*言葉や文字に対して、しぜんに興味が持てる遊びですね。

5歳児 ③遊び　P.110～117と連動しています！　指導案にしたときの記述のしかたがわかります。

＊P.116の部分実習指導案の例で行なっています。

〈7〉よーいどんジャンケンポン

用意する物・準備
フープ、長縄など
※左右対称になるようにコースを作り、子どもたちを2チームに分ける。

遊び方
- コースの両端からスタートし、出会ったところでジャンケンをする。
- 勝ったらそのまま進み、負けたら自分のチームに戻り、次の子どもがスタートする。
- コースの端まで進んで来られたほうが負け。

＊待っている子どもへの配慮を考えてみましょう。

＊P.117の部分実習指導案の例で行なっています。

〈8〉ネコとネズミ

用意する物・準備
ライン引き、帽子
※園庭にライン引きでネコの家を描く。
※2チームに分かれ、帽子の色を変える。

＊グループで力を合わせられるようになってくる5歳児に合った遊びです。

遊び方
- ネズミは逃げ、ネコは追いかける役と家を守る役に分かれる。
- ネズミはタッチされたらネコの家に入るが、仲間がタッチしてくれたら逃げることができる。
- 全員が捕まったら交代する。

5歳児 ④部分実習指導案の例〈1〉伝言ゲーム (遊びはP.103参照)

(保育所・幼稚園どちらでも使えます)

※「子どもの姿」「ねらい」「内容」「環境の構成」については、P.10～15の該当するところを必読！ 各欄はつながっています。

●「ねらい」?
ゲームそのもののねらいということがわかるように書きます。

まずはココ!

●「内容」?
5歳児なので、共通の目的に向かって協力する経験も「内容」に入れたいですね。また、この活動全体をとらえると、あえて「決まった」と入れる必要はないでしょう。

●まずは子どもだけでできるかな?
どのように分けるのか、分け方の手順や、各チームの人数が同じにならなかった場合はどうするのかといったことも、考えておきましょう。

●どのような言葉にする?
単語→二語文→単文へと変化をつけ、楽しめるようにしましょう。「サルがキャッキャ」「ウサギがピョンピョン」「せんせいは、おやつをたべました」など、聞いただけで楽しくなるようなものを考えておきます。

●どのようなことを話し合うのか?
具体的に内容を予想しておきます。それに対して、援助・配慮を書くとよいでしょう。

●伝言している途中のトラブルは?
聞き取りにくく、次の人へ回せない、思わずほかの子どもが教えてしまったなど、考えられるトラブルを想定しておき、援助も記しましょう。また、個別配慮の必要な子どもには、保育者の援助を考えておきます。

6月　○日　○曜日		実習生氏名	○　○　○　○
5歳児　みどり組　35人　(男児　17人　／　女児　18人)			
子どもの姿	・仲よしの友達ができ、いっしょに遊んでいる。 ・いろいろな友達と遊べるように、ふれあい遊びや言葉遊びに取り組んでいる。	主な活動	伝言ゲーム
		ねらい	ゲームを通して、友達~~に決まった~~と言葉を伝え~~ていく~~合う楽しさを味わう。
		内容	ルールがわかり、チーム~~に分かれて~~で協力して、~~決まった~~言葉を正確に伝え~~る~~合う。

時間	環境の構成	予想される子どもの活動	保育者の援助・配慮
00：00		◎伝言ゲームをする。 ・ルール説明を聞く。 ・チームに分かれる。	・伝言ゲームに興味が持てるように、楽しく話をする。 ・チーム分けをして、友達同士で順番を決めるように促す。
00：10	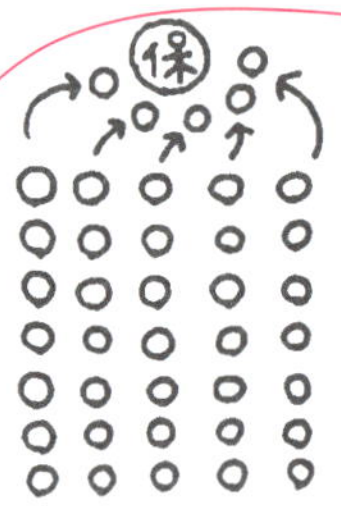	・先頭の子どもが言葉を聞く。 ※あらかじめいくつか準備しておきましょう。	・先頭の子どもだけに言葉を知らせ、隣へ隣へと伝えていく、ほかの子どもが教えないなど、しっかり共通理解できるようにする。 ♥よい手順だと思います。子どもがルールを理解すると同時に、実習生もそれぞれの子どもの理解度はどうなのか、把握していきましょう。
	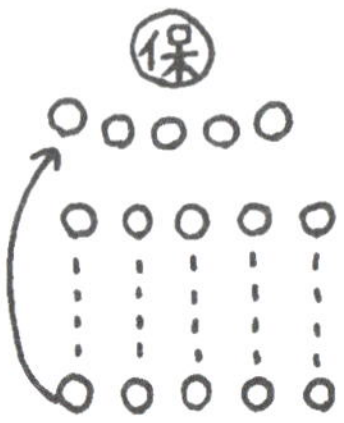	・後ろの子どもに伝言していく。 ・伝わった言葉を発表する。	・最初は簡単な言葉から伝え、全員が聞き取れることで、遊びのルールがわかり、盛り上がるようにする。 ・最後の子どもに発表してもらい、うまく伝わっていたらみんなで喜び合い、チームの団結力を高める。
	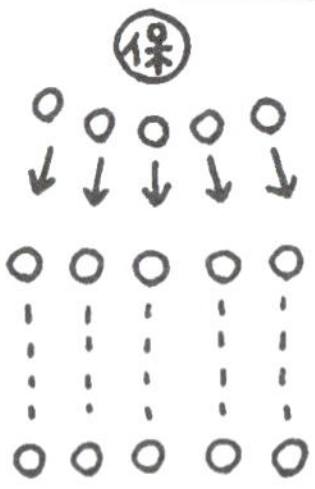	・繰り返して遊ぶ。 ・先頭を交代する。	・慣れてきたら、身近な言葉やクラスではやっている言葉を伝えていく。 ・全員に先頭の役が回ったら、ゲームを終了することを知らせる。
00：40		・話し合いをする。	・話し合いの時間を持ち、自分の思ったことや感じたことを伝えられるようにする。

〈反省・評価〉	〈指導・助言〉
5歳児は自分たちで考えて行動できるので、ゲームでわからないことは、友達同士で教え合う姿が見られました。子どもたちに関係のある言葉や身近な言葉を伝えたので、わかりやすかったようです。 最初の言葉を伝えるときに声が小さすぎて、何回もやり直しました。少し間が空き、子どもたちから「まだ？」と声があがるほどでした。子どもたちを待たせないように、次回はがんばりたいと思います。	部分実習お疲れさまでした。 言葉遊びは子どもたちも大好きな遊びのひとつです。年長ならではの記憶力、伝達力やチーム力など、いろいろなことが発揮されます。楽しい活動でした。 ※5歳児はさまざまなことができるようになり、理解力も育ってきます。ゲームが楽しいと思えるように、ある程度のテンポやメリハリが必要です。 担当者　㊞

○…子ども　㊖…実習生

※具体的にどうするべきなのか、書きましょう。

5歳児 ④部分実習指導案の例〈2〉カエルの折り紙（遊びはP.103参照）
（保育所・幼稚園どちらでも使えます）

6月	○日	○曜日	実習生氏名	○ ○ ○ ○
5歳児	あお組	28人	（男児 15人 ／ 女児 13人）	

子どもの姿	小動物に興味を持ち、観察したり世話をしたりしている。 ※保育者は、子どもたちひとりひとりを見て回らないといけません。	主な活動	折り紙「カエル」
	●歌のタイトルを記入する 選曲の意図も考えます。『かえるの合唱』でしょうか。	ねらい	身近な小動物を折り紙で表現し、工夫して跳ばしたり友達と競ったりする楽しさを味わう。
		内容	・~~自分で考えながら折る。~~ ・~~カエルを跳ばして友達と遊ぶ。~~

時間	環境の構成	予想される子どもの活動	保育者の援助・配慮
00:00	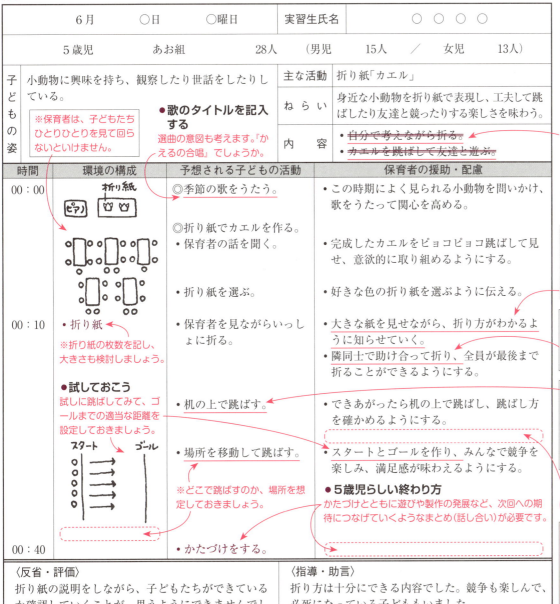	◎季節の歌をうたう。	・この時期によく見られる小動物を問いかけ、歌をうたって関心を高める。
		◎折り紙でカエルを作る。 ・保育者の話を聞く。	・完成したカエルをピョコピョコ跳ばして見せ、意欲的に取り組めるようにする。
		・折り紙を選ぶ。	・好きな色の折り紙を選ぶように伝える。
00:10	・折り紙 ※折り紙の枚数を記し、大きさも検討しましょう。	・保育者を見ながらいっしょに折る。	・大きな紙を見せながら、折り方がわかるように知らせていく。 ・隣同士で助け合って折り、全員が最後まで折ることができるようにする。
	●試しておこう 試しに跳ばしてみて、ゴールまでの適当な距離を設定しておきましょう。	・机の上で跳ばす。	・できあがったら机の上で跳ばし、跳ばし方を確かめるようにする。
		・場所を移動して跳ばす。 ※どこで跳ばすのか、場所を想定しておきましょう。	・スタートとゴールを作り、みんなで競争を楽しみ、満足感が味わえるようにする。 ●5歳児らしい終わり方 かたづけとともに遊びや製作の発展など、次回への期待につなげていくようなまとめ（話し合い）が必要です。
00:40		・かたづけをする。	

〈反省・評価〉	〈指導・助言〉
折り紙の説明をしながら、子どもたちができているか確認していくことが、思うようにできませんでした。できた子どもとまだの子どもの差があり、全員を待つ間に騒いでいました。全員ができるようにするための配慮を考えていたはずですが、頭が真っ白になってしいました。何回も練習して折ったカエルでしたが、反省ばかりの内容でした。 次回はもっと話し方を工夫し、子ども同士がかかわれるように配慮して、がんばりたいと思います。	折り方は十分にできる内容でした。競争も楽しんで、必死になっている子どももいました。 説明のしかたは、子どもにわかりやすく、折る部分もよく見えるようにするなど、考えてみましょう。 担当者 ㊞

○…子ども ㊑…実習生 ㊔…担任保育者

※「子どもの姿」「ねらい」「内容」「環境の構成」については、P.10〜15の該当するところを必読！ 各欄はつながっています。

●内容の書き方を再考
・自分で工夫したり、友達と教え合ったりして折る。
・カエルの跳ばし方をいろいろ試したり、競ったりして遊ぶ。
「跳ばし方をいろいろ試し」と入れて、遊びからの学びに目を向けましょう。

♥全員が見やすいようにするための、よい配慮です。さらにできた物を跳ばして見せることで、カエル作りに興味を持つでしょう。

●5歳児の保育
子どもが互いに教え合い、会話を交わす機会を大切にしたいですね。

※机の上だけでなく、高→低・低→高など、いろいろな場所で跳ばしてみることで、子どものさまざまな発見や驚きの経験につながります。

※跳ばしながらの子どもの発見・工夫なども取り上げて、他児に紹介することで遊びが盛り上がるでしょう。作った物が跳ばないなど、トラブルへの援助も想定しておきましょう。あらかじめ保育者がやっておき、いろいろなことに気づいていないといけません。

●反省を生かそう！
その中でもよい気づきもあったはずです。いろいろな角度から考えて、次の保育に生かしましょう。

●援助の事項で予定していたはずでは？
できた子どもは、まだできていない子どもに教える、わからない子どもは、できた子どもに聞くなど、子ども同士のかかわりの機会ととらえて、適切なことばがけをしていきましょう。

5歳児 ④部分実習指導案の例〈3〉クルクル回転円盤投げ (遊びはP.104参照)

（保育所・幼稚園どちらでも使えます）

※「子どもの姿」「ねらい」「内容」「環境の構成」については、P.10～15の該当するところを必読！ 各欄はつながっています。

※5歳児の「ねらい」は、子ども同士のかかわりを深めようとする、"友達と共に"の視点が重要です。

9月	○日	○曜日	実習生氏名	○ ○ ○ ○

| 5歳児 | すみれ組 | 14人 | （男児 | 6人 ／ 女児 | 8人） |

子どもの姿	2学期が始まり、友達といっしょに共通の目的を持って遊びを考える姿が見られる。 ※ねらいに応じた内容としては、 ・思い思いの絵を描き、イメージを表現する。 ・円盤の投げ方を、友達と工夫して遊ぶ。 としましょう。	主な活動	クルクル回転円盤を作る。
		ねらい	身近な素材や用具を使って工夫して作り、作った物で楽しく遊ぶことを友達といっしょに楽しむ。
		内容	・~~円盤の投げ方を考えたり工夫したりして遊ぶ。~~ ・~~身近な素材や用具を使ったり描いたりする。~~

●これも大事なこと
どの程度準備するのか考えておきます（子どもの人数＋見本分＋失敗してしまった子どもの分）。

●意欲を育てる（心情・意欲・態度）
実物を見ることで、作ったり飛ばしたりすることに対する意欲につながっていきます。

まずはココ！

●書くことで整理を
話の内容を子どもの活動に置き換えて、順を追って書くと指導のときの整理になります。

※実際に子どもが自分の指で押さえるとか、赤色の線を見つけるようにするなど、子どもとやりとりをしながら確認していきましょう。子どもにどのようなことばがけをし、進めていくのか、具体的に想定します。

※保育者から約束を伝えるだけでなく、「人のほうに投げるとなぜいけないのか、いっしょに考え」と、子どもみずからが安全性について気づくようにしたいですね。

♥とても有効な方法で、心に留めておきたいことです。また、実習生の反省を見ていると、製作には予想以上に時間がかかることが多いようです。遊ぶ時間を10分多めに想定しましょう。

時間	環境の構成	予想される子どもの活動	保育者の援助・配慮
00：00	・紙皿、ハサミ、クレヨン、フェルトペン、段ボールで作ったゴール ・紙皿に切り込み線と折り線を描いておく。	◎手遊びをする『山小屋いっけん』。 **●導入として考えては？** 活動内容につながる手遊びを選びましょう。	・子どもたちが楽しくなるように、大きな動作でわかりやすく手遊びをする。 ※どの活動に対してですか？ 手遊び？ 話がわかりやすいように大きな動作で、でしょうか？
00：05	・机とイスを並べる。 ・机ごとに、クレヨンかフェルトペンを用意する。 ・あらかじめ切る線、折る線を入れておいた紙皿を配る。	◎クルクル回転円盤を作る。 ・保育者の話を聞く。 ・ハサミとクレヨンかフェルトペンを出し、イスに座る。 ・紙皿をもらう。 ・円盤を見る。 ・保育者の話を聞く。 ・ハサミで青色の線を切る。 ・赤色の線を折る。 ・~~好きな~~思い思いの絵を描く。 ・ハサミとフェルトペンをかたづける。	・子どもたちが楽しめるように、大きな動作をする。 ・順番に道具を取りに行き、好きな場所に座るように話をする。 ※「ゆっくりと」「ていねいに」などと言葉をかけると、慎重な態度につながります。 ・円盤を投げて見せることで、興味を持てるようにする。 ・ハサミの使い方を確認し、線の上を切るように伝える。 ・切る線と折る線の色が違うことを、念入りにことばがけをする。 ・紙皿に好きな絵を描くように伝える。 ・できあがったら保育者が名前を描き、使った物をかたづけるようにことばがけする。
00：30	・安全に配慮し、スペースを広げる。	・遊ぶ。 ・的に向けて投げる。 ※大きさや高さに変化をつけると楽しいでしょう。 ・話し合いをする。	・人のいない方向に投げるように伝える。 ・うまく投げられるコツを知らせる。 ・ある程度遊んだら段ボールで作った的を出し、順番に投げ入れるようにする。 ・的に当たった喜びを共感する。 ・話し合いをして、満足感が得られるようにする。
00：40		・かたづけをする。	**●すべてに配慮を** 場のかたづけや円盤はどうするのか（持ち帰る？ 後で続きをする？）などを考えておきます。

〈反省・評価〉
子どもたちが楽しんでくれたので、やってよかったと思いました。
保育の中で、ハサミやクレヨンを使うときの手順や工夫のしかたについて説明するとき、子どもたちのようすをしばらく見て、こちらの話を聞く姿勢ができてから始めるということなど、いろいろご指導いただき、ありがとうございました。

〈指導・助言〉
実習お疲れさまでした。とても喜んで円盤を投げていましたね。
子どもたちの前で緊張されたと思いますが、ことばがけや説明のしかたなど、とてもよかったです。年齢に応じた説明のしかたがあるということを、子どもたちを見ながら学んでください。
担当者　　　　　　　印

○…子ども

112　Ⅱ 年齢別　日誌・指導案

5歳児 ④部分実習指導案の例 〈4〉わらべうたジャンケン（遊びはP.105参照）
（保育所・幼稚園どちらでも使えます）

※「子どもの姿」「ねらい」「内容」「環境の構成」については、P.10〜15の該当するところを必読！　各欄はつながっています。

9月	○日	○曜日	実習生氏名	○　○　○　○
5歳児	ゆり組	24人	（男児　14人　／　女児　10人）	

子どもの姿	・敬老の集いや地域の高齢者と遊ぶ会などで、わらべうたに親しんでいる。 ・難しい動きや新しい動きを考えて取り入れるなど、アレンジを楽しんでいる。 ※環境の構成で必要なことを考えておきます。	主な活動	わらべうたジャンケン
		ねらい	~~ふたり組になってジャンケン遊びをし、勝負を楽しむ。~~
		内容	・わらべうたのリズムに合わせて表現をする。 ・~~友達とペアになってジャンケン遊びをする。~~

♥子どもの姿をよくとらえ、それを生かした活動を選んでいますね。子どもの興味経験をさらに広げていってください。

●「ねらい」の書き方
わらべうたの楽しさを広くとらえましょう。「わらべうたに合わせて、体で表現したりジャンケン勝負を楽しんだりする。」としてはどうでしょう。

時間	環境の構成	予想される子どもの活動	保育者の援助・配慮
00：00	・ふたり組になり自由な場所で行なう。 ・保育室を広く使えるよう、場を整えておく。 ※わかりやすくてよいのですが、保育者の援助に文章で表されているので、環境の構成にはいらないでしょう。必要性のない図です。 	◎わらべうた遊びをする『お寺のおしょうさん』。 ・保育者の話を聞く。 ・ペアを見つける。 ・歌いながら遊ぶ。 ・ジャンケンをする。 ・負けたら、勝った友達の肩をたたく。 ・勝ったら、電車の先頭になって動く。 ・ペアを交替する。 ・話し合いをする。	※内容のふたつめは、 ・いろいろな友達とふれあい、ジャンケン遊びをする。 としましょう。 ・『お寺のおしょうさん』の遊び方を知らせて、興味を持てるようにする。 ・ふたり組になり、座って待つようにことばがけをする。 ・最初はゆっくり歌いながら遊び、動きが共通理解できるようにする。 ・慣れてきたらだんだん速くして、動きを楽しめるようにする。 ・全員がジャンケンを行なったか確認してから次の活動を伝える。 ・ジャンケンで勝ったら肩をたたいてもらう。電車の先頭になり走るなど、いろいろな動きを取り入れ、遊びが膨らむようにする。 ・ピアノの間奏部分でペアを変えていくなどして、変化をつける。 ・十分に遊べたら、話し合いをして、満足感が得られるようにする。

●保育者として具体的にどうするかイメージする
どうやって知らせますか？「保育者が歌いながら見せる」「子どもといっしょに行ないながら……」など。

まずはココ！
●いろいろな場面を想定しておく
"あいこ"の場合はどうするのか、考えておきましょう。また、肩たたきや電車のときに、保育者がピアノ伴奏をすると、子どもはリズムに乗って表現することを楽しめると予想されます。

※保育者がどのような問いかけをするのか、子どもとのやりとりを具体的に予想して、それに対する配慮も考えましょう。

〈反省・評価〉	〈指導・助言〉
わらべうた遊びは子どもたちもよく知っていましたが、新しい動きが入っていたので、とても喜んでいました。ジャンケン遊びでは気合いが入り、圧倒されました。年長児のすごさを感じた遊びだったと思います。 途中からピアノを入れ、間奏でペアを変えるようにしましたが、全員が変わったのか確認しないままピアノを弾き続けていました。ペアを組んでいない子や同じペアのままなど、後からわかったことがたくさんあり、全体を確認する大切さを知りました。	楽しい遊びをありがとうございました。わらべうたはふだんからよく遊んでいますが、新しい動きが子どもたちには新鮮でよかったようです。 内容の進め方はこれから勉強して、次回に生かしてください。反省会で学んだことを、しっかり自分のものにしてください。 ※「すごさ」では漠然としていますね。言葉を選びましょう。具体的な姿として記述したほうがよいでしょう。「力強さ」「迫力」「真剣さ」「意欲」などでしょうか。 担当者　　　　　　　　　　㊞

○…子ども　㊥…実習生

II-6 ⑤歳児の実習

5歳児 ④部分実習指導案の例 〈5〉ホルディリアクック（遊びはP.106参照）
（保育所・幼稚園どちらでも使えます）

※「子どもの姿」「ねらい」「内容」「環境の構成」については、P.10〜15の該当するところを必読！ 各欄はつながっています。

	11月　○日　○曜日	実習生氏名	○　○　○　○
	5歳児　ひまわり組　30人	（男児　12人　／　女児　18人）

子どもの姿	・運動会でダンスや体操を経験し、音楽に合わせて動くことがとても好きである。 ・難しい動きにも、積極的に挑戦している。	主な活動	歌遊び『ホルディリアクック』をする。
		ねらい	友達といっしょに、歌やリズムに合わせていろいろな動きを楽しむ。
	※なぜその絵本を選んだのですか。絵本のタイトルも入れましょう。	内容	・歌をうたいながらいろいろ表現する。 ・リズムを体で感じる。

※「内容は」、歌うことと体を動かすことの経験内容で整理しましょう。
・歌詞の楽しさを味わいながら歌をうたう。
・リズムを体で感じながら表現する。

時間	環境の構成	予想される子どもの活動	保育者の援助・配慮
00：00	㊅ ○○○○○ ○○○○○○ ○○○○○○ ○○○○○○	◎絵本を見る。 ・見える場所に移動する。 ・話を聞く。 ・内容について話し合う。 ◎歌遊びをする『ホルディリアクック』。 ・話を聞く。 ※絵本を生かすのはよいことですが、どのような内容なのかもわかると、さらにいいですね。 ・保育者の動きを見る。	・次の活動に関係のある絵本を読み、子どもたちの期待を高める。 ・絵本が見える場所に移動するよう、ことばがけをする。 ・見た後の感想をみんなで言い合う。 ・絵本の内容と関連させながら、これから何をするか子どもたちの意見を聞き、関心を高める。 ・楽しい動きとテンポを伝え、歌遊びに興味が持てるようにする。
00：10		・1番をする。 ・ゆっくり繰り返す。 ・動きを増やしていく。 「サッ」と風が吹く。 「ハッ」とびっくりする。 「ホッ」と安心する。	・いっしょに動きを楽しめるように、ことばがけをする。 ・新しい動きを追加しながら、保育者自身も表情豊かに大きく表現し、遊びが盛り上がるようにする。
00：30		●子どもにとって楽しいものに 一連の動きには物語性があるので、"お話"を語るように遊びを進めていくと、子どもにとって楽しいものになります。このことを援助にも生かしましょう。	・集中して動きを覚えるように励ます。 ・最後までできたことをみんなで喜び合う。

※どう座るとよいか、あらかじめ考えていましたか？

※これは援助ではなく、子どもの活動ですね。絵本について話し合うことで、子どものどのような育ちを期待しますか？ そのための援助として、保育者にはどういった応答が必要になるのか、考えてみましょう。

※子どもたちが、言われなくてもまねをしたくなるように、保育者は鏡の前で練習しておきましょう。

●何をするのかを整理しよう
増やしていく動きを、子どもの活動として記します。

●無理のない工夫を
子どもが意欲的に取り組めるように、保育者自身が工夫した進行をすると、「覚える」という感覚ではなく、子どもはしぜんに楽しんで取り組みます。楽しかったこと、できたことを褒める姿勢を持ちましょう。

♥『ホルディリアクック』を選んだことが、5歳児であるこのクラスの子どもたちに適していたのでしょうね。保育者もいっしょに楽しみながら、子どもの心情にふれていきましょう。遊びを盛り上げることにつながります。

〈反省・評価〉	〈指導・助言〉
今日は貴重な時間をいただき、ありがとうございました。 最初はとても緊張して、絵本を読む声もうわずっていました。話し合いでは、子どもたちの意見をまとめることが難しかったです。次の活動へつなげていきたかったので、必死になっていました。 歌遊びで盛り上がってきたので、いっしょに楽しむことができました。 話し方をもっと勉強しようと思いました。	楽しい動きのある遊びでした。しばらく子どもたちのお気に入りの遊びになるでしょう。 ことばがけは年齢によって違います。5歳には自分で気づいたり考えたりする力があります。言いすぎには気をつけ、見守ることも心がけましょう。 ♥5歳児の保育では大切なことです。心に留めておきましょう。 担当者　　　　　　　㊞

○…子ども　㊅…実習生

④部分実習指導案の例〈6〉言葉遊び（遊びはP.107参照）

※「子どもの姿」「ねらい」「内容」「環境の構成」については、P.10～15の該当するところを必読！　各欄はつながっています。

（保育所・幼稚園どちらでも使えます）

12月　○日　○曜日		実習生氏名	○ ○ ○ ○
5歳児　らいおん組　25人　（男児　15人　／　女児　10人）			
子どもの姿	・ひらがなを書いたり読んだりして、文字に興味を持っている子どもが多い。 ・自分たちで話を考え、紙芝居や絵本を作る姿も見られる。	主な活動	言葉遊びをする。
		ねらい	言葉や文字に興味を持ち、イメージを持ったり絵に描いたりして、カルタ作りを楽しむ。
	※「あ」と「い」の言葉集めをするという意味でしょうか。	内容	あいうえお順にみんなで言葉を考え、カルタを作る。

時間	環境の構成	予想される子どもの活動	保育者の援助・配慮
00：00	材料 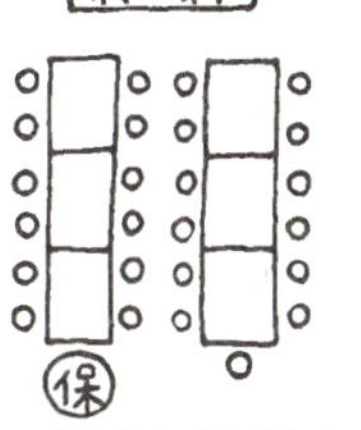	◎「あ」「い」がつく~~ものを当てる~~言葉集めをする。	・「あ」がつくもの「い」がつくものを子どもたちから引き出して、ひらがなに興味を持てるようにする。
00：05		◎カルタを作る。 ・話を聞く。 ・紙とフェルトペンを取りに行く。	・次の活動につながるように、話をする。 ・カルタ作りをすることを伝え、好きな文字を聞き、~~友達と重ならないようにする。~~
		・千代紙を周りにはる。	♥具体的でよくわかります。 ・のりは少しだけ手に取り、隅まで薄く伸ばしてからはるように伝える。
00：20		・文章を考え、紙に書く。	・丸にひと文字書き、小さい紙にはり、続きの文章を書くように伝える。 ・文字が書けない子どもには、薄く鉛筆書きをして、子どもが上からなぞるようにする。
00：25		・絵を描く。	・みんなでカルタ作りの楽しさを感じられるようにする。
00：55	・カルタを見せる。 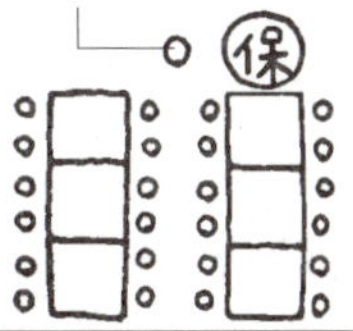	・みんなでカルタを見せ合う。	・完成したら全員で見せ合い、達成感が味わえるようにする。
00：60		・かたづけをする。	・できたカルタで午後から遊ぶことを伝え、次の遊びへ期待が持てるようにする。

※準備物を全部書いて、何が必要か整理しておきます。

※保育者の援助がありません。大切な場面なので、子どもがイメージしたことを絵に表すような、適切な援助が必要です。

※どのような手順で見せ合いますか？予想して書いておき、それに対する配慮も考えて書きましょう。

〈反省・評価〉	〈指導・助言〉
大変な活動でしたが、とても勉強になりました。子どもによって製作時間がバラバラで、早くできた子どもに対しての配慮がありませんでした。遅い子どもに付き添い、全体に目が行き届いていませんでした。文字には興味を持っている子どもたちなので、文章を考えたり絵に描いたりする活動は楽しんでくれたようです。 部分実習をして初めてわかることがたくさんありました。いろいろ教えていただき、ありがとうございました。	短時間でしたが、貴重な体験ができましたね。 頭でイメージをして計画をたてても、実際にやってみると違うことや思いどおりにいかないことが出てきます。そのときどう対処するか、切り替えるかが難しいですね。 今後の課題としてがんばってください。 担当者　　　　㊞

○…子ども　㊟…実習生

まずはココ！

●余裕を持って時間を想定しよう

特に製作活動では、時間のかかる子どもとそうでない子どもが出てきます。必ず予測しておかなければなりません。「文章を考える」ことと「作る」ことは、分けてもよいでしょう。

●「内容」の考え方

5歳児のカルタ作りには、経験させたい観点からの「内容」がたくさん含まれます。
- 好きな言葉を考える。
- イメージを膨らませて絵を描く。
- 文字に興味を持つ。

などが考えられます。

●興味が膨らむように

「あ」「い」などが頭に付く言葉を子どもと集めることで、ひらがなに興味を持つようにしたいですね。ほかにも、文字カードを用意する、カルタの始めのひと文字は保育者が書いておき、見せるなども考えられます。保育室の環境から文字を探すのもよいでしょう。子どもの活動とひらがなをつなぐ工夫をしましょう。

●同じ文字があってもよいことにするなど

友達と使いたい文字が重なった場合はどうするのか、考えておきましょう。

※字札のことでしょうか？これではわかりにくいです。

●どんな援助？

「文字札の内容をイメージして、絵札に絵を描くように伝える。」と書くと、よくわかりますね。字札や絵札のイメージが持ちにくい子どもには、言葉集めを思い出しながら、保育者がいっしょに考えたりヒントを出してみたりして、完成できるようにしましょう。

♥他児の作品にふれる場を設けたことは、"表現"活動を総合的にとらえた広い経験ですね。子どもの表現が、より豊かなものになります。

※文字については、書ける・書けないで子どもが優越感や劣等感を持たないように配慮しましょう。わからないところは、保育者がしっかり援助したり子ども同士で教え合ったりするなど、よい関係性の中で、遊びを通して文字に対する興味・関心を育てたいものです。

5歳児 ④部分実習指導案の例〈7〉よーいどん ジャンケンポン（遊びはP.108参照）
（保育所・幼稚園どちらでも使えます）

※「子どもの姿」「ねらい」「内容」「環境の構成」については、P.10〜15の該当するところを必読！ 各欄はつながっています。

●「内容」を再考
5歳児なので、
・ゲームのルールを守って集団で遊ぶ。
として、「内容」を深めたいですね。

まずはココ！

●子どもが考えるように
フープと長縄の渡り方について話し合います。5歳児の2月なので、保育者が決めるのではなく、子どもといっしょに考えたいですね。例えば、フープは走り抜ける、ケンケンをする、長縄は落ちてはいけないなど、自分たちの意見をもとにしたルールづくりが考えられます。

※いろいろな場合を想定しましょう。遊びながら、子どもとルールを話し合ったり決めたりしていくことで、5歳児らしい活動になります。

●子どもの活動を
これは子どもの活動ではありませんね。
・ひとつのチームがゴールする。
などと書きましょう。

※ここも具体的にどうするのか書きましょう。拍手？ 話し合い？ どういう方向で認め合いますか。想定しておきましょう。

♥雨天ではなかったですが、あらかじめ想定しておくことは大切です。室内での活動は、戸外とは違った環境の構成や保育者の援助・配慮の必要性が生じます。戸外遊びを計画したときは、必ず考えておきましょう。

2月	○日	○曜日	実習生氏名	○ ○ ○ ○
5歳児	くじら組	20人	（男児 11人 ／ 女児 9人）	

子どもの姿	・子どもたちは寒さに負けず、戸外で走り回っている。 ・渦巻きジャンケンや鬼ごっこなど、友達といっしょにゲームを楽しんでいる。	主な活動	「よーいどん ジャンケンポン」遊びをする。
		ねらい	チームで協力し合って、ルールのある遊びを楽しむ。
		内容	・友達とルールを話し合ったり決めたりする。 ・~~ゲームのルールがわかる。~~

時間	環境の構成	予想される子どもの活動	保育者の援助・配慮
00:00		◎ジャンケン遊びをする。 ・話を聞く。 ●考えておこう！ どうやって2チームに分かれるのか、子どもの活動に手順を書いておきます。 ・チームを決めて帽子の色を変える。 ・コースに沿って走る。 ・ジャンケンをする。 ・勝ったら進む。負けたら並び直す。 ・勝ち続け、相手の陣地にひとりが入ったら勝ち。 ・勝負が決まる。 ※負けた子どもは悔しい思いをしているので、褒める行為よりも拍手でたたえるくらいのほうが、行ないやすい表現ではないでしょうか。	・準備ができた子どもから、テラスに出て座るように言葉をかける。 ・コースを設置して、何をするのか子どもたちが期待を持てるようにする。 ・2チームに分かれてジャンケン勝負することを伝え、仲間意識を高める。 ・互いの位置からスタートし、ぶつかったところで両手をタッチし、みんなで「ジャンケンポン」と声を出すように伝える。 ・勝ち負けを並んでいる子どもに伝え、次の子どものスタートを促す。 ・後出しなどのトラブル時は、子どもに投げかけ、ルールを話し合う。 ・フープの渡り方の約束を守っているか、見守る。 ・勝負がついたら、勝ったチームをみんなで褒め、達成感が味わえるようにする。 ・負けたチームには、次の勝負に勝てるよう励ます。
00:15		・もう一度ジャンケン遊びをする。	・もう一度勝負し、決まったら互いのがんばりを認め合う。

〈反省・評価〉
雨天の場合は、室内にフープを並べてゲームをする予定でしたが、今日は好天に恵まれ暖かかったのでよかったです。
ジャンケン勝負はとても盛り上がり、勝ったチームの喜び方がほんとうにうれしそうでした。負けたチームも、もう一回勝負をして、勝ててよかったです。チームとしての一体感が見られた気がします。
「ジャンケンポン」と言うところを全員でいっしょに言えれば、もっと盛り上がったのではないかと思っています。

〈指導・助言〉
ジャンケン勝負になると、とても燃えますね。やりすぎると飽きてくるので、ちょうどいい時間だったと思います。
声もよく出てわかりやすかったですし、チームとしてまとまっていました。

●5歳児らしい育ち
勝ち負けそのものよりも、勝ったときの心情・負けたときの心情を経験することが大切なのです。チームで共通の目的に向かって協力していく経験が、何より子どもの自信につながります。

担当者　　　　　㊞

○…子ども　㊣…実習生

5歳児 ④部分実習指導案の例 〈8〉ネコとネズミ （遊びはP.109参照）
（保育所・幼稚園どちらでも使えます）

※「子どもの姿」「ねらい」「内容」「環境の構成」については、P.10～15の該当するところを必読！ 各欄はつながっています。

2月	○日	○曜日	実習生氏名	○ ○ ○ ○
5歳児	りんご組	26人	（男児 13人 /	女児 13人）

子どもの姿	・寒い日でも戸外に出て、元気に体を動かして友達と遊んでいる。 ・ルールのある遊びを好み、いつも数人でごっこ遊びをしている。	主な活動	ネコとネズミになって追いかけっこをする。
		ねらい	~~遊びの中で、共通の目的を持って活動に取り組む。~~
		内容	・ネコ役・ネズミ役に分かれてチームで戦う。 ・十分に体を動かして遊ぶ。

時間	環境の構成	予想される子どもの活動	保育者の援助・配慮
00：00	(保) ○---○ ○---○	◎ネコとネズミのゲームをする。 ・ゲームの話を聞く。 ・鬼ごっこについて話し合う。 ・ネコとネズミゲームの話を聞く。	・ゲームの内容を知らせて、興味が持てるようにする。
	(ネコ) (ネズミ) ○ ○ │ │ ○ ○ │ │ ○ ○ ※ゲームのルールを踏まえて、子どもの活動として書きましょう。	・2チームに分かれる。 ・捕まえたときのキーワードを決める。 ・ゲームを始める。 ・ネズミチームは逃げる。 ・ネコチームは追いかける。 ・ネコは捕まえたネズミを家に連れて行く。	・ジャンケンをして、ネコチームとネズミチームに分かれるように話をする。 ・捕まえるときのキーワード（「タッチ！」と言う）を話し合い、遊びが盛り上がるようにする。 ・10数えたらネコチームが捕まえに行くことを確認し、ゲームを始めるようにする。 ・捕まえたらネコの家に連れて行き、全員を捕まえるまでがんばるように励ます。

	※何を交代するのか？ ネコとネズミの役を交代するのか？ もう少しわかりやすく表現します。細かい点まで考えておくことが役だちます。	・交代する（1回交代したら終わりとする）。	・全員が捕まったら、ネコ役とネズミ役をチームで交代することを伝える。 ・トラブルや危険なことがあれば、その場で解決する。
00：35	(保) ○---○ ○---○	・ゲームの感想を言う。	・がんばったことを褒め、遊びの感想をみんなで伝え合い、満足感が持てるようにする。

〈反省・評価〉
このゲームは、みんな楽しんでくれてよかったです。子どもたちの意見を聞き、新しいルールを入れながら、楽しい雰囲気で遊ぶことができました。予定していたルールではなかったものの、年長児ならではの考えや工夫を取り入れて、遊びを盛り上げていく姿を見ることができました。
声がかすれ、思ったように話ができませんでした。保育をするうえで、健康管理も気をつけなければと思いました。

〈指導・助言〉
声がかすれて大変でしたね。
年長なので、ゲームのルールを共通理解して、チームで力を合わせていました。年長に合った遊びでよかったです。

●子ども同士でもまた遊びたくなるように
5歳児の2月は、子どもたち同士で膨らませる力があるはずです。また、次回への期待につなげていくことも忘れずにしましょう。

担当者　　　　㊞

○…子ども　㊺…実習生

●ここでの「ねらいは」？
部分実習なので、「チームで協力したり競い合ったりして、鬼ごっこを楽しむ。」など、もう少し活動の姿に近づけた「ねらい」を考えましょう。

●ここでの「内容」は？
「戦う」ということよりも、チームで共通の目的を持つ気持ちを育てることを第一にしたいですね。
・同じ目的を持って、チームで協力する。
といったニュアンスを入れましょう。また、「内容」はふたつあってもよいです。

●子どもの主体性を大切に
子どもが受け身になって説明を聞く前に、子どもの鬼ごっこなどの経験を引き出し（話し合い）、ネコとネズミにつなげていくと、子どもの中にイメージがわきやすいでしょう。

●楽しい方法をいっしょに考えよう
どうやって分かれるのか、具体的に考えておきましょう（いつものグループ、グッパージャンケンで分かれる、並び順に分かれるなど）。子どもたちと相談してもよいでしょう。

♥重要な援助事項です。トラブルも大切な学びの場です。子どもの大切な経験ととらえましょう。5歳児のこの時期は、子どもの主体性と協同性の育ちを大切にし、子ども同士で話し合ったり考え合ったりできるようにしながら、ていねいに解決していきましょう。

♥保育の流れの中で、計画していたことを変化させても、「ねらい」から外れなければよいのです。"指導計画＝シミュレーション"という考え方が大切です。

117

5歳児 ⑤ 責任実習指導案の例〈保育所〉

※「子どもの姿」「ねらい」「内容」「環境の構成」については、P.10〜15の該当するところを必読！ 各欄はつながっています。

6月	○日	○曜日	実習生氏名	○ ○ ○ ○
5歳児	まつ組	30人	(男児 16人 /	女児 14人)

子どもの姿	・新しいクラスに慣れ、気の合う友達と楽しんでいる。 ・季節の小動物に興味を持ち、世話をしている。	ねらい	・梅雨期の身近な小動物に関心を持つ。 ・工夫して作り、作った物で遊ぶ楽しさを味わう。
		内容	~~身近な季節の小動物を、絵本・歌・製作などに取り入れて遊ぶ。~~

●「内容」を大きくとらえて書こう
・梅雨期の自然に関心を持ち、遊びに取り入れる。
・身近な素材や遊具を試したり工夫したりして遊ぶ。

※準備物はありませんか？ 文字で記すか、図の中に表れていると、わかりやすいです。

時間	環境の構成	予想される子どもの活動	保育者の援助・配慮
9:00	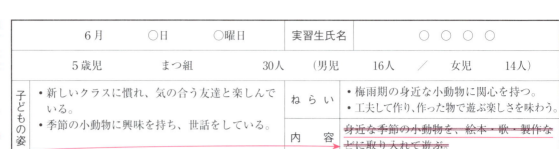	◎順次登園する。 ・絵本、ままごと、ビーズ、三つ編み、小動物を見るなど。 ◎かたづけをする。 ※どのような題名の体操でしょうか？	・元気にあいさつをして、健康観察をする。 ・編んだりビーズを通したりすることができるか見守り、時には援助をする。 ・次の活動を始めるため、かたづけるようにことばがけをする。
9:30		◎朝の体操をする。 ・1階ホールに移動して体操をする。 ・カニ歩きをする。 ・保育室に戻る。	・体操ができるよう、友達と間隔を空けるように話をする。 ・「グーパー グーパー」と言いながら足を出し、意識して歩いて行けるようにする。
9:50		◎朝の会をする。 ・イスに座る。 ・あいさつをする。 ◎歌をうたう『カエルの合唱』。 ・みんなで歌う。 ・グループで輪唱する。	・保育室に戻った子どもから、イスを並べるように促す。 ・元気な声であいさつをすることで、気持ちが明るくなるようにする。 ・カエルの製作に向け、興味を持てるように歌う。 ・歌の楽しさを知らせる。 ・グループに分かれて輪唱をし、難しいことにも挑戦する意欲が持てるようにする。 ・友達の声を聞き、輪唱の美しさや楽しさに気づくようにする。
	・紙コップ32個、丸形画用紙32枚、輪ゴム16本、ハサミ、のり、セロハンテープ、手ふき ※活動と活動の区切りで、排せつに行きましょう。		
10:10	 ・完成品をいつでも手に取って見られるように置いておく。 	◎紙コップでカエルを作る。 ・絵本『999匹のきょうだいのおひっこし』を見る。 ・保育者の話を聞く。 ・のり・フェルトペンを取りに行く。 ・紙コップ2個・輪ゴムをもらう。 ・紙コップに切り込みを入れ、輪ゴムをクロスして掛ける。 ・セロハンテープで留める。 ・丸形の画用紙に目を描き、のりではる。 ・フェルトペンで、手・口や服を描く。 ・かたづけをする。	・落ち着いて絵本が見られるように、子どもたちが静かになるのを待つ。 ・保育者が前もって作っておいたカエルを跳ばして見せ、期待が膨らむようにする。 ・のりとフェルトペンを持ってイスに座るように話をする。 ・材料を取り忘れていないか確認をする。 ・わからない子どもには、隣の友達に聞いて教えてもらうよう促す。 ・時計を指して数字を伝え、時間内に作るよう意識させていく。 ・使った物は元の場所にきちんとかたづけるように、ことばがけをする。

●環境の構成をイメージ
どのように並ぶのか、空間をどのように使うのか、環境の構成を書きます。

※朝の会の流れにおける、プログラムの一部ととらえているようですが、輪唱も行ない、指導内容もあるので、ひとつの項目ととらえたいですね。

※準備物と材料を並べる机などが必要です。子どもの動線を考えて、環境の構成に記しましょう。

※保育者の働きかけによって、生活の中で時や数字に関心を持つよい機会ですが、あまり時間にとらわれすぎないようにしましょう。作る早さの差への対応も、しっかりとしていきましょう。

○…子ども ㊪…実習生 ㊉…担任保育者

時間	環境の構成	予想される子どもの活動	保育者の援助・配慮
	 くつばこ	◎カエルを跳ばす。 ・グループごとに、歌に合わせて跳ばす。 ・いちばんのカエルを決める。 ・自由に跳ばす。 ・カエルをロッカーに入れる。	・『カエルの合唱』を歌い、楽しい雰囲気になるようにする。 ・横一列に並び、どのカエルがよく跳ぶか競争をする。 ・いちばんになった子どもにみんなで拍手を送り、ほかの子どもの意欲につなげていく。 ・跳ばし方を工夫したり、ゴムの調節を試みたりするよう、必要に応じて助言する。 ・後で遊べるように、カエルを個人ロッカーに入れるよう促す。
11：30	※給食の準備についての活動は？ (保)	◎給食を食べる。 ・準備をする。 ・食べる。	・子どもの食べる量を調整しながら、盛り付けをしていく。 ・会話をしながら、楽しい雰囲気で食べられるようにする。 ・マナーを守る大切さを知らせる。
12：30	※準備物はないですか？	・かたづけをする。 ・床掃除をする。 ◎午睡の準備をする。 ・排せつをする。 ・着替えをする。	・保育室をきれいにすることで気持ちよく過ごせることを伝える。
13：00	※環境の構成は？	◎午睡をする。 ・絵本『アカネちゃんと赤いシャベル』を見る。 ・布団に入る。	・静かな曲をかけ、眠りやすいようにする。
15：00	※連絡ノートのことでしょうか？　わかりやすく書きましょう。 (保)	◎起床する。 ・布団を畳んで着替える。 ◎手洗い・消毒をする。 ◎おやつを食べる。 ◎降所準備をする。 ・ノートをかたづける。	・カーテンを開け、自分から起きやすいようにする。 ・きれいに布団を畳んでいるか、確認する。 ・好きな場所に座り、友達と楽しく食べられるようにする。 ・ひとりひとりの名前を呼び、ノートをかたづけるようにする。
15：50	(担) (保)	◎歌をうたう。　※題名を入れましょう。 ◎あいさつをする。	・姿勢を正し、元気よく歌えるよう励ます。 ・明日の予定を知らせ、期待が持てるようにする。
16：00	(担)	◎順次降所する。 ◎延長保育をする。	

※脱いだパジャマなどのかたづけも確認しましょう。

〈反省・評価〉
イメージしながら練習をしていたのですが、なかなか思うようにできませんでした。説明のしかたが悪かったり、予想していなかったことが起こったりして、焦ってしまいました。
もっと子どもたちに沿った保育ができるように、がんばりたいと思います。

〈指導・助言〉
カエル作りは、反省会で言われていたことがすべてだと思います。
そのほかの活動は、ふだんしていることなので、子どもたちが進んで行なっていましたね。
次回に生かせるようがんばりましょう。
担当者　　　　　　印

● **子どもが楽しめるように考えよう**
グループごとのカエル跳ばしの前にあったほうが、跳ばし方の工夫が見られ、よいかもしれません。また、活動に関する援助が抜けています。自由な時間も大切な場面ととらえましょう。

● **こまやかに考えておこう**
食事の前に手洗い（消毒）、食後の歯みがきなどはしないのですか？

まずはココ！

● **思いを文章に**
このままの文章では、保育者の活動ですね。このとき保育者はどんな心持ちでいますか。「温かい雰囲気でひとりひとりの名前を呼び」とか、「ひとりひとりの名前を呼び、降所の時間をゆったりとかかわりながら」など、一文を入れることで援助らしくなり、書くことで保育者自身も援助を自覚できます。

● **子どもにもわかる言葉を考えよう**
幼児に対してこの用語はあまり使わないので、違う言葉でわかりやすく伝えましょう。また、歌うことが楽しいと思えるような励まし方をしましょう。

※何をどのようにイメージしたのか、なぜ思うようにできなかったのか、自分なりの気づきを具体的に書いてみましょう。考察が深まり、次の活動に生かせる記述になると思います。

※部分実習も含めて、ねらいを達成できたでしょうか。その視点で具体的に反省していきましょう。

Ⅱ-6 ⑤歳児の実習

5歳児 ⑤ 責任実習指導案の例〈幼稚園〉

※「子どもの姿」「ねらい」「内容」「環境の構成」については、P.10〜15の該当するところを必読！ 各欄はつながっています。

11月	○日	○曜日	実習生氏名	○ ○ ○ ○

5歳児	くま組	34人	（男児 17人 ／ 女児 17人）

子どもの姿	・秋の自然物を使って、遊ぶ物を作っている。 ・友達といっしょに競争したり協力したりしている姿が見られる。	ねらい	・秋の自然物に親しみ、その特性を知る。 ・友達と思い切り体を動かす楽しさを感じる。
		内容	・ドングリなどで工夫して作り、作った物で遊ぶ楽しさを味わう。 ・戸外で友達といっしょに、十分に体を動かして遊ぶ。

時間	環境の構成	予想される子どもの活動	保育者の援助・配慮
	・遊びやすいように、遊具や用具を出しておく。 ・ドングリの見本を置いておく。	※登園時の環境の構成なので、この位置に入れます。	※上に詰めましょう。　●5歳児の発達を考えて　遊びの中で、どのような援助が必要かという視点で考えます。
9：00		◎登園する。 ・あいさつをする。	・笑顔であいさつを交わし、ひとりひとりの健康観察をする。
		・持ち物のかたづけをする。	・進んでかたづけをしているか、見守る。
		◎好きな遊びをする（室内）。 ・折り紙、ピアノ、ヒーローごっこ、ドングリゲームなど。	・安全面に気をつけて遊べるように、見守る。 ・後のドングリゲームの製作に興味を持つようにいっしょに遊び、おもしろさを伝えていく。
9：40		◎かたづけをする。	・保育室をきれいにするように、ことばがけをする。
	●5歳児ではほぼ生活習慣は完成していると思われる 今、このクラスで守りたい（育てたい）習慣は何か、よく考えて書きましょう。	◎手洗い・うがい、排せつをする。	・排せつの後スリッパをそろえている子どもを褒め、みんなで使う物を大切にしようとする気持ちを育てる。
10：00		◎手遊び、歌をうたう。	※季節感のあるものを選ぶと、次の活動につながります。
		◎ドングリゲームを作る。 ・話を聞く。 ・紙コップにペットボトルのふたをはる。 ・もうひとつ紙コップを横にしてくっつける。 ・リスの顔をはり、手を描く。 ・ゲームで遊ぶ。	・見本を見せながら話をして、子どもたちが興味を持つようにする。 ・ひとつずつ確認をしながら作っていくようにする。 ・できていない子どもには、焦らずていねいに作るようことばがけをする。 ・それぞれの個性や工夫したところを認め、作品の完成をともに喜ぶ。 ・ふたにドングリを入れ、点数が書いてある的に飛ばして、友達と競争をする楽しさが味わえるようにする。 ・工夫したところやがんばったところを褒め、達成感が味わえるようにする。
		◎かたづけをする。	・作った物を大切にかたづけるように、ことばがけをする。
		◎排せつをする。	・戸外に出るので、排せつを済ませるようにことばがけをする。
11：00		◎好きな遊びをする（戸外）。 ・総合遊具、縄跳びなど。	

○…子ども　㋫…実習生　㋫…担任保育者

※ドングリゲームのことですか？　ドングリのことですか？　きちんと表記しましょう。

※出席ノートなどはありませんか？

まずはココ！

●具体的に書こう
分類や整理のしかたなど、子どもが考えながらかたづけられるようにしましょう。

※5歳児なので、作り方を教え合ったり手伝い合ったり、協力し合う姿も育てたいですね。

●子どもがかかわりやすい環境の構成は？
そろえる素材や用具を、準備物として記入しておきましょう。材料などが置いてあるのなら、図に書き入れておきます。保育者の位置、材料や子どもの動線も想定しましょう。

※これは既製の物ですか？　自分で作るのですか？　準備物として、環境の構成にも記しましょう。また、自然界のことにも興味を持つ機会です。"ドングリ＝リス"と限定せずに、クマ・ハト・ネズミなど、ほかにもドングリを食べる動物がいることを知らせましょう。

※同じような意味ですが、完成についてならひとつにまとめましょう。ドングリゲームで遊ぶことならば、この場所でよいでしょう。

※各自持ち帰るのか、園に置いておき、遊べるようにするのか、実習園と相談しておきましょう。

120　Ⅱ 年齢別　日誌・指導案

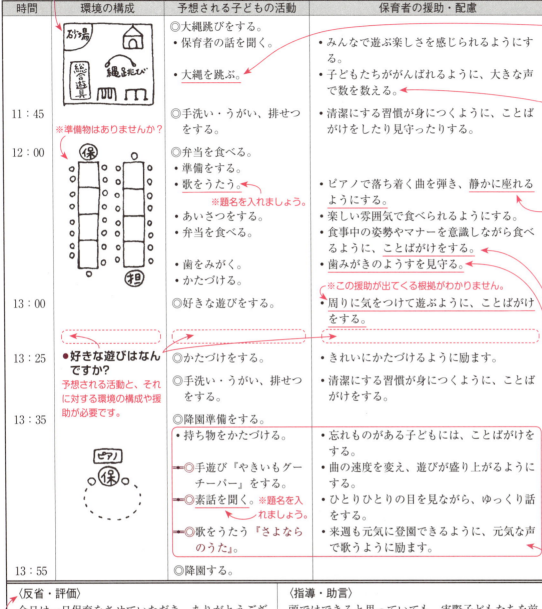

Ⅱ-7 異年齢児保育の実習

年齢の違う子どもたちがいっしょに過ごす異年齢児保育には、いろいろなパターンがあります。異年齢の子どもたちがかかわる時間を設ける場合、同年齢のクラス編制が難しいため、異年齢クラスとしてまとめている場合、同年齢と異年齢の両方でクラス編制をしている場合、登園人数が少ない土曜日や、延長保育・預かり保育の場合などです。実習園の状況と目ざすところをよく理解して、実習に臨みましょう。ここでは、年齢別の保育を基本とし、異年齢の子どもたちがかかわる時間を設けている場合の例になっています。

①実習のポイント

友達と
異年齢児保育の効果

友達とのつながりが広がり、競争するより協力する姿が見られるようになります。年下の子どもは年上の子どもにあこがれ、年上の子どもは年下の子どもに対して優しく接することができるようになります。

発達
年齢による発達の違いを学ぼう

3歳児と5歳児では、心身共に発達の違いがあります。ひとりひとりをしっかり見て、発達に合った援助やことばがけを心がけましょう。

基本
バランスよく気配りをする

みんなが楽しく過ごすために、年上の子どもばかりに負担をかけないようにしましょう。何かを頼んだ後は、年上の子どもに対して、必ずフォローをしましょう。

基本
失敗から学ぶこと

異年齢児の実習は、同年齢の実習に比べて難しいこともありますが、失敗を怖れずに、たくさん学びましょう。失敗することで、次の保育の計画や流れ・言葉などを学んでいきます。

● 異年齢児保育では…
保育の中で、さまざまな状況で、ふつうに異年齢の集団がかかわることがあります。特別なことと考えずに、子ども同士のかかわりが深められるにはどうすればよいかを考えて、実習に臨みましょう。

次ページからの読み方

まずはここから見てみよう!

● ……… 気をつけたいこと
♥ ……… よい視点・表現
※ ……… 注意事項など

罫線で囲っている朱書きは保育をするうえでのアドバイス、囲みなしは記入するうえでのアドバイス。

②実習日誌・記録の例

※「ねらい」「内容」「環境の構成」については、P.10〜15の該当するところを必読！各欄はつながっています。

実習生氏名

11月　○日　○曜日	天候　晴れ	担任　○○○○先生	
3〜5歳児	太陽組	25人（男児11人／女児14人）3歳児5人・4歳児10人・5歳児10人	
実習生の目標	子どもひとりひとりに合った対応を把握して、自分も対応する。	今日の主な活動	好きな遊びをする。

ねらい	・遊びや生活のいろいろな場面で、異年齢児とかかわる。 ・友達や異年齢児といっしょに、戸外で十分に体を動かして遊ぶことを楽しむ。
内容	・友達や異年齢児とかかわって、いっしょに遊ぶ。 ・いろいろな友達とかかわって、鬼ごっこや~~中当て~~ボール遊びなどをして遊ぶ。

時間	環境の構成	子どもの活動	保育者の援助・配慮	実習生の動き・気づき
8：00	※保育は子どもに対応することのみと考えないでください。「援助」と「配慮」に言い換えてみましょう。 	◎順次登園する。 ・あいさつをする。 ・持ち物のかたづけをする。 ・出席ノートにシールをはり、箱に入れる。 ◎好きな遊びをする（早朝保育の部屋）。 ・塗り絵、トランプ、ブロックなど ◎かたづけをし、保育室に行く。	・昨晩から朝までのようすや体調を聞く。 ・あいさつを交わしながら、ひとりひとりの健康観察をする。 ・子どもが安全に遊んでいるか見守り、遊びが楽しくなるように、ことばがけをする。 ・みんなでかたづけをするように伝える。 ・階段や廊下は歩いていくように、ことばがけをする。	・保育者といっしょに健康観察をする。 ・笑顔であいさつをし、ようすを見る。 ・いっしょにブロックで遊ぶ。 ・いっしょにかたづけをする。
9：00	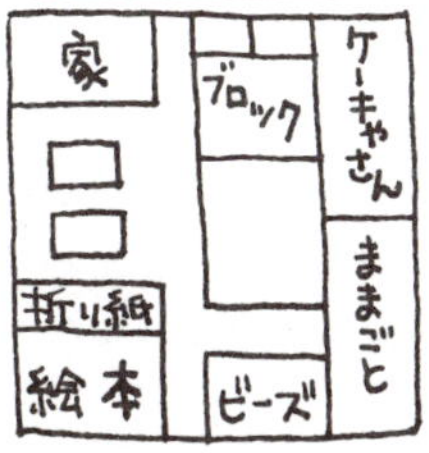	◎好きな遊びをする（太陽組保育室内）。 ・すごろく、ままごと、ブロック、ケーキ屋さんごっこ、絵を描くなど。 ◎かたづけをする。	・友達と楽しんで遊んでいるようすを見守る。 ・安全に遊んでいるか、全体を見る ・遊びが展開できるように促す。 ・みんなで協力してかたづけるように、ことばがけをする。	・いっしょに絵本を見る。 ・いっしょにかたづけたり、協力している姿を見守ったりする。
10：00	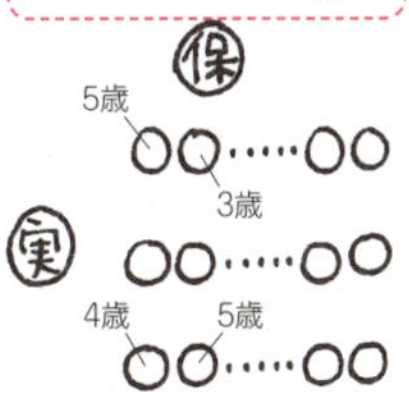 	◎朝の集会 ・歌をうたう『さんぽ』『パレード』『まっかなあき』。 ・手遊びをする『やきいもグーチーパー』。 ・出欠を取り、返事をする。 ・絵本を見る『バケミちゃん』。 ・今日の活動について保育者の話を聞く。	・子どもたちが落ち着いて活動できるような雰囲気をつくる。 ・ひとりひとりの名前を呼びながら、体調を再度確認していく。 ・絵本が見えるか、確認して始める。	・いっしょに歌ったり手遊びをしたりする。 ・登園を喜び、温かく受け入れ、子どもが安心感を持てるようにする。 ・子どもたちのようすを見守る。 ・5歳児が3・4歳児にどのようにかかわるか観察する。

○…子ども　保…保育者　実…実習生

●どのような環境の構成に？
朝の環境の構成で、ほかにもポイント（換気・空調の準備など）はありませんか？

●「内容」は…
活動を限定しすぎないで、大きくとらえましょう。ねらいより具体性は出します。

●健康観察は子どものどこをどう見るか
保育者の援助における気づきに合わせて、健康観察をしましょう。

まずはココ！

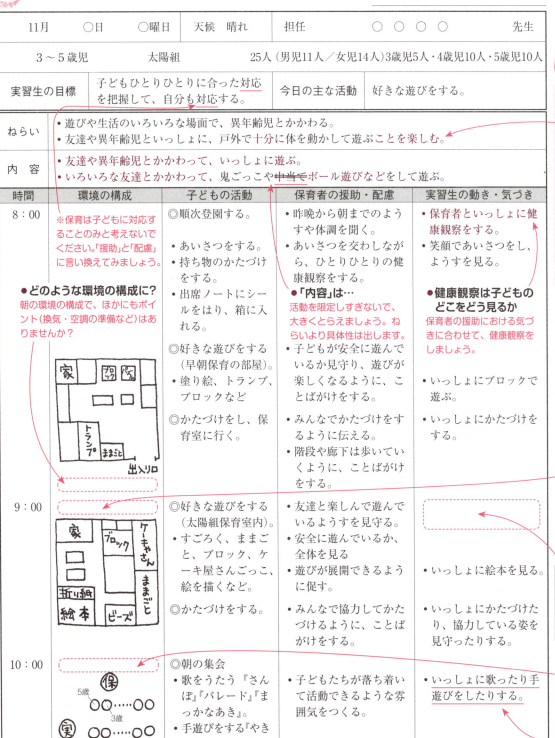

●異年齢児だからこその「ねらい」
室内の遊びがかなり充実しているようなので、ごっこや生活での異年齢との交流という視点で、もうひとつの「ねらい」をたてましょう。また、「楽しむ」や「十分に」と入れることで、「ねらい」として期待される育ちの方向性が加味されます。ただし、担任保育者に提示されたのであれば、それに従いましょう。

●環境は「ねらい」「内容」に合っている？
本日の主な活動としてあげているので、どのような意図でこの図のような環境の構成にしているのか、記しましょう。例えば、
・ごっこ遊びのコーナーをそのままにしておき、きのうの続きができるようにする。
・いろいろな遊びを選べるように、きのうから続いている遊びの場や素材・用具を整えておく。
など。

※遊びを通して、たくさんの子どもとふれあいたい時間帯です。子どもとしっかり遊び、異年齢のかかわりを見ましょう。

※異年齢の座り方などで、配慮されていることはありませでしたか？

●実習生も子どもにとっては環境に
わかりやすく歌ったり大きな動作で手遊びをしたりしましょう。意識したいところです。実習生の活動に対する心持ちが、記録にも表れます。

異年齢児 ②実習日誌・記録の例（前ページの続き）

まずはココ！

●環境が考えられていないと…
「ねらい」「内容」につながる環境の構成を考えましょう。

※子どもといっしょにどのようなかたづけ方をしているのか、異年齢ならではのかたづけ方への気づきはありませんでしたか。

●食育として
『保育所保育指針』や『幼稚園教育要領』でも食育を勧めています。さまざまなかかわりを考えましょう。

※食器をかたづけるための準備はありませんか？

♥5歳児は友達とかかわりながら、ルールのある集団遊びを楽しむ時期です。実習生が仲間に入ることで、ルールを教えてくれる子どもが出てきたり、子どもも活動的になったりして、遊びが盛り上がります。子どもと同じ気持ちになって、一生懸命遊びましょう。

時間	環境の構成	子どもの活動	保育者の援助・配慮	実習生の動き・気づき
	※どのような環境でしょうか？	◎お茶を飲む。	・水分補給をするように促す。	・コップにお茶をこぼさずに入れているか、見守る。
		◎排せつをする。	・必ずトイレに行くように伝える。	・全員が行ったか、確認をする。
11：00		◎好きな遊びをする（園庭）。		
		・中当てドッジ、ボール遊び、アスレチック、砂場、氷鬼など。	・全体を見て、安全に気をつけて遊ぶようにことばがけをする。	・いっしょに中当てドッジをして、遊びを盛り上げる。
		◎かたづけをする。	・共同遊具なので、ていねいにかたづけるように伝える。	・いっしょにかたづける。
		◎手洗い・うがいをする。	・かぜ予防のためにもしっかり手洗いとうがいをするように話をする。	・いっしょに手洗いとうがいをしながら、ことばがけをする。
12：10	（環境の構成図：出入口、水道、茶、調理室、ピアノ、カフェテリア）	◎着替えをする。	※記述しましょう。	
		◎給食の準備をする（カフェテリア）。		
		・おはしセットを持ち、カフェテリアに移動する。	・座る場所を決めたら、準備をするように促す。	・当番といっしょに配ぜんの準備をする。
		◎給食を食べる。	・隣同士で、準備ができているか確認をするように伝える。	・準備ができているか、見て回る。
		・あいさつをする。	・当番の子どもたちに、前に出て歌やあいさつをリードしていくように促す。	
		・食べる。	・よくかんで食べるようにことばがけをする。	・楽しく話しかけながら食事をする。
		・食器をかたづける。	・食べた場所はきれいにかたづけるようにことばがけをする。	・落としたゴミを拾ったり、汚れた場所をふいたりしているか見守る。
		・あいさつをして保育室に戻る。		・当番といっしょに、掃除をする。
		・歯みがきをする。		
		◎着替えをする（3・4歳児）	・着替えをするように促す。	・脱衣・畳むなどができているか見守る。
13：00	※午睡に対する環境の構成は？	◎午睡をする（3・4歳児）。	・カーテンを閉め、静かな曲をかけて眠りやすい雰囲気にする。	※5歳児を担当していたのでしょうか？ 3・4歳児の活動に対する実習生の動きはありませんでしたか？ かなり習慣づく時期ですが、3歳児には援助が必要な子どももいます。
		◎好きな遊びをする（5歳児）。	・友達とゲームを楽しめるように、いっしょに準備をする。	
		・園庭に出て、氷鬼、中当てボール遊びなど。	・安全に遊んでいるか、見守る。	・いっしょに氷鬼や中当てドッジをして、遊びが盛り上がるようにする。

※子どもといっしょにどのようなかたづけ方をしているのか、異年齢ならではのかたづけ方への気づきはありませんでしたか。

※当番も活動に参加しているので、掃除に関する準備物はありませんか？

124　Ⅱ 年齢別 日誌・指導案　○…子ども　㊥…保育者　㊪…実習生

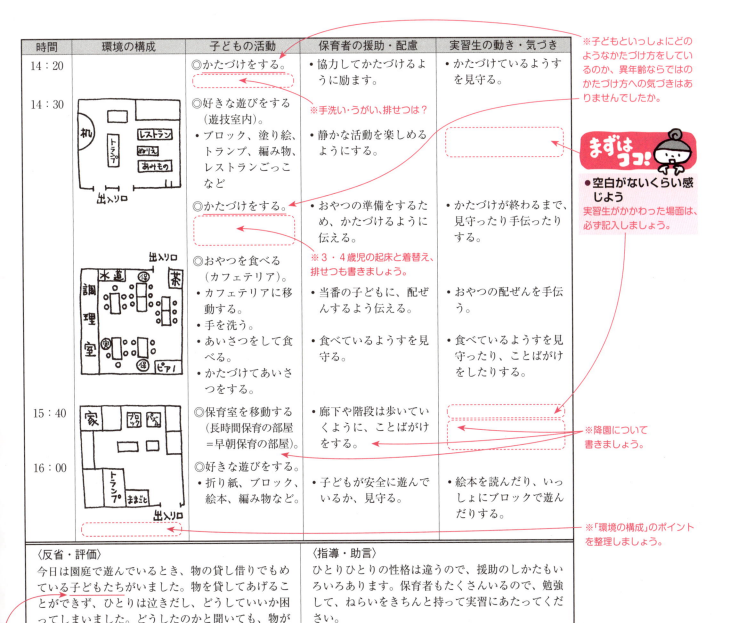

③遊び P.128・129と連動しています！ 指導案にしたときの記述のしかたがわかります。

*P.128の部分実習指導案の例で行なっています。

〈1〉はないちもんめ

*異年齢児がかかわりやすい遊びですね。

♪はないちもんめ
わらべうた

準備
※前もってチームに分かれておく。
※対戦する2チームが向かい合って横一列に並び、手をつなぐ。

遊び方

❶かってうれしいはないちもんめ…Ⓐチームが歌いながら前進し、「め」で片足を前に出す。Ⓑチームは後退する。

❷まけーてくやしいはないちもんめ…❶の逆で、Ⓑチームが歌いながら前進し、Ⓐチームは後退する。

❸となりの〜そうしよう…❶❷を繰り返した後集まって、相手チームからだれを選ぶか相談する。

❹Ⓐ○○ちゃんがほしい Ⓑ○○くんがほしい…❶❷を繰り返した後、名前を呼ばれた子どもは前に出る。

❺名前を呼ばれた子ども同士でジャンケンをする。

❻負けた子どもは相手チーム（ここではⒷチーム）に入り、歌いながら前進する。

❼ひとり少なくなったチーム（ここではⒶチーム）は、歌いながら前進する。

※P.126の監修：東京家政大学 教授 細田淳子
※歌詞・旋律・遊び方は地域によって異なるので、実習する園になじみのある内容で行なう。

＊P.129の部分実習指導案の例で行なっています。

⟨2⟩紙飛行機

用意する物・準備
Ａ４のコピー用紙や広告チラシ、フープ、ひも、ビニールテープ
※的にするフープは、園庭の遊具などにひもやビニールテープで固定する。

作り方（へそ飛行機Ⓐ・Ⓑ）

①長方形の紙を横半分に折り、折り筋をつけて戻す。

②片方の両角を、折り筋に合わせて折る。

③端から少し内側のところまで折る。

④折った側の両角を、折り筋に合わせて折る。

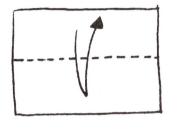 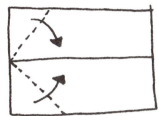 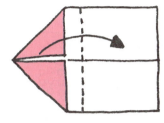 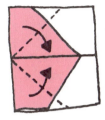

⑤三角を折り返す。

Ⓐ⑥裏返して半分に折る。

Ⓐ⑦翼を折り下げて畳む。

Ⓐ⑧翼を広げる。

Ⓐ⑨両翼をそろえて、水平に調節する。

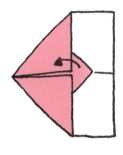 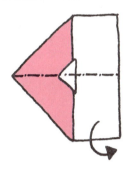  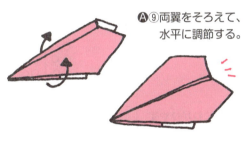

Ⓑ⑥先端を折る。

Ⓑ⑦裏返して半分に折る。

Ⓑ⑧翼を折り下げて畳む。

Ⓑ⑨翼を広げる。

Ⓑ⑩両翼をそろえて、水平に調節する。

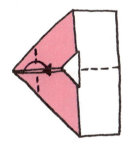 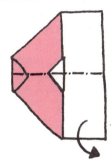 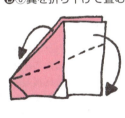  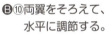 

遊び方

- 自由に飛ばす。
- 距離や滞空時間を競争して飛ばす。
- フープの中を通す。

＊5歳児が3・4歳児に教えているところが目に浮かびますね。そのような遊びを考えて、保育に生かしましょう。

異年齢児 ④部分実習指導案の例 〈1〉はないちもんめ（遊びはP.126参照）

（保育所・幼稚園どちらでも使えます）

※「子どもの姿」「ねらい」「内容」「環境の構成」については、P.10～15の該当するところを必読！ 各欄はつながっています。

♥異年齢児保育をするにあたって、各年齢児の姿とともにかかわりを意識して記述しているので、指導計画をたてるのに役だつ視点ですね。

※『はないちもんめ』を楽しめるように、保育者がてきぱきと動いて、早くチームを分けるような援助を工夫しましょう。

●子どもにわかりやすい図を用意
視覚に訴えるほうが子どもにわかりやすく、年長児は興味を示し、チーム対抗が盛り上がります。

●決めつけはどうでしょう
初めからこのようにルールを決めたほうがよいのか、同じ子どもの指名が続き、問題を感じた時点で子どもと話し合うのがよいのか、どちらが子どもの育ちにつながるか考えましょう。

※会話でよく使われているようですが、反省の文章としては適しません。何ができなかったのか、そのための準備や指導法などのどこが反省点なのかを、客観的に考察して書きましょう。

	9月　　○日　　○曜日	実習生氏名	○　○　○　○
	3～5歳児　　　　組	24人（男児10人／女児14人）3歳児7人・4歳児7人・5歳児10人	

子どもの姿	・3・4歳児は5歳児の遊びにあこがれ、いっしょに遊ぶことを楽しんでいる。 ・5歳児だけで『はないちもんめ』をしているグループがある。	主な活動	わらべうた遊び『はないちもんめ』をする。
		ねらい	・異年齢のグループでの遊びを楽しむ。 ・わらべうた遊びの言葉や動きを楽しむ。
		内容	異年齢の友達といっしょに、繰り返しの言葉のリズムを楽しみながら遊ぶ。

時間	環境の構成	予想される子どもの活動	保育者の援助・配慮
10:00	○○○○　○○○○ ㋱ ○○○○　○○○○ 　　　　○○○○ ※文章でも環境の構成の説明を入れましょう。	◎『はないちもんめ』を歌う。 ・『はないちもんめ』のお手本をする（5歳児）。 ・ルールを聞いたりお手本を見たりする（知らない子ども）。	・保育者が歌い始めつつ、知っている子どもたちもいっしょに歌うように勧める。 ・5歳児を中心に、話しながら『はないちもんめ』で遊んで、お手本を見せる。
00:05	・ジャンケンでチームに分かれて並ぶ。 ○○｜○○○○－A ○○｜○○○○－B ○○｜○○○○－C ○○｜○○○○－D 選ばれた　　残り16人 8人 A（勝・勝） B（負・負）｝トーナメント C（勝・負） D（負・勝） ↑ 2回のジャンケン ○○○○○○○ ○○○○○○○　応援する子	・ジャンケンをする。 ・ルールを知っている8人は、ジャンケンを2回して、ふたり組4つのグループに分かれる。 ・その他16人は、分かれて後ろに並ぶ。	・ルールを知っている8人を選び、ジャンケンをする。 　勝った4人がふたり組になって、ジャンケンをする（勝→勝→Ⓐ、勝→負→Ⓒ）。 　負けた4人がふたり組になって、ジャンケンをする（負→勝→Ⓓ、負→負→Ⓑ）。 ・ほかの16人も同じようにふたり組ジャンケンを2回して、おのおの計6人ずつ、ⒶⒷⒸⒹ4つのグループに分かれる。
00:15		・Ⓐ対Ⓑで『はないちもんめ』をする。 ・Ⓒ対Ⓓで『はないちもんめ』をする。 ・勝ったグループ同士でする（ほかの子どもは歌いながら応援）。 ・負けたグループ同士でもする（ほかの子どもは歌いながら応援）。 ・優勝グループに、全員から拍手をする。	・『はないちもんめ』を知っている子どもが、ほかの子どもに教えながら進めるように、ことばがけをする。 ・大きな声を出し、手を前後に振ることや、行ったり来たりする足の運びなどについて、ことばがけをする。 ・相談をするとき、違う子どもが指名されるようにことばがけをする。 ・待っている子どもたちといっしょに、歌って応援する。 ・1回につき5分をめどにする。 ・5分たったら笛を吹き、その時点で人数の多いグループが勝ちであることを伝える。 ・勝ったグループに、みんなで拍手を贈るようにことばがけをする。
00:35			

〈反省・評価〉	〈指導・助言〉
今日は部分保育をさせていただき、ありがとうございました。 最初の話をあっという間に終わらせて遊びに入ったので、3歳児が少しとまどっていましたが、5歳児たちがいっしょに歌ってくれたので、なんとか始めることができ、さすが5歳児だと感じました。 先生方の話し方を見ていたつもりでしたが、いざ自分がやると、頭が真っ白になりました。もっと自信を持ってできるように、がんばりたいと思います。	異年齢児という混合クラスでの部分保育は、大変だったと思います。堂々とした姿が見られ、こちらも安心して見ることができました。反省会でいろいろ出た意見を自分で受け止め、これからもがんばってください。 ●次への期待感を 負けたチームへも配慮をしましょう。また、各チームのよかった点などについても話し合い、次回への期待につながるようにしましょう。 担当者　　　　　㊞

○…子ども　㋱…実習生

異年齢児 ④部分実習指導案の例 〈2〉紙飛行機（遊びはP.127参照）

（保育所・幼稚園どちらでも使えます）

※「子どもの姿」「ねらい」「内容」「環境の構成」については、P.10〜15の該当するところを必読！ 各欄はつながっています。

10月	○日	○曜日	実習生氏名	○ ○ ○ ○
3〜5歳児			組	20人（男児12人／女児8人）3歳児5人・4歳児6人・5歳児9人

子どもの姿	少しずつ風が冷たくなるのを感じながらも、友達と戸外で元気に遊びを楽しんでいる。	主な活動	紙飛行機で遊ぶ。
		ねらい	異年齢児でかかわりながら製作し、戸外で遊ぶ楽しむ。
		内容	紙飛行機を作り、いろいろな友達と飛ばしたり競争したりして遊ぶ。

※「ねらい」には、育ちの目標としての方向性を示しましょう。

時間	環境の構成	予想される子どもの活動	保育者の援助・配慮
00：00		◎紙飛行機を作る。 ・見本を見る。	・ふたつの飛行機を飛ばして見せ、興味を持てるようにする。 ・今日は簡単な飛行機を作ることを伝える。
00：05		・紙を選ぶ。 ・作る。	・色を自分で選び、意識を高める。 ・ゆっくり話しながら、全員が折れているか確認をする。 ・隣同士で助け合うようにことばがけをする。 ・5歳児は3歳児の子どもたちができたか、見てあげるように伝える。 ・できた紙飛行機に記名できない子どもには、保育者が行なう。
	・紙飛行機を飛ばすための広い場所を確保しておく。 並ぶ	◎広い場所に移動する。 ・並んで順番に飛ばす。 ・飛んだ距離を競争する。	・安全に遊ぶため、園庭の広く空いているところへ移動することを知らせる。 ・友達がいるところには飛ばさないことを約束する。 ・飛ばす方向をひとりひとりが理解できるようにする。 ・一斉に飛ばし、競争を楽しめるようにする。 ※この間の子どもの発見、努力に対する援助、ルールを守らなかったりトラブル（けんかや壊れた場合）などに対する援助を想定しましょう。また、飛ばし方の援助も考えておきます。
00：35	・子どもの高さを考えて、フープをつるしておく。	・フープの中を通す。 ・かたづける。	・フープをつり下げ、挑戦する気持ちを高める。 ・ロッカーにかたづけるように、ことばがけをする。

●なぜそうするのか いつも考えて
なぜふたつなのか、2機飛ばすことで、何を子どもに伝えたいのか、わかるように書きます。
・距離の違いや形の違いに気づかせるように……。
・興味を持つように……。
など、漠然と"ふたつ"と考えないようにしましょう。

●年齢に応じた環境の構成を
色だけでなく、大きさや紙質を変えて準備すると、年齢に応じていろいろ試すことや工夫することができます。材料は余分に準備するとよいでしょう。記名の材料（フェルトペンなど）も必要です。また、環境の構成→予想される子どもの活動→保育者の援助・配慮のつながりを、いつも考えておきましょう。

●5歳児のフォローを
3歳児にも、わからないところは「おしえて」と5歳児に尋ねるように伝え、お互いにかかわり合える関係や雰囲気を大切にします。中にはどうしても自分なりの折り方を好んだり、5歳児の助けを拒否したりする3歳児もいるかもしれません。保育者には、お互いの気持ちを受け止めていくなどの援助が必要になります。

まずはココ！

●なぜ…という配慮事項も書こう
文章は、否定的な書き方をしないようにしましょう。「だれもいない方向に飛ばすほうが遠くに飛び、安全でもあると、子どもが気づくような言葉をかける。」ととらえたいですね。子どもに禁止を促すのではなく、なぜそうしなければならないのかを伝えることで、子どもが行動の意味を考える機会になると思います。

〈反省・評価〉	〈指導・助言〉
今日は緊張して、思うように言葉が出ませんでした。紙飛行機を折っているときも、年齢によって折る時間や理解力も違うので、対応のしかたにとまどいました。 飛行機を飛ばして遊ぶ活動は、とても盛り上がり楽しかったです。 今回の内容を見直して、がんばりたいと思います。 ※異年齢児の交わりなどについて、得られたものも多いはずです。観察し、感じていきましょう。	部分実習お疲れさまでした。うまくいったところとそうでなかったところ、いろいろ感じたことがあったと思います。全体的には落ち着いていて、内容も遊びもよかったと思います。 紙飛行機を作った後、すぐに名前を書くようにしなければ、同じ物がたくさんあって、だれの物かわからなくなります。最後まで気を抜かないようにしましょう。 担当者　　　　　㊞

○…子ども　㊾…実習生

●製作遊びの基本
3歳児はまだ、自分の製作物の管理が難しいということを知っておきましょう。

●楽しかっただけでいいの？
どの点が盛り上がり、どこがよかったのか、なぜそうなったのか、楽しかったことを具体的に整理して考察していきましょう。

Ⅱ-7 異年齢児の実習

129

Ⅱ-8 施設の実習

施設実習は、保育所以外の福祉施設に行き、学校で学んだことを実習先で体験し、保育士として必要な技術や能力を学びます。保育所や幼稚園とは違い、寝食する生活の場に入ることになりますので、個人情報やプライバシー保護には十分に気をつけましょう。また、『子どもの権利条約』(児童の権利に関する条約)によく目を通して、実習に臨みましょう。

①施設実習の主な実習先

乳児院、母子生活支援施設、障害児入所施設、児童発達支援センター(児童発達支援及び医療型児童発達支援を行うものに限る)、障害者支援施設、指定障害福祉サービス事業所(生活介護、自立訓練、就労移行支援又は就労継続支援を行うものに限る)、児童養護施設、児童心理治療施設、児童自立支援施設、児童相談所一時保護施設又は独立行政法人国立重度知的障害者総合施設のぞみの園。児童厚生施設又は児童発達支援センターその他社会福祉関係諸法令の規定に基づき設置されている施設であって保育実習を行う施設として適当と認められるもの(保育所及び幼保連携型認定こども園並びに小規模保育A・B型及び事業所内保育事業は除く)。

児童養護施設
児童福祉法第41条
　児童養護施設は、保護者のない児童(乳児を除く。ただし、安定した生活環境の確保その他の理由により特に必要のある場合には、乳児を含む。以下この条において同じ。)、虐待されている児童その他環境上養護を要する児童を入所させて、これを養護し、あわせて退所した者に対する相談その他の自立のための援助を行うことを目的とする施設とする。

乳児院
児童福祉法第37条
　乳児院は、乳児(保健上、安定した生活環境の確保その他の理由により特に必要のある場合には、幼児を含む。)を入院させて、これを養育し、あわせて退院した者について相談その他の援助を行うことを目的とする施設とする。

②実習のポイント
本書では、児童養護施設と乳児院を紹介していますが、養成校によってはほかの施設に行くことがあります。

児童養護施設とは
家庭で生活できない子どもたちを、短期または長期に預かる施設です。集団生活の中で基本的な生活習慣を身につけ、社会性をはぐくんでいきます。

乳児院とは
低年齢児の集団で、子どもにとっては家庭代わりの場です。心身ともに健康で安全に生活できるように、愛情を持って接するようにしましょう。

基本
個人情報を決してもらさないようにしましょう（守秘義務）。

基本
やるべきことが、たくさんあります。与えられた仕事はこなしていきましょう。

先生や友達と
子どもによっては、なかなか心を開いてくれない場合もあります。ひとりひとりの心に寄り添い、理解しながら、かかわり方を工夫してみましょう。

基本
施設に泊まる場合もあります。体調管理を心がけ、病気をしないように気をつけましょう。

がんばるぞー！

※ここで示した日誌・記録は、あくまでも一例であり、実際に実習を行なう施設の方針に合わせて考えるようにしましょう。

次ページからの読み方
まずはここから見てみよう！
● ……気をつけたいこと
♥ ……よい視点・表現
※ ……注意事項など
罫線で囲っている朱書きは保育をするうえでのアドバイス、囲みなしは記入するうえでのアドバイス。

施設 ③**実習日誌・記録の例**〈児童養護施設〉

● 個々に合わせたいろいろな配慮で

行動だけを見るのではなく、表情やそぶりにも目を向けましょう。

実習生氏名

| 3月 | ○日 | ○曜日 | 天候 晴れ | 指導担当者 | ○○○○ 先生 |

| 本日の実習生のねらい | 子どもたちの行動を見ながら、〜などに応じた言葉をかける。 | 児童年齢構成・人数等 小学生10人／中学生5人 |

● まずはきちんとあいさつを

一日の始まりは、「おはよう」のあいさつで迎えたいものです。

時間	生活内容	実習生の動き
6:50	◎服に着替える。	・パジャマから服に着替えるように、言葉をかける。
	◎歯をみがく。 ※年齢によって促し方は違います。	・のんびりしている子どもには、自発的に動けるよう言葉をかける。
7:10	◎朝の集い	・先生の顔を見て話を聞くように促す。
7:20	◎朝食を食べる。	・手洗いの後、アルコール消毒をする。 ・いっしょに話をしながら、楽しい雰囲気で食事ができるようにする。
	◎かたづける。	
7:40	◎小学生が集団登校をする。 ※記入しましょう。	・ランドセル・3点セット・帽子を持って、1階に下りるようにことばがけをする。 ・小学生の登校を見送る。 ・タオルを洗い、物干しに掛ける。
8:10	◎中学生が登校する。	
9:00〜	※小学生・中学生に応じた配慮はありましたか？	・ミーティングをして、一日の予定を共通理解する。 ・各部屋・食堂に掃除機をかける。 ・食器をかたづけ、洗濯をする。 ・乾燥機から洗濯物を出して畳む。 ・休憩と昼食をとる。
15:00	◎小学生が帰宅する。 ◎おやつを食べる。	・「おかえり」と言葉をかけ、会話を楽しむ。
16:00	◎中学生が帰宅する。 ・宿題をする。	・「おかえり」と言葉をかける。 ・宿題をするように言葉をかける促す。 ・本読みや宿題をしているようすを見守る。
17:30	◎小学生は掃除をする。 ・掃除機をかける。モップをかける。 ・布団を敷く。洗濯物をかたづける。	・掃除のようすを見守る。 ・掃除をした後、布団を敷いて洗濯物をかたづけるように、言葉をかける。

※子どもの朝の状態も日によって気分に差があること、体調なども観察して、個に応じて対応します。急がせるだけでなく、本人に任せることや見守る場合も必要と、大きく考えましょう。のんびりも受け入れつつ、励ましていく余裕が欲しいです。

※子どもの見送り・出迎えは、実習生の立ち位置にも配慮しましょう。心を込めて、「行ってらっしゃい」「お帰りなさい」のあいさつをしていきたいですね。

※自由時間やいっしょに遊ぶなどの活動があれば記入しましょう。

〈反省・評価〉
今日Y君の宿題を見ているとき、たくさん言葉をかけすぎて、きげんを悪くしてしまいました。しばらく見守ることにして、まちがえているときに「もう一回考えてみようか」と、優しく言葉をかけると、Y君はすなおに見直し、やる気を出してくれました。子どもをよく見たうえで、言葉のかけ方を変える大切さを学びました。
明日は子どもの勢いに負けないように、するべきことはするように注意しようと思います。

〈指導・助言〉
子どもは否定されることをいやがります。まずは認めることが大切です。ただ、まちがっている行動や言い方に対しては、毅然とした態度で伝えましょう。
遊ぶときはいっしょに思い切り遊び、勉強するときは真剣な表情になるなど、メリハリをつけることも大事です。

担当者　　　　　㊞

※個人情報守秘義務の観点から、個人を表す表記のしかたを、必ず施設の方と相談しましょう（ABCと登場順に書いたり、○○君と書いたりする場合もあります）。

♥見守ること、子どもの気持ちに寄り添うことの大切さを感じることができましたね。よい気づきです。

● 『児童福祉施設の設備及び運営に関する基準』

第44条・45条では、「児童の自主性を尊重し……。」とあります。自立を支援することを念頭に置き、何事も実習生のペースになってしまわないよう、適度な距離を持って接していきましょう。

※心のケアが必要な施設ですので、言葉ひとつひとつを慎重にかけることが重要です。

Ⅱ-8 施設の実習

131

施設 ③実習日誌・記録の例〈乳児院〉

実習生氏名 ＿＿＿＿＿＿＿＿

3月	○日	○曜日	天候 晴れ	指導担当者 ○○○○ 先生
本日の実習生のねらい	ひとりひとりの顔と名前を覚える。		男児6人 9か月・10か月・15か月 16か月・17か月・18か月	女児4人 9か月・11か月 12か月・14か月

時間	生活内容	実習生の動き
8:00	◎朝食を食べる（食堂）。 ※子どもの体調・食欲を把握しましょう。	・起きてきた子どもから順番に食堂へ連れて行き、手洗いをしてイスに座るように促す。エプロンを着ける。 ・スプーンを持ち、食事介助をしながら、楽しく食べられるようにことばがけをする。無理強いはしない。 ・食べ終わるまで目を離さないようにする。
	・居室に戻る。 ◎排せつ、着替えをする。 ◎好きな遊びをする。	・食べ終わった子どもから手や顔をふき、居室へ連れて行く。 ・オムツを確認し、汚れていたら交換する。 ・少しでも自分で着替えができるように、ことばがけをする。 ・積極的に子どもとかかわり、親近感が持てるようにする。 ・洗濯物を洗濯場へ持って行く。 ・シーツを取り替える。
10:00	◎散歩に行く。 ※場所の記入は？（○○公園、○○周辺など） ・居室に戻る。	・服を着替え、帽子をかぶって散歩に行くことを話す。 ・散歩車に子どもを乗せ、木の葉や花などに興味を持てるようにことばがけをする。 ・関連のある歌をうたって、子どもが興味を持つようにする。 ・散歩車から身を乗り出すと危険なため、目を離さないようにする。
10:30	◎排せつ・着替えを済ませて、水分補給をする。 ◎好きな遊びをする。	・オムツが汚れていたら交換し、汚れていないときはオマルに座らせる。 ・水分補給をする。 ※どのようなことばがけでしょうか？ 子どものようすを見ながらことばがけをしましょう。 ・いっしょに遊び、たくさんことばがけをする。
11:00	◎昼食を食べる（食堂）。 ・居室に戻る。	・台ふき、床ふきのバケツを用意する。 ・順番に食堂へ連れて行き、手洗いをしてイスに座り、エプロンをつける。 ・スプーンを持ってことばがけをしながら、食事介助をする。 ・手・顔や首をふいて、居室に連れて行く。 ・床・机をふいて、食堂の掃除をする。
11:30	◎午睡の準備をする。 ※どのようなかかわりをしましたか？ ・体をトントンたたく。 など、具体的に書きましょう。 ◎午睡をする。	・オムツ交換や着替えを行ない、少しでも自分で着替えができるようにことばがけをする。 ・午睡の準備をする。 ※排せつの自立に向けるために、子どものレベルに合わせた対応をします。
14:00	◎おやつを食べる。	・おやつの時間を知らせ、きげんよく起きられるようにする。 ・バケツを用意して、食べ終わったらすぐ掃除ができるようにする。 ・楽しく食べられるように、ことばがけをする。 ・食べたら、手や口をタオルでふく。 ・机や床をふいて、後かたづけをする。
	◎排せつ、着替えをする。	・オムツ交換をして、新しい服に着替える。
15:15	◎入浴をする。 ・水分補給をする。 ◎好きな遊びをする。 ◎絵本を見る。	・入浴しない子どもたちを見ながら、入浴してきた子どもの体や髪の毛をふいたり、水分補給をしたりする。 ・ひとりひとりが好きなおもちゃで、いっしょに遊ぶ。 ・絵本を楽しめるように、抑揚をつけて読む。

●なぜそうしなければならないのか
援助の意味が記述されているとよいですね。

●親近感が持てるとは？
本書の0歳児・1歳児のところを参照して、さまざまなかかわりを考えてみましょう。

まずはココ！

●何をしてかかわったのか
記しておくと、具体的なようすや子どもの好んだ遊びなどがよくわかります。いっしょに遊ぶ中で、子どもの興味を知り、遊びを通してコミュニケーションを図りましょう。手遊びや歌をうたうなども必要です。

※具体的な項目をできるだけ書きましょう。

※題名を記しておくと、記録として参考になります。

時間	生活内容	実習生の動き
17：00	◎ 夕食を食べる（食堂）。 ・居室に戻る。	・順番に食堂へ連れて行き、手洗いをしてイスに座り、エプロンを着ける。 ・スプーンを持ち、食事介助をして、食べている姿を見守る。 ・食べ終わったら、顔・手や首をふき、居室へ連れて行く。 ・食堂の掃除をする。

〈反省・評価〉
今日は着替えとオムツ交換のしかたを教えていただきました。自分で立てる子どもは、どこかにつかまらせて立たせるようにということだったので、実際に行なってみましたがなかなかうまく行かず、座り込んでしまい、とても時間がかかってしまいました。着替えもオムツ交換も、コミュニケーションを図り、子どもが安心してから行なうことや、着替えに興味が向けられるように、少しずつできることを増やしていくなど、いろいろ勉強になりました。明日から実践してみようと思います。

〈指導・助言〉
本日のねらいは達成できましたか？　好きな遊びの時間に、たくさんの子どもたちとかかわれるように、手遊びや歌をうたうなど、スキンシップを図ってみてください。名前を呼んであげるととても喜びます。自分から積極的にかかわるように心がけてください。

担当者　　　　　㊞

●ねらいは達成するために
本日の実習生のねらいに対する反省や考察はありませんか。

●乳児保育の基本と確認したいこと
子どもが安心感を持つことで情緒の安定を図っていくことは、乳児保育の基本です。個々の子どもに対するかかわり方や違いを常に考え、愛情を持って接していきたいものです。下記の健康に必要な生活習慣についても、実習の中で確認していきましょう。
・オムツ交換のときに、便の状態を観察する。
・室内の温度管理。
・着替え時の健康観察。
・食事・午睡時のあいさつ。

※子どもの月齢と、発達や身体機能のレベルによりますが、日常生活の中で、食事・排せつ・更衣面など、自立を促すかかわり方が必要だと思います。集団であっても、個別対応が必要な年齢です（特に０～２歳ごろなら）。また、ことばがけやスキンシップによるコミュニケーションも大切なので、ていねいな対応を心がけてほしいです。

必修付録 子どもの育ちの姿を知ろう ◎0〜5歳児の発達

3〜6か月ごろ

子どもの発達の流れの目安です。実習の中で見た子どもの姿と照らしてチェックしてみましょう。気づいたこともメモしておきましょう。

生活習慣

食事
- 3〜5か月ごろ…授乳間隔が1日5〜6回くらい、飲む量も安定。
- 5〜6か月ごろ…1日1回ひとさじ1種類の離乳食。

排せつ オムツがぬれると、気持ちが悪くなり泣く。

睡眠 日中、2〜3回眠る。

清潔 歯が生え始め、ガーゼで軽くふく。

発達・運動

発達 首がすわり、寝返り・はらばいなど、全身運動が活発になる。

運動 首や手足を動かすようになる。

発達 気になる物は口に持っていき、感触を確かめるために入れる。

言葉 「アーアー」「ウックン」などの喃語が出てくる。

遊び

発達・遊び 物や人を見る。

発達・遊び 応答的にかかわる身近な人の声や玩具に反応する。

発達・遊び 近くの物をつかもうとする。

発達・遊び いろいろな素材の玩具で感覚遊び。

6か月〜1歳3か月ごろ

食事 ●7〜8か月ごろ…1日2回食、舌とあごでつぶす。●9〜11か月ごろ…1日3回食、手づかみで食べる。

排せつ オムツ替えや着替えのとき、逃げようとする。

排せつ オマルに座る。

睡眠 起きている時間が長くなり、午前と午後1回ずつ寝る。

生活習慣

発達 お座りやハイハイ、立つ、伝い歩きができるようになる。

発達 身振り手振りで欲求を伝える。

言葉 「ワンワン」「ブーブー」など、二つの音を重ねる。

発達・運動

遊び あやしてもらう。

遊び 応答的なかかわり。

遊び ふれあい遊び。

遊び 手指を使った遊び。

遊び

1〜2歳ごろ

生活習慣

食事 スプーンを上握りで持つ。

排せつ パンツをはいて、トイレトレーニング。

着脱 自分でなんでもしたくなってくる。

発達・運動

発達・運動 歩けるようになり、活動範囲が広がる。

言葉 二語文を話し、自分の気持ちを伝える。

人とのかかわり 同じ玩具を欲しがってトラブルが増える。

遊び

発達・遊び 全身を使う。見たてて遊ぶ。

発達・遊び つまんだり引っ張ったりして指先を使う。

遊び まねをする(手遊び・歌遊びなど)。

遊び なぐり描きをする。

2歳児

食事 スプーンを鉛筆持ちして食べることができ、少しずつはしに興味を持ち始める。

排せつ 排せつの自立へ。

着脱 自分でしようとする。

発達 自己主張が増える。

運動 走れるようになる。

人とのかかわり 自己主張することが多くなり、友達とのトラブルも。

遊び・運動 全身を使って遊ぶ。盛んにまねる（簡単な体操・ダンス）。

遊び 見たて遊びから簡単なごっこ遊びをする。

遊び 手先を使って遊ぶ（小麦粉粘土・絵を描く）。

生活習慣

発達・運動

遊び

3歳児

生活習慣

生活習慣の自立の形成 食事・排せつ・着脱の自立が形成されていく。

> **生活習慣**
>
> ひとりひとりの差があることを理解する。
>
> 排せつ・食事・衣服の着脱など、個人差が大きいです。できるだけ自分でやれるように促していきましょう。初めての集団生活になる幼稚園の3歳児は、まだ自立途上のことも多くあることでしょう。

遊び

遊び 体を使って、遊具で遊ぶ（すべり台・ブランコ・三輪車・スケーター追いかけっこなど）。

遊び 保育者といっしょに遊ぶ（追いかけっこ・ままごと）。

遊び 平行遊び。

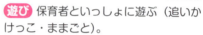

遊び ひとりでじっくり遊ぶ（ブロック・積み木・パズル）。

4歳児

生活習慣

生活習慣の形成から確立へ　基本的な生活習慣が自立。

清潔　ひとりで歯みがきができる。

清潔　整理整とんをする。

遊び

遊び　自然物への関心が高まり、遊びに取り入れる。

遊び　片足跳び・スキップなど。

遊び　想像力が豊かになる。

遊び　簡単なルールがある遊び（鬼ごっこ・かくれんぼう・転がしドッジ）。

遊び　友達とイメージを共有でき、ごっこ遊びを楽しむ。

人とのかかわり　友達といっしょにいることが楽しい。

5歳児

生活習慣

生活習慣の確立 基本的な生活習慣が身につく。

生活 一日の流れを見通すことができる。

着脱 自分で考えて行動する。

遊び

協同性 集団遊びを楽しむ（フルーツバスケット・ジャンケン列車）。

遊び イメージを膨らませて遊ぶ。

遊び 指先を使った遊び（折り紙・あやとり）。

全身運動 全身を使って、運動遊びを楽しむ（サッカー・中当てなど）。

社会性 思いや考えを伝え合い、自分たちで解決していく。

人とのかかわり 自分のことだけでなく、ほかの人の手伝いや世話をしようとする。

6歳ごろ

生活全般 小学生に向けて生活リズムが整い、自立心が高まっていく。

生活全般 見通しをたて、自分で考えて行動する。

遊びを工夫 自分たちでつくったルールのある遊ぶ（○○鬼ごっこ）。

協同性 チーム対抗や集団で協力する遊ぶ（リレー・ネコとネズミ・しっぽ取りなど）。

巧ち性の高まり 指先を使って遊ぶ（折り紙・あやとり）。

言葉や数字 言葉や数字で遊ぶ（カルタ・トランプ）。

経験を生かして 材料や用具を使って、イメージを持って製作する。

人とのかかわり 友達と意見を言い合ったり共感したりして、仲間と協調していこうとする。

生活習慣

遊び

0〜5歳児の発達

『保育所保育指針』・『幼稚園教育要領』・『幼保連携型認定こども園教育・保育要領』は、3歳以上の15の「ねらい」がいっしょです。この15の「ねらい」が総合的に達成されるよう、幼児の発達の見通しを持ち、全体的な計画を編成するのです。

発達過程（保育所保育指針解説資料（案）第1章 総則（3）保育の方法ウ より）

発達には、一定の順序性や方向性がある。また、身体・運動・情緒・認知・社会性など様々な側面が、相互に関連しながら総合的に発達していくものである。

一方で、実際の子どもの発達は直線的ではなく、行きつ戻りつしながら、時には停滞しているように見えたり、ある時急速に伸びを示したりといった様相が見られる。

また、それぞれの個性や生活における経験などの違いによって、同じ月齢・年齢の子どもであっても、環境の受け止め方や環境への関わり方、興味や関心の対象は異なる。言葉の習得は比較的早いが運動面の発達はゆっくりしているといったように、発達の側面によって一人の子どもの中にも違いがある。

こうした乳幼児期の発達の特性や道筋を理解するとともに、一人一人の子どもの発達過程と個人差に配慮し、育ちについて見通しを持ちながら、実態に即して保育を行うことが求められる。

- ●発達の特性を踏まえる。
- ●長期的な視野を持つ。
- ●園全体の子どもの育ちを見通せる。

5歳児が修了（卒園）するときの、「こんな子どもに育てよう」と期待される姿をイメージします。これが"幼児期の終わりまでに育ってほしい姿"です。

どの年齢でも、生命の保持、情緒の安定（養護）に支えられ、教育が行なわれていきます。「保育」と呼ばれているのは、そのためです。

全体的な計画の編成に当たっては、五つの領域に示された「ねらい」を、そのまま具体的な指導のねらいや内容とするのではありません。

幼児の発達の各時期に展開される生活に応じて、具体的にねらいをたてます。

子どもの育ちと5領域の15のねらい
（イメージ図）

ひとりひとりの子どもの育ち

領域「表現」
(1)いろいろなものの美しさなどに対する豊かな感性をもつ。
(2)感じたことや考えたことを自分なりに表現して楽しむ。
(3)生活の中でイメージを豊かにし、様々な表現を楽しむ。

領域「健康」
(1)明るく伸び伸びと行動し、充実感を味わう。
(2)自分の体を十分に動かし、進んで運動しようとする。
(3)健康、安全な生活に必要な習慣や態度を身に付ける。

領域「言葉」
(1)自分の気持ちを言葉で表現する楽しさを味わう。
(2)人の言葉や話をよく聞き、自分の経験したことや考えたことを話し、伝え合う喜びを味わう。
(3)日常生活に必要な言葉が分かるようになるとともに、絵本や物語などに親しみ、先生や友達と心を通わせる。

領域「人間関係」
(1)幼稚園の生活を楽しみ、自分の力で行動することの充実感を味わう。
(2)身近な人と親しみ、かかわりを深め、愛情や信頼感をもつ。
(3)社会生活における望ましい習慣や態度を身に付ける。

領域「環境」
(1)身近な環境に親しみ、自然と触れ合う中で様々な事象に興味や関心をもつ。
(2)身近な環境に自分からかかわり、発見を楽しんだり、考えたりし、それを生活に取り入れようとする。
(3)身近な事象を見たり、考えたり、扱ったりする中で、物の性質や数量、文字などにたいする感覚を豊かにする。

育みたい資質・能力

生きる力の基礎を育成

義務教育およびその後の教育の基礎を培う

〈監修者〉

田中亨胤（たなか　ゆきたね）
兵庫教育大学名誉教授
元兵庫教育大学附属小学校校長・博士（教育学）

〈編著者〉

山本淳子（やまもと　じゅんこ）
学校法人大阪キリスト教学院　大阪キリスト教短期大学　准教授

〈編　者〉

永井裕美（ながい　ひろみ）

〈協力者〉

学校法人大阪キリスト教学院　大阪キリスト教短期大学　実習指導室
学校法人大阪キリスト教学院　大阪キリスト教短期大学　幼児教育学科　教授　高市勢津子
四天王寺大学　教育学部　教育学科　教授　小川圭子
箕面学園福祉専門学校　中野順子
高槻市立北清水幼稚園　教諭　津田和美
元・社会福祉法人誉田福祉会　誉田保育園　主任保育士　村井淳代
元・児童発達支援センター　あさしお園　（肢体不自由児）　児童指導員　山口まゆみ

〈スタッフ〉

編集協力・本文デザインレイアウト／永井一嘉
本文イラスト／オビカカズミ、かりやぞののり子、北村友紀、坂本直子、竹内いつみ、ナシエ、まついつかさ、森のくじら、やまざきかおり
楽譜浄書／福田楽譜
企画編集／長田亜里沙、井家上萌、安藤憲志
校　　正／堀田浩之

改訂新版
実習の記録と指導案

2011年8月	初版発行
2017年3月	第20版発行
2018年2月	改訂初版発行
2018年5月	改訂第2版発行

監修者　田中　亨胤

編著者　山本　淳子

発行人　岡本　功

発行所　ひかりのくに株式会社

〒543-0001　大阪市天王寺区上本町3-2-14　郵便振替00920-2-118855　TEL06-6768-1155

〒175-0082　東京都板橋区高島平6-1-1　　郵便振替 00150-0-30666　TEL03-3979-3112

ホームページアドレス　http://www.hikarinokuni.co.jp

製版所　近土写真製版株式会社

印刷所　株式会社三和印刷所

©2011　乱丁、落丁はお取り替えいたします。　　　　　　　Printed in Japan
JASRAC　出 1715446-802　　　　　　　　　　　　ISBN978-4-564-60910-7
　　　　　　　　　　　　　　　　　　　　　　　　　NDC376 144P 26×21cm

本書のコピー、スキャン、デジタル化等の無断複製は著作権法上での例外を除き禁じられています。
本書を代行業者等の第三者に依頼してスキャンやデジタル化することは、たとえ個人や家庭内の利用
であっても著作権法上認められておりません。